Harmonielehre

Peter Kellert, Katrin Jandl

Alles, was du wissen musst, um Musik zu verstehen!

Rock - Pop - Blues - Jazz - Klassik

Allgemeine Musiklehre

Harmonielehre

Intervalle

Akkorde

Skalen

Kadenzen

LEU-VERLAG

Ergänzende Literatur

Markus Fritsch, Peter Kellert, Andreas Lonardoni, Katrin Jandl
Harmonielehre und Songwriting
ISBN 978-3-928825-23-8

Markus Fritsch, Peter Kellert, Andreas Lonardoni,
Arrangieren und Produzieren (mit CD)
ISBN 978-3-928825-22-1

Markus Fritsch, Peter Kellert, Andreas Lonardoni,
Improvisieren (mit 2 CDs)
ISBN 978-3-89775-019-7

1. Auflage 2022

Tel. +49 (0)821/48043091
Fax +49 (0)821/48043092
E-Mail: leuverlag@aol.com

Lektorat: Wolfgang Leupelt

Umschlag & Lay Out: JaKeProduction,Oberkochen/Schwäbisch
Notensatz: Jonas Esslinger
Zeichnungen: Eva Pospiech Stuttgart

Printed in Germany 2022

ISBN 978-3-89775-195-8

1 Einleitung
Vorwort & FAQ

Vorwort

Während der Arbeit zur 8. Auflage unseres Buches „Harmonielehre & Songwriting" haben wir festgestellt, dass sich manche Themen und Erklärungen hauptsächlich an „Fachleute" richten, die sich intensiv mit der Materie auseinandersetzen wollen. Die Frage, die sich uns folglich gestellt hat, war:

Muss denn wirklich jeder ALLES wissen, um gute Musik machen zu können? Was wirklich hilfreich und was ist für Anfänger möglicherweise eher hinderlich?

Unsere Lehr-Erfahrungen der vergangenen Jahre haben gezeigt, dass es selbst ambitionierten und fortgeschrittenen Musikern nicht selten an grundlegendem Wissen und Verständnis mangelt, wenn es um Themen geht wie:

Warum gibt es 12 Töne aber nur sieben Notennamen? Was bedeuten Begriffe wie Tonalität oder Diatonik?

Es hat gezeigt, dass viele Musiker das Thema Musiktheorie nie richtig verstanden haben, weil sie es zu kompliziert vermittelt bekamen. Aus diesem Grund sind unsere Erklärungen einfach, Schritt für Schritt nachvollziehbar und verständlich.

Es entstand letztendlich die Idee einer kleinen Buchreihe, die all jenen Musiker*innen helfen soll, einen - aus unserer Sicht - notwendigen und hilfreichen Einstieg in die spannende und interessante Welt der Harmonielehre und des Songwritings zu bekommen. Das meiste, was du hier zu lesen bekommst, wurde schon auf verschiedenen Workshops, an Unis und in Musikschulen erprobt und es hat funktioniert!

Unser erstes Buch befasst sich mit der faszinierenden Welt der Harmonielehre. Wir erklären dir was ein Ton ist, wie die Noten entstanden sind, was eine Tonleiter ist, wie die 12 Tonarten in Dur und Moll hergeleitet werden, was Intervalle sind, wie Akkorde konstruiert werden und noch einiges mehr. Alle Erklärungen werden zum besseren Verständnis mit Grafiken und Abbildungen illustriert.

Also, entspann dich, sei neugierig, wir helfen dir da durch.

Katrin Jandl und Peter Kellert

FAQ - häufig gestellte Fragen und Antworten

Bevor wir gleich in die faszinierende Welt der Harmonielehre einsteigen, wollen wir dir ein paar der Fragen beantworten, die uns im Unterricht oder bei Workshops am häufigsten gestellt werden. Wir haben die Fragen herausgepickt, die sich auch uns irgendwann einmal gestellt haben und deren Klärung zu einem besseren Verständnis geführt hat.

Was ist Harmonielehre?

Harmonielehre ist der Versuch Musik oder besser gesagt Vorgänge, die sich innerhalb der Musik abspielen, erklär- und nachvollziehbar zu machen. Aus diesem Grund ist es wichtig Folgendes zu wissen:

„Die Musik war zuerst da. Sie entsteht nicht aus der Theorie,
sondern die Theorie folgt der Musik"

Alle Studien und Musik-Analysen vergangener Epochen und sämtliche daraus verfassten Harmonielehrewerke, folgten immer den jeweiligen musikalischen Entwicklungen durch die Jahrhunderte.

Es wurde zu jeder Zeit versucht ein zeitgemäßes Regelwerk zu erstellen, was auch gelungen ist. Entstanden ist dabei das, was wir heute als „traditionelle Harmonielehre" kennen. Sie umfasst ein allgemeingültiges Lehrwerk, das sich an der europäischen Kunstmusik (siehe „Was ist klassische Musik?") seit dem Mittelalter orientiert.

Neue und davon abweichende musikalische Entwicklungen und Besonderheiten wie die freitonale (atonale) Musik, die 12-Ton Musik, Blues und Jazz oder die Pop- und Rockmusik, bekamen nach und nach ihre eigenen Lehrwerke mit entsprechenden abweichenden Regeln, jedoch immer auf den Erkenntnissen der traditionellen Harmonielehre basierend.

Wie in der Physik und der Mathematik gelten also auch für die Musik bestimmte „Naturgesetze". Eines davon lautet:

„Jede musikalische Entwicklung der westlichen Musik beginnt damit, dass wir eine Oktave (siehe Seite 17) haben, die in 12 Töne mit identisch großen Tonschritten unterteilt ist. Alles Weitere lässt sich daraus ableiten."

Eines muss dir aber klar sein:

Harmonielehre alleine macht keinen besseren Musiker aus dir. Sie hilft dir aber dabei musikalische Zusammenhänge besser zu verstehen. Sie bietet dir das Wissen, das du brauchst, um deine eigene Musik schreiben oder besser gesagt kreieren zu können.

Musik ist und bleibt Intuition, Kommunikation, Freude, Experiment, Bauchgefühl.

Wobei hilft mir Harmonielehre?

Harmonielehre erklärt dir was ein Intervall ist, wie Tonleitern und Tonarten hergeleitet und Akkorde gebildet werden. Sie erklärt dir den Unterschied zwischen Dur und Moll oder warum manche Akkordfolgen gut klingen und andere weniger. Kompliziert klingende Akkordnamen werden ihren Schrecken verlieren, wenn du sie richtig deuten kannst. Kurz gesagt: Vieles, was du vom Musikhören und vom Musizieren her kennst, wird dir verständlich erklärt.

Rock, Blues, Jazz und Popmusik sind verglichen mit klassischer Musik noch sehr junge Musikstile. Viele „harmonische" Neuerungen sind deshalb erst in den letzten Jahren entstanden. Hier ein paar Beispiele wie es dazu kam:

Ende der 1950er Jahre experimentierten junge Jazz-, Blues- und Rockmusiker mit Akkorden und Klängen. Es wurde Musik gemacht ohne auf bestehende Regeln zu achten. Gehör und Gefühl haben entschieden, was gut war und was nicht. Musikalischer Ausdruck stand im Vordergrund. Jazzmusiker haben die gültigen Akkorde erweitert oder „umgebaut", während Rockmusiker Töne weggelassen haben. So entstand zum Beispiel der Powerchord (siehe Seite 91), bis heute der beliebteste Akkordtyp in der Rockmusik. Um diesen Entwicklungen folgen zu können oder besser gesagt, um sie für Jedermann anwendbar zu machen, wurden oft verwendete „Formeln" zu Standards etabliert wie etwa die Bluesform (siehe Seite 119). Die traditionelle Harmonielehre wurde also Stück für Stück erweitert.

Was ist klassische Musik?

Der weitverbreitete Begriff „klassische Musik" hat zwei Bedeutungen und ist deshalb leicht irreführend. Als „Klassik" bezeichnet man eine musikalische Epoche zwischen ca. 1720 bis 1830.

Man verwendet ihn umgangssprachlich aber auch, um eine Musik zu beschreiben, die hauptsächlich von Orchestern oder anderen Besetzungen mit typischen sinfonischen Instrumenten wie Horn, Violine, Cello oder Oboe gespielt wird. Richtiger wäre eigentlich der Begriff Kunstmusik. Dieser beschreibt alle musikalischen Entwicklungen in der Musikwelt seit dem Mittelalter, meistens in Verbindung mit anderen Kunstformen wie Malerei oder Literatur. Der Begriff klassische Musik wird jedoch weiter verwendet, weil jeder weiß, was damit gemeint ist. Also werden auch wir ihn verwenden.

Was ist populäre Musik?

Dieser Begriff erklärt sich eigentlich von selbst. Es handelt sich um Musik, die sich bei einem „breiten Publikum großer Beliebtheit erfreut". Um 1900 hat sich in den USA ein Musikstil entwickelt, der die gesamte Musikwelt bis heute nachhaltig verändert hat - der Blues (siehe Seite 118). Er liefert uns die Basis für (fast) alle populären Musikstile die wir heute kennen. Stile wie Pop, Jazz, Rock, Funk, Soul, Folk, Hard Rock und viele mehr sind in ihrer Entstehung entweder direkt auf den Blues zurückzuführen oder haben ihm ihre Existenz zu verdanken.

Was ist E-Musik und was ist U-Musik?

Vielleicht hast du diese beiden Begriffe schon einmal gehört. Die Musikwissenschaft unterscheidet bis heute tatsächlich noch zwischen sogenannter „Ernster Musik" und „Unterhaltungsmusik". Diese „(Be)Wertung" wurde 1903 von dem Komponisten Richard Strauss angeregt, um mehr Geld (sogenannte Tantiemen) für die Aufführungen seiner Werke zu bekommen. Bei der GEMA hat dieses Verfahren bis heute Bestand. Obwohl der Begriff in der Sache (eigentlich) falsch ist, wird er bis heute weiter verwendet mit der Begründung, dass Kunstmusik (siehe „Was ist klassische Musik?") weitaus seltener gespielt wird als Unterhaltungsmusik. Grundsätzlich sollte diese Kategorisierung also nie als musikalisches Qualitätsmerkmal angesehen werden - weil es das nicht ist.

„Musik braucht keine Namen sondern Ohren"

Wichtige Begriffe

Es gibt Begriffe, die dir während deiner Musiker-Laufbahn immer wieder begegnen werden. Wir raten dir, die jeweiligen Erklär-Kapitel aufmerksam zu lesen - es ist nicht so kompliziert wie es stellenweise klingt - und je mehr du weißt und verstanden hast, desto leichter wird dir das Musikmachen fallen und - was entscheidend ist - du wirst Musik im Gesamten besser verstehen.

Die folgenden Begriffe werden so gut und verständlich wie möglich erklärt. Lies die Liste und markiere dir Begriffe, die du schon kennst und verstehst.

O Stammtonreihe O Tonleiter
O Tonart O Tonalität
O Dur, Moll
O Intervall, Tonschritt
O Akkord O Kadenz
O Tonmaterial O Tonvorrat
O Tonal, Tonalität
O Diatonik, diatonisch
O Chromatik, chromatisch
O Oktave, oktavieren
O Enharmonik

Englische Begriffe

Rock, Blues und Jazz entstanden im englischen Sprachraum, weshalb es viele Begriffe gibt, die im internationalen Sprachgebrauch verwendet werden. Dazu kommt, dass einige der englischen Begriffe eindeutiger und präziser sind.
Während wir Tonnamen mit Endsilben wie F-is oder A-s haben, werden international einfach die jeweiligen Versetzungszeichen angehängt und mit ausgesprochen. Hier ein Beispiel: Statt Cis schreibt man C♯(sprich Sisharp). Einfach und eindeutig.

Am Ende des Buches findest du ein Kapitel zum Nachschlagen bzw. Nachlesen dieser Begriffe. (s.S. 179)

2 Allgemeine Musiklehre
Die wichtigsten Regeln

Musiker sprechen ihre eigene Sprache und wie das mit Sprachen so ist, kann man sie aufschreiben und lesen. Um sie zu notieren verwenden wir jedoch keine Buchstaben sondern Noten. Auf diese Weise wird Musik nicht nur „sichtbar" - man kann sie festhalten, reproduzieren und interpretieren. Das nennt man Notation.

Viele Musiker stehen „leider" mit der Notation auf Kriegsfuß, was für uns nicht ganz nachvollziehbar ist, denn über ihre Bedeutung braucht man nicht zu diskutieren. Natürlich kann man ein Instrument auch ohne Noten erlernen oder Lieder nach Gehör nachspielen, dazu gibt es mittlerweile unzählige (auch gute) Videos auf Portalen wie Youtube. Es gibt auch Lernapps und Bücher für das Selbststudium.

Solche Wege können sehr lehrreich sein und sind mindestens genauso wichtig wie eine fundierte Ausbildung. Dennoch schränkt man sich und seine Entwicklung immens ein, wenn man nicht von der Möglichkeit der Notation Gebrauch macht. Noch wichtiger ist jedoch ein guter Lehrer, der einen dabei begleitet. Um dir eine solide Basis zu schaffen, beginnen wir unsere Harmonielehre mit den Grundlagen der Notenschrift. Neben der Tonherkunft und der Namensgebung werden wir dir auch zeigen wie man Töne richtig notiert.

Wir raten dir das folgende Kapitel aufmerksam durchzulesen. Auch dann, wenn du schon Kenntnisse auf diesem Gebiet hast.

Der Ton

Was sind Töne und wie entstehen sie?

Alles was du hören kannst wird im Allgemeinen als Ton oder Klang bezeichnet. Dazu gehören auch Stimmen, Laute und Geräusche. Ein Ton ist also zunächst nichts anderes als ein Geräusch.

Töne und Klänge entstehen, wenn Gegenstände in Schwingung versetzt werden. Das kann das menschliche Stimmband, die Saite einer Gitarre oder die Luftsäule einer Trompete sein.

Die Klangquelle

Alles was einen Ton oder ein Geräusch von sich geben kann (also praktisch jeder Gegenstand) nennt man Klangquelle. Treffen zwei Klangquellen aufeinander, werden sie in Schwingung versetzt. Diese Schwingungen werden dann als sogenannte Schallwellen auf die Luft in ihrer Umgebung übertragen, bis sie schließlich irgendwann dein Ohr erreichen, wo sie dann wieder in ein hörbares Geräusch zurückgewandelt werden.

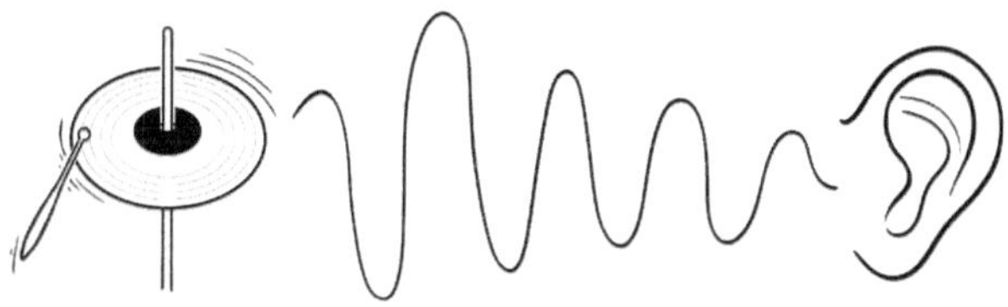

Das Material der Klangquelle
Wie hoch oder tief und wie kurz oder lang ein Geräusch/Ton klingt wird durch die Festigkeit des Materials der Klangquelle und deren Größe bestimmt. Du kannst das gut beobachten, indem du einen kleinen Stein ins Wasser fallen lässt. Trifft der Stein auf das Wasser, breiten sich kleine, schnelle Wellen kreisförmig auf der Oberfläche aus. Wirfst du dagegen einen großen Stein ins Wasser, sind die Wellen größer und langsamer.

Wie passiert es, dass Klangquellen aufeinandertreffen?
Da gibt es nur zwei Möglichkeiten, entweder durch Zufall oder durch eine aktive Handlung. Fällt dir versehentlich etwas zu Boden, wird das Geräusch zufällig erzeugt. Klatschst du in die Hände, hast du das Geräusch aktiv erzeugt.

Untersuche nun selbst:

1. welche Materialien,
2. in welcher Größe und
3. in welcher Beschaffenheit (weich, hart, spröde, elastisch)

welche Geräusche erzeugen. Du wirst feststellen, dass beispielsweise Metallgegenstände länger klingen als Gegenstände aus Stein, Kunststoff oder Holz.

Deshalb gilt folgende Regel:
Ist das Material der Klangquelle elastisch, sodass es lange nachschwingt, kannst du den Ton länger hören. Das gilt zum Beispiel für Gitarren- und Klaviersaiten, Glockenspiele aus Metall oder Schlagzeugbecken.

An einem Klavier lässt es sich gut beobachten, wie die hohen Töne mit den kurzen, dünnen Saiten viel früher ausklingen als die tiefen Töne mit den langen Saiten.

Ist das Material dagegen stumpf und schwingt nur schwach, ist auch nur ein kurzer Ton zu hören, zum Beispiel bei Klanghölzern, Xylofonen, Bongos oder bei Congas.

[**Fakt** - Geräusche werden heute durchaus auch in der Musikproduktion und Komposition verwendet. Durch Sampling werden „nichtinstrumentale" Klänge in instrumentale Musik mit einbezogen. Am häufigsten bei der Erstellung von Drum-Beats, aber auch in der Filmmusik finden solche „Geräusche" Anwendung.]

Schwingung

Die Schwingung einer Klangquelle ist messbar. Gemessen wird die Anzahl der Schwingungen in einer Sekunde. Die Maßeinheit dafür heißt Hertz (Hz), benannt nach dem deutschen Physiker Heinrich Rudolf Hertz. Je höher der Schwingungswert in Hertz ist, desto höher klingt auch der Ton und desto kürzer ist der schwingende Gegenstand. Du kannst das an einem einfachen Versuch sehr gut beobachten. Nimm dazu ein möglichst langes Plastik- oder Holzlineal.

Drücke das Lineal mit dem Daumen an die Tischkante, wie in den Zeichnungen abgebildet.

Schlage das Lineal an und du siehst wie es langsam auf und ab schwingt und dabei einen tiefes Geräusch erzeugt.

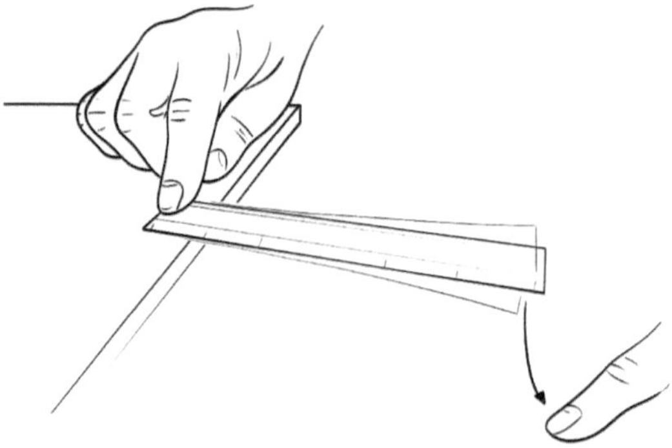

Wähle jetzt einen kürzeren Abstand und schlage das Lineal erneut an. Die Schwingung ist jetzt schneller und der Ton höher.

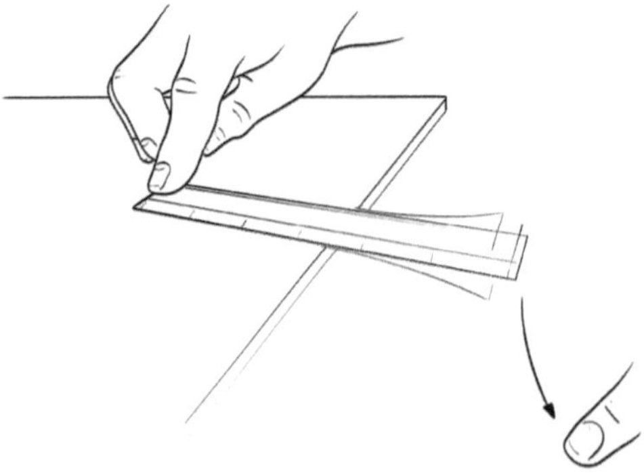

Wann und wie wird ein Ton zur Musik?

Untersucht man Töne oder Geräusche nach Merkmalen, die man erfassen und ordnen kann, stößt man auf folgende Eigenschaften:

Klanghöhe - Töne und Geräusche sind unterschiedlich hoch bzw. tief.

Klangdauer - Töne und Geräusche klingen unterschiedlich lang.

Klangstärke - Töne und Geräusche sind unterschiedlich laut.

Tonhöhe

Es gibt Instrumente, die immer denselben Ton ausgeben. Zum Beispiel zwei Klangstäbe, eine Triangel oder das Becken eines Schlagzeugs. Auf anderen Instrumenten dagegen können mehrere Töne in unterschiedlichen Tonhöhen gespielt werden. Die Tonhöhe eines Tones ist von den eben erwähnten Parametern. Länge, Dicke und Material der schwingende Gegenstand abhängig.

„Je höher der Schwingungswert in Hertz wird, desto höher wird auch der Ton und desto kürzer der schwingende Gegenstand".

Zusammenfassung

Klangfarbe und Tonhöhe sind von der Länge, der Beschaffenheit und dem Querschnitt der schwingenden Gegenstände abhängig.

Zupft man beispielsweise die Saite einer Gitarre, hört man einen Ton. Man kann das Schwingen der Saite sogar beobachten. Durch das Greifen einer Saite an einem bestimmten Punkt auf dem Griffbrett, erhält man andere Tonhöhen.

Das bedeutet, dass man durch Verlängern und Verkürzen eines schwingenden Gegenstandes unterschiedliche Tonhöhen erzeugen kann. Betrachtet man Instrumentenfamilien wie die Saxophone oder die Streichinstrumente sieht man, dass die hochklingenden Vertreter wie Violine oder Sopransaxophon kleiner gebaut sind als die tiefklingenden Instrumente wie Kontrabass oder Baritonsaxofon.

Grundlagen der Notation

Von den vier genannten Eigenschaften lassen sich Tonhöhe und Tonlänge am besten in einer Schrift mit Symbolen darstellen. Die schriftliche Darstellung von Tönen nennt man Notation. Die Symbole, die dafür verwendet werden nennt man Noten.

Tonumfang

Den klingenden bzw. hörbaren Bereich eines Musikinstrumentes oder unserer Singstimme von unten (tief) noch oben (hoch), nennt man Tonumfang. Bei einigen Instrumenten ist dieser Tonumfang durch ihre Bauweise begrenzt bzw. vorgegeben.

> Auf einem Klavier kannst du nur so viele Töne spielen wie Tasten vorhanden sind.

> Auf Blasinstrumenten und bei der Singstimme dagegen hängt der Tonumfang auch vom Können des Spielers/Sängers ab. Große Instrumente verfügen in der Regel über mehr Töne als kleine Instrumente.

Verschiedene Töne

Auf den meisten Instrumenten kannst du verschiedene Töne spielen. Warum das so ist, möchten wir dir an einem praktischen Beispiel erklären. In der Abbildung siehst du ein rechtwinkliges Dreieck (Geodreieck). Stell dir nun vor das wäre ein Ton.

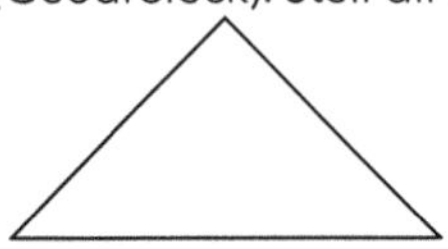

Teilen wir dieses Dreieck in der Mitte, erhalten wir immer zwei neue identische Dreiecke mit exakt der Hälfte der Fläche des großen Dreiecks.

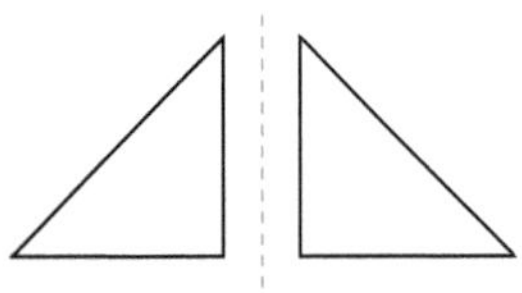

Fügen wir zwei gleiche Dreiecke zusammen, bekommen wir die doppelte Fläche.

Genauso verhält es sich auch bei den Tönen. Teilst du einen Ton (bzw. dessen Schwingung) genau in der Mitte bekommst du immer wieder den gleichen Ton nur höher. Die ursprüngliche Schwingungszahl hat sich also verdoppelt.

220 Hertz

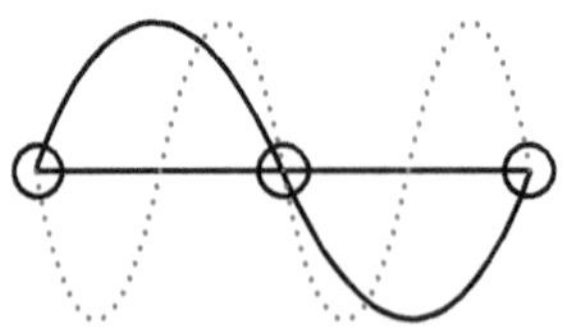

440 Hertz

Am besten kann man das an Saiteninstrumenten beobachten. Greift man beispielsweise die Saite einer Gitarre genau in der Mitte am 12. Bund, erhält man zwei gleich große Saitenhälften, nur eine Oktave (siehe nächste Überschrift) höher.

Greift man die Saite an anderen Punkten, erhält man andere Unterteilungen und somit andere Tonhöhen. Das bedeutet, dass man durch Verlängern und Verkürzen eines schwingenden Gegenstandes unterschiedliche Tonhöhen erzeugen kann. Welche das sind und wie sie genau entstehen erfährst du ab Seite 22.

Die Oktave

Du hast nun gelernt, dass durch Halbierung oder Verdopplung eines Tones (Dreieck-Abbildung) immer wieder derselbe Ton entsteht nur höher oder tiefer.

Den Abstand zwischen diesen beiden Tönen nennt man Oktave.

Das heißt, wenn du die Schwingungszahl eines Tones verdoppelst oder halbierst bekommst du immer denselben Ton, nur eben eine Oktave tiefer oder höher.

Alle anderen Töne die es in unserem Tonsystem gibt, liegen innerhalb einer solchen Oktave. Und da es mehrere Oktaven gibt (die Halbierung oder die Verdopplung einer Schwingung kann ja fortgesetzt werden) wiederholen sich diese Töne ebenfalls.

Das heißt: Die restlichen Töne die es gibt, entstehen auch durch Teilung einer Schwingung, aber in anderen Abständen wie dritteln, fünfteln und so weiter. Auf Seite 22 erfährst du genau, wie das funktioniert. Bis dahin reicht es zu wissen:

[**Fakt** - Alle Töne, die wir heute kennen, sind entstanden, weil man herausgefunden hat, dass eine Schwingung unterteilt werden kann.]

„Was hat das nun alles mit Musik und Harmonielehre zu tun?"

Auf den ersten Blick gar nichts, weil es ja ein physikalisches Phänomen ist. Die offizielle Definition von Musik lautet jedoch:

*...ist eine Kunstgattung, deren Werke aus **organisierten Schallereignissen** entstehen....*

Also doch Physik. Wenn du verstehst wie ein Ton entsteht und warum er schön, lang oder kurz klingen kann, wirst du dich leichter mit der ganzen theoretischen Musiklehre tun, denn sie ist sehr logisch in ihrem Aufbau.
Wir werden die Oktave und andere Tonabstände gleich näher kennenlernen. Zunächst wollen wir weiter zu unserem Thema - wie wird Musik aufgeschrieben.

Was sind Noten? - Töne werden sichtbar

Zur Erinnerung: Von den vier auf Seite 15 erwähnten Ton-Eigenschaften (Höhe, Farbe, Länge, Stärke) lassen sich die **Tonhöhe** und die **Tonlänge** am besten in einer Schrift mit Symbolen darstellen. Die Schreibweise von Noten heißt **Notation**. Die verwendeten Zeichen werden **Noten** genannt.

Notensymbole - Köpfe und Hälse

Es gibt zwei verschiedene Notenköpfe, den leeren und den ausgefüllten, wobei es den „leeren" Notenkopf in zwei verschiedenen Darstellungen gibt:

Um mit den Notenköpfen weitere Notensymbole darstellen zu können, verwendet man Striche. Einen solchen Strich nennt man Notenhals.

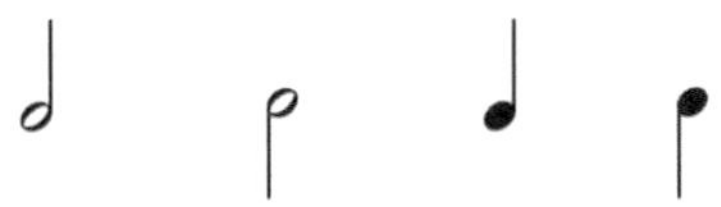

Weitere Darstellungsmöglichkeiten bekommst du, wenn du „Fähnchen" an die Notenhälse der ausgefüllten Notenköpfe machst.

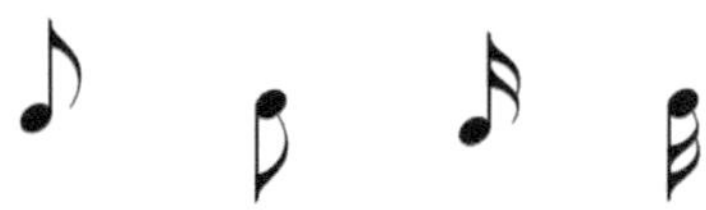

Mehrere solcher einzelner „Fähnchen-Noten" können auch mittels eines Balkens zu Gruppen zusammengefasst werden.

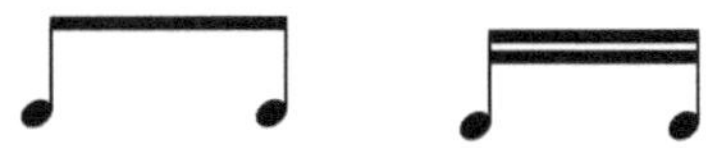

Wie viele Noten durch „Verbalkung" eine Gruppe ergeben, hängt vom Taktmaß ab. Dazu gleich mehr.

Notenlinien und Notensystem

Egal ob gesungen oder mit einem Instrument gespielt wird, Töne sind unterschiedlich hoch.

> Die Töne am Klavier werden von links nach rechts höher.
> Die dünnen Saiten eines Saiteninstrumentes klingen höher als die dicken.
> Die Stimme eines Kindes ist höher als eines Erwachsenen.

Man hat ein Notensystem mit fünf Strichen entwickelt, in welches die Notenköpfe eingetragen werden - die tiefen Töne unten und die hohen Töne oben.

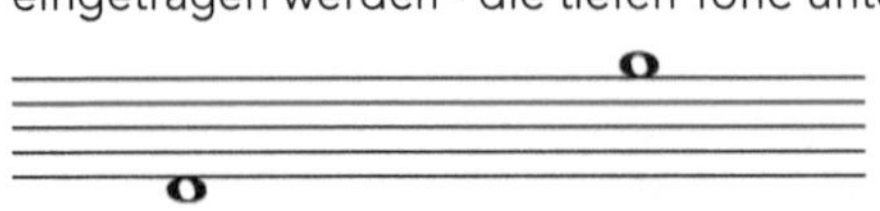

Die Noten werden entweder auf einer Linie oder zwischen zwei Linien in dieses System eingetragen.

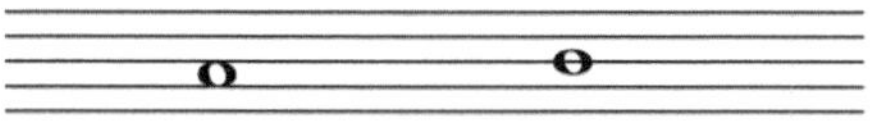

Bei Noten mit Hals ändert sich ab der dritten Notenzeile die Halsrichtung.

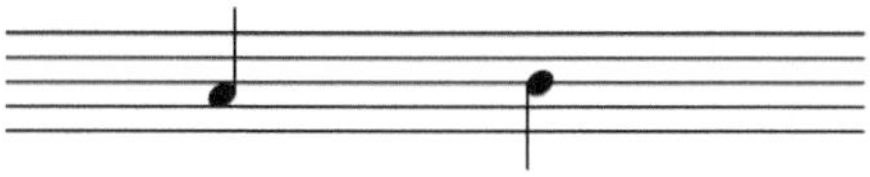

Über die Jahrhunderte gab es alle möglichen Notensysteme mit mehreren Linien, eckigen Noten, Buchstaben mit Symbolen für den Rhythmus. Das heutige System gibt es nun schon so lange, dass eine weitere Änderung kaum nötig sein wird.

Hilfslinien

Für einige Instrumente ist dieses Notensystem nicht ausreichend, um den gesamten Tonumfang darzustellen. Deshalb hat man Hilfslinien erfunden. Das sind kurze Notenzeilen, die nur für eine Note gelten, um das Notensystem nach Bedarf zu erweitern.

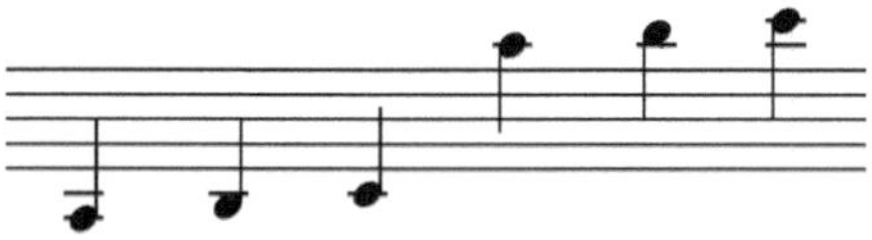

Notenschlüssel

Doch selbst mit den Hilfslinien reicht das Notensystem nicht immer aus, um den kompletten Tonumfang eines Instrumentes darzustellen. Ein großer Flügel beispielsweise hat 88 Tasten, also 88 Töne. Aus diesem Grund hat man die sogenannten Notenschlüssel erfunden.

Solche Notenschlüssel legen eine bestimmte Tonhöhe oder besser gesagt eine Tonlage fest. Sie markieren einen bestimmten Bereich aus dem gesamten Tonumfang, der im verwendeten Notensystem dargestellt werden soll. Folglich muss also jede Notenzeile mit einem solchen Notenschlüssel beginnen. Wir kennen vier verschiedene Schlüsselsymbole. Beginnen wir mit den zwei Wichtigsten:

Dem Bassschlüssel für die tiefen und dem Violinschlüssel für die hohen Tonlagen.

Der Violinschlüssel oder G-Schlüssel

Für die hohen Ton- und Stimmlagen verwendet man den Violinschlüssel.

Wie du siehst, „umkreist" der Violinschlüssel einen ganz bestimmten Punkt im Notensystem. Es ist der Ton auf der zweiten Zeile von unten. Dieser Ton wird nun als der Ton G* festgelegt, weshalb man den Violinschlüssel auch G-Schlüssel nennt.

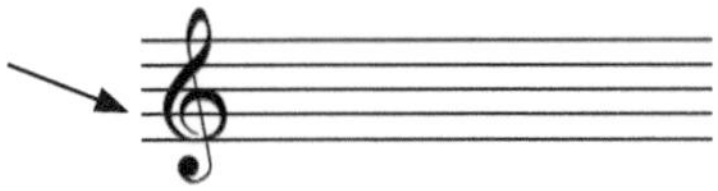

*Entstehung der Notennamen S.24

Der Bassschlüssel oder F-Schlüssel

Für die tiefen Ton- und Stimmlagen verwendet man den Bassschlüssel.

Auch dieser Schlüssel markiert eine bestimmte Notenzeile. Der Ton auf der Linie zwischen den zwei Punkten wird als Ton F festgelegt.

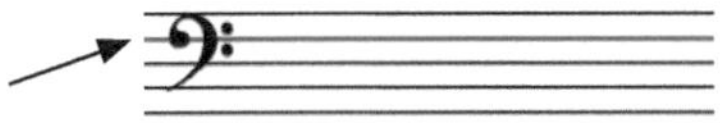

Weitere Notenschlüssel

C-Schlüssel

Wie erwähnt gibt es noch weitere Notenschlüssel. Sie werden Alt- und Tenorschlüssel genannt und legen jeweils eine bestimmte Position für den Ton C fest, weshalb man sie auch C-Schlüssel nennt.

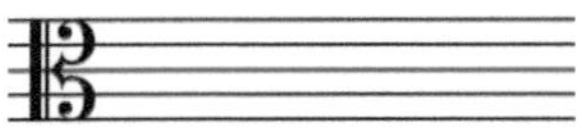

Alt-Schlüssel

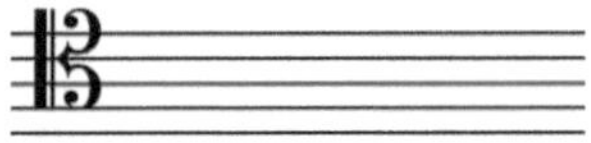

Tenor-Schlüssel

In der Praxis werden sie hauptsächlich für die Instrumente Viola, Cello, Fagott und manchmal auch für die Posaune verwendet.

Der Schlagzeug-Schlüssel

Für Schlagzeuger gibt es ebenfalls ein Notensystem. Je nachdem, was notiert werden soll, gibt es entweder spezielle einzeilige Systeme oder man verwendet das 5-Zeilen System. Für die Schlagzeugnotation werden eigene Noten-Symbole verwendet. Sie stellen jedoch nicht die Tonhöhen dar, sondern die verwendeten Instrumente.

Als Schlüssel werden die folgenden Symbole verwendet:

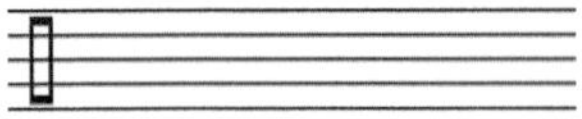

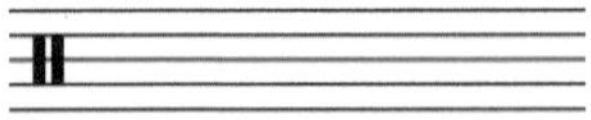

Die Notenkopf-Symbole der Schlagzeuger können in bestimmten Fällen auch in der „normalen" Notation vorkommen (und umgekehrt).

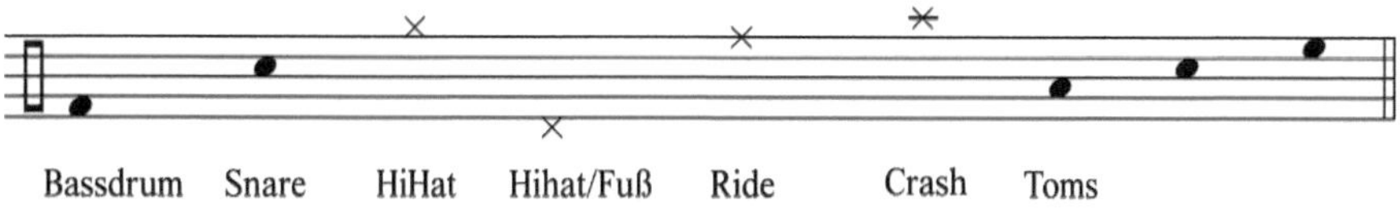

Zusammenfassung
Mit den Notenschlüsseln werden bestimmte Ausgangstöne (Referenztöne) festgelegt. An diesen Referenztönen werden die Namen der weiteren Töne orientiert. Gleichzeitig definiert man mit den Schlüsseln auch verschiedene Tonlagen.

Das Doppelsystem

Instrumente wie das Klavier oder die Harfe haben einen so großen Tonumfang, dass ein System alleine nicht ausreicht, um alle Noten vernünftig darstellen zu können. Für diese Instrumente gibt es das sogenannte Doppelsystem. Es besteht aus zwei Notenzeilen, welche durch eine Klammer zusammengefasst werden.

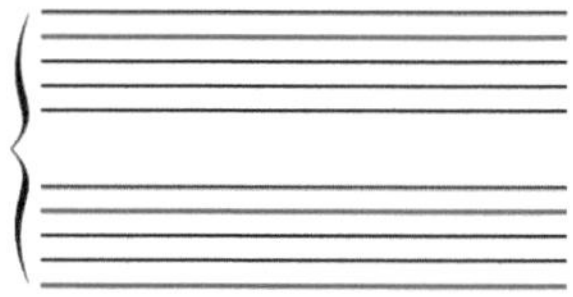

Das obere System steht im Violinschlüssel, das untere System im Bassschlüssel. Zwischen den beiden Systemen steht (quasi als eigenes System) der Ton C auf einer einzelnen Linie, die als Hilfslinie dargestellt ist.

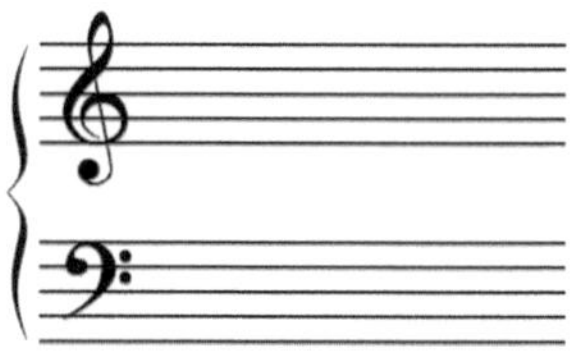

Notensysteme oder Akkoladen

Akkoladen sind Klammern, mit deren Hilfe man mehrere Notensysteme verbindet bzw. zusammenfasst. Diese Notensysteme stehen übereinander und gehören entweder zu einem Instrument oder es sind die Systeme verschiedener Instrumente. Wir unterscheiden zwei Arten:

Die geschweifte Klammer

Sie wird verwendet, um die beiden Notenzeilen, die zu einem Instrument mit großem Tonumfang gehören (Klavier, Harfe) zu verbinden.

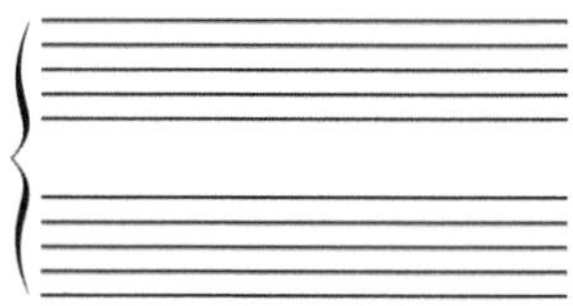

Die eckige Klammer
Sie wird verwendet, um Notensysteme verschiedener Instrumente zusammenzufassen. Man nennt das auch Partitur. Partituren helfen Dirigenten und Produzenten, einen Überblick über die einzelnen Stimmen und den Verlauf des Stückes zu haben.

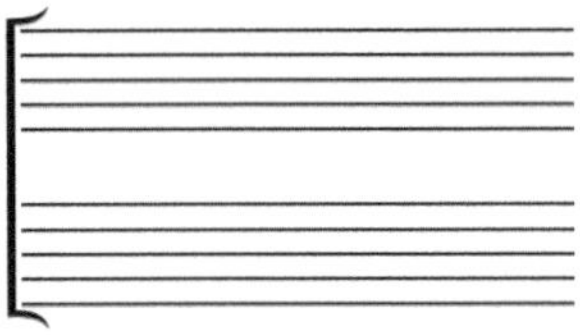

Notensysteme taugen natürlich nichts, solange sie nicht mit Leben, also mit Noten gefüllt werden. Wir wissen aber auch, dass Notensymbole zunächst noch keinen Namen haben. Erst durch die Markierung des Systems mit einem Notenschlüssel wird ein Namen festgelegt. Nun stellt sich natürlich die Frage:

Woher kommen die Töne, die wir kennen und die wir für unsere Musik verwenden, und wie kamen sie zu ihrem heutigen Namen.

Wie kam es zu unseren Tönen und ihren Namen?

Diese Frage ist nicht ganz einfach zu beantworten und die Antworten vielleicht auch nicht sofort verständlich und nachvollziehbar, weshalb in vielen Lehrbüchern gar nicht darauf eingegangen wird. Auch wir haben gezögert und es uns länger überlegt, Wir sind der Meinung, dass es hilfreich ist, wenn man zumindest ansatzweise darüber Bescheid weiß? Es wurde also Zeit, hierfür eine Erklärung zu liefern und deshalb haben wir reagierten und ausgiebig recherchiert.

... Et voilà - hier ist unser Versuch.

Die folgenden Fragen sind dabei von größter Bedeutung:

> Wie wurden die uns heute bekannten Töne entdeckt und wer hat sie als solche festgelegt und benannt?

> Warum sind die Notensymbole rund und warum hat das heutige Notensystem nur 5 Linien?

> Warum werden für die Notennamen Buchstaben verwendet?

Um diese Fragen korrekt zu beantworten, müsste man ein ganzes Geschichtsbuch schreiben, angefangen in der griechischen Antike ca. 100 v. Ch. Aber keine Angst, wir fassen uns kurz, denn es ist bis heute nicht abschließend geklärt, wie, wann und warum sich die Namensgebung und die Notenschrift zu dem entwickelt hat, wie wir sie heute kennen. Aber es gibt einige interessante historische Eckdaten, von denen wir dir kurz erzählen wollen.

Hinweis
Im folgenden Abschnitt werden wir einige Begriffe verwenden, die du möglicherweise noch nicht kennst. Keine Sorge! Wir haben die entsprechenden Seitenverweise hinzugefügt, damit du dich gegebenenfalls schlaumachen kannst.

Wie gesagt, beginnt die Geschichte in der griechischen Antike. Sogenannte Naturphilosophen wie Pythagoras (ja, der aus dem Matheunterricht) experimentierten mit schwingenden Saiten und schrieben ihre Beobachtung nieder. Er hat herausgefunden:

[**Fakt -** Teilt man eine Saite genau in der Mitte, bekommt man zweimal den gleichen Ton nur höher.]

Das ist die uns heute bekannte Oktave. Durch andere systematische Teilungen (1/3tel, 1/5tel, 1/7tel etc.) entdeckte er weitere unterschiedliche Töne. Aus diesen „Teiltönen" entwickelte er eine Ton-Reihe. Man nennt diese Reihe auch Oberton-, Teilton- oder Naturtonreihe. In der Abbildung siehst du die Töne, die durch Teilung gefunden wurden. Unter den Tönen steht das Teilungsverhältnis.

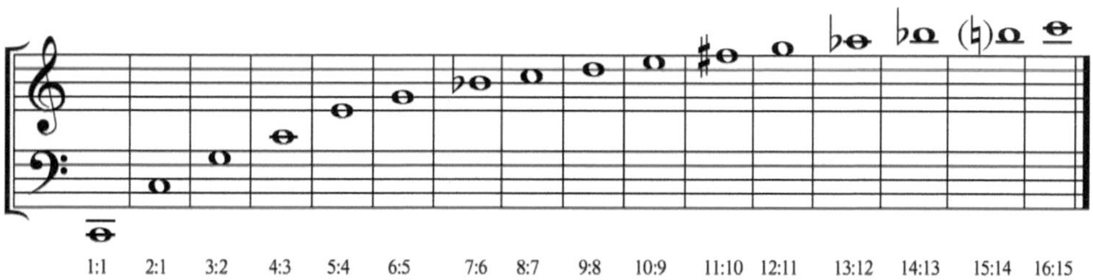

Dasselbe Phänomen wurde übrigens auch bei Blasinstrumenten durch Verkürzen oder Verlängern der Luftsäule beobachtet. Daher kommen auch die Löcher in der Flöte.

Mit der Zeit (und vielen Versuchen und Berechnungen später) wurden letztendlich die Töne gefunden und geordnet, die wir heute kennen. Bereits damals (bei den Griechen), wurden Begriffe wie Harmonie, Tonleiter oder Konsonanz (Wohlklang) geprägt. Fakt ist, dass die Griechen ein sehr gut durchdachtes Tonsystem entwickelten und damals schon der Musiktheorie (Harmonielehre) sehr große Bedeutung zumaßen.
Doch die Namen der Noten, das Notensystem und die Notenschrift wurden im Laufe der vergangenen Jahrhunderte immer wieder geändert. Sie waren sogar von Land zu Land unterschiedlich. Die Griechen verwendeten die Buchstaben ihres Alphabets für die Töne und spezielle Symbole, um die Tonlänge zu notieren. Ca. 1000 n. Ch. wurden dann erstmals Notenlinien verwendet. In anderen Kulturen wurden Noten als eckige Symbole dargestellt.

Das musikalische Alphabet

Bis heute werden die Noten mit Buchstaben benannt. Man verwendet dafür die ersten 7 Buchstaben des Alphabets:

A B C D E F G

In der westlichen Musik verwendet man ein Tonsystem mit insgesamt 12 verschiedenen Tönen, die alle innerhalb einer Oktave vorkommen, ausgehend von einem Grundton. Das kann man schön an einem Gitarrenhals demonstrieren.

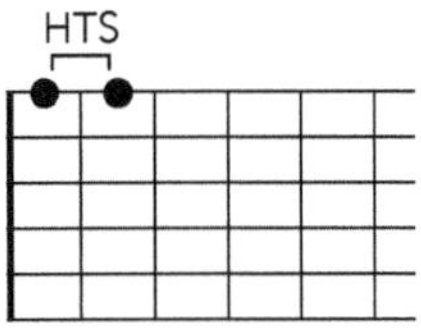

Den kleinsten Tonschritt (von einem Bund zum nächsten) nennt man Halbtonschritt. Da die Abstände zwischen den Halbtonschritten identisch sind (gleiche Schwingungszahl) spricht man von gleichtöniger Stimmung. Durch diese Stimmmethode sind alle Instrument in allen Tonarten gleich stimmbar. Das war jedoch nicht immer so.

Die gleichstufige Stimmung

Durch die Methode der Tonteilung, wie sie von Pythagoras praktiziert wurde, erhält man keine gleich großen Halbtonschritte. Das einzig immer gleiche Intervall ist die Oktave. Alle anderen Intervalle zeigten untereinander geringe Abweichungen, je nachdem, von welchem Ton aus sie gefunden wurden.

[**Fakt -** Als Intervall wird der Abstand zwischen zwei Tönen bezeichnet. Mehr dazu ab Seite 36.]

Das bedeutete, dass jede Tonart (siehe S.48) ein wenig anders klang. Um diese „Fehler" zu umgehen, experimentierte man mit verschiedenen Stimm-Methoden, bei denen kleine klangliche Unreinheiten korrigiert und angepasst wurden. Dabei kam man auf Stimm-Methoden wie die „temperierte Stimmung" oder die „wohltemperierte Stimmung".

Weil das aber in der Praxis nicht wirklich funktionierte, ging man irgendwann dazu über, eine Oktave in 12 gleich große Tonschritte zu teilen. Daher der Name „gleichstufige Stimmung".

Rein physikalisch gesehen stimmen die Halbtöne, die wir heute kennen, nicht in ihrer Schwingungszahl. Dieser geringfügige „Fehler" wird aber in Kauf genommen, um es zu ermöglichen, dass alle Instrumente in jeder Tonart zusammenspielen können. Stell' dir vor, man müsste ein Klavier, dass mit einem Orchester spielt vor jeder neuen Tonart umstimmen.

Falls du dich näher damit befassen willst, empfehlen wir dir, im Internet nach Quellen zu suchen, welche die Themen „Obertonreihe" oder „Teiltonreihe" behandeln.

Alle 12 Töne, die wir kennen, haben als Basis das eben erwähnte musikalische Alphabet. Es sind aber nur sieben Buchstaben. Die noch fehlenden fünf Töne werden von diesen Tonnamen abgeleitet.

Warum gibt es den Ton H und den Ton B?

Im deutschsprachigen Raum (unter anderem) kennen wir den Ton H. Die englische Musik-Literatur kennt diesen Notennamen nicht. Dort wird unser Ton H als Ton B benannt. Auch das ist eine etwas skurrile Geschichte:
Als sich im frühen Mittelalter das heutige Tonsystem herauskristallisierte, unterschied man noch zwischen zwei verschiedenen B's, einem etwas höheren und einem etwas tieferen. Sie wurden wie folgt benannt:

Das höhere B hieß: **b durum** Das tiefere B hieß: **b molle**

> In der Notenschrift wurde das „b durum" durch ein eckiges Zeichen ♮, das sogenannte „B quadratum" dargestellt.
> Das „b molle" wurde mit einem kleinen runden ♭, dem sogenannten „b rotun dum" gekennzeichnet.

Diese Zeichen sind gleichzeitig die Vorläufer der heute verwendeten Versetzungszeichen, zu denen wir gleich kommen werden.

Das b rotundum bekam den Alphabetbuchstaben B.
Das b quadratum bekam den Alphabetbuchstaben H.

Somit lautete damals das Tonmaterial: **A B C D E F G H**

Diese Unterscheidung zwischen den beiden B's gibt es schon sehr lange nicht mehr. Durch die Teilung der Oktave in 12 gleich große Tonschritte hatte sich das erübrigt.

Bleibt anzumerken, dass das letztendlich verbliebene B/H in verschiedenen Ländern unterschiedlich bezeichnet wird. Im englischsprachigen Raum und den Niederlanden wird er B genannt. Im deutschsprachigen Raum, in Skandinavien und in Osteuropa wird der Ton H genannt.

In anderen Ländern wie Italien, Spanien, Portugal oder Frankreich dagegen werden die Silben Do Re Mi Fa Sol La Si als Notennamen verwendet.

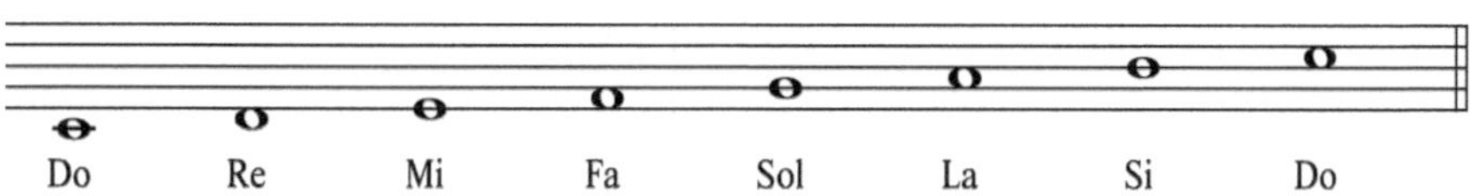

[**Fakt -** B, H und Si sind identische Töne. Wir werden in diesem Buch den international gebräuchlicheren Notennamen B verwenden.]

Stammtöne - Die Stammtonreihe

Diese sieben Töne C D E F G A B nennt man auch Stammtöne. Sie entsprechen den weißen Tasten auf dem Klavier.

Beginnt man die Reihe mit dem Ton C, erhält man die sogenannte Stammtonreihe. Diese ist wiederum mit der C-Dur Tonleiter, die wir später noch kennenlernen werden, identisch. Die folgende Abbildung zeigt dir dieses Stammtonmaterial:

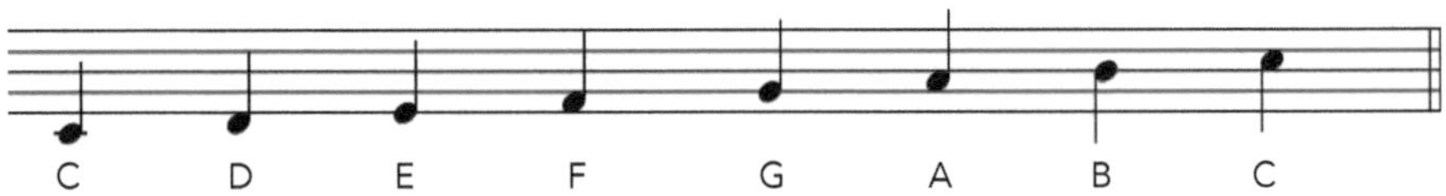

Eine solche Tonreihe wird auch Tonleiter oder Skala genannt.

Die nun vorliegende Stammtonreihe besteht aus zwei verschiedenen Tonschritten: Dem Halbtonschritt (kleinstmöglicher Tonschritt) und dem Ganztonschritt (entspricht zwei Halbtonschritten). Die folgende Abbildung zeigt dir, wo die Ganztonschritte und wo die Halbtonschritte liegen.

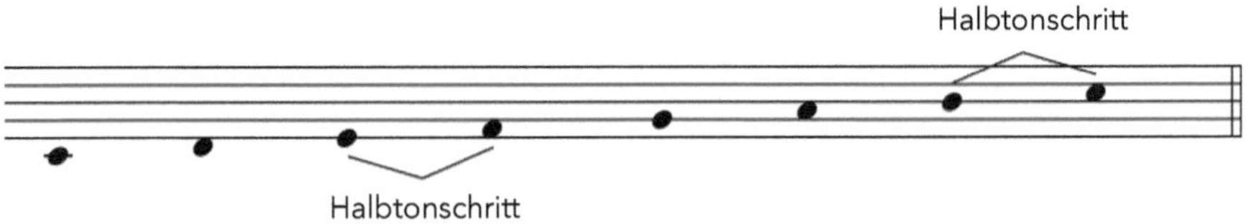

Die beiden Halbtonschritte der Stammtonreihe liegen zwischen den Tönen e-f und b-c. Man nennt sie auch natürliche Halbtonschritte. Alle anderen Tonschritte sind Ganztonschritte.

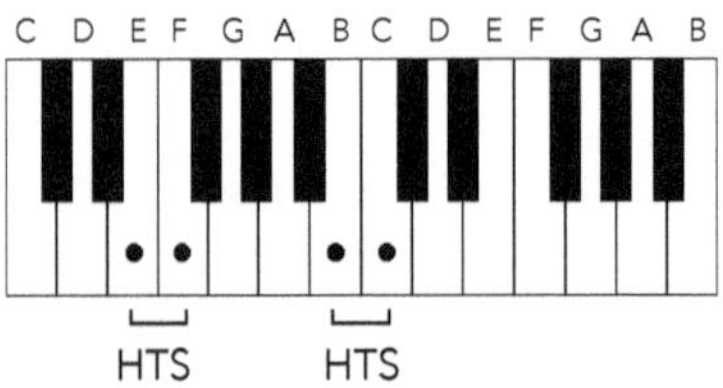

Was sind Versetzungszeichen?

Du erinnerst dich? Die Oktave ist in 12 gleiche Halbtonschritte unterteilt. Sieben dieser Töne hast du schon kennengelernt. Die jetzt noch fehlenden fünf Töne werden von den Notennamen der Stammtöne abgeleitet. Sie entsprechen den schwarzen Tasten des Klaviers.

[**Fakt -** Es gibt zwei natürliche Halbtonschritte, dort wo keine schwarze Taste zwischen zwei weißen Tasten sind. Die anderen Halbtonschritte liegen immer zwischen einer schwarzen und einer weißen Taste.]

Die Notennamen der schwarzen Tasten werden mithilfe sogenannter Versetzungszeichen von den sieben Stammtönen abgeleitet. Wie der Name „Versetzungszeichen" schon sagt, werden also Töne/Noten versetzt. Sie werden entweder höher oder tiefer gespielt. Die dafür verwendeten Zeichen hast du teilweise schon kennengelernt, in der Geschichte wie es zu dem Ton H kam.

1. Das Kreuz ♯
Ein „Kreuz" erhöht den notierten Ton um einen Halbtonschritt.

2. Das Be ♭
Ein „Be" erniedrigt den notierten Ton um einen Halbtonschritt.

3. Das Doppelkreuz 𝄪
Das Doppelkreuz erhöht den notierten Ton um zwei Halbtonschritte, also insgesamt um einen Ganztonschritt.

4. Das Doppel-Be 𝄫
Das Doppel-„Be" erniedrigt den notierten Ton um zwei Halbtonschritte, also insgesamt um einen Ganztonschritt.

5. Das Auflösungszeichen ♮
Das Auflösungszeichen hebt das Versetzungszeichen eines Tones wieder auf.

Die Namen der fehlenden fünf Töne

Wir wissen nun also, dass die fünf fehlenden Töne durch die Versetzung der Stammtöne entstehen und dass auch ihre Namen von den Stammtönen abgeleitet sind. Bei der Namensgebung gibt es international Unterschiede, welche wir im Folgenden vergleichen werden, denn es ist sehr von Vorteil, beide zu kennen.

Deutsche Namensgebung

Wird ein Stammton versetzt so wird dessen Notenname mit einer Endsilbe versehen. Ein Stammton, der durch ein Kreuz erhöht wurde, bekommt die Endsilbe - is. Daraus ergeben sich folgende Möglichkeiten:

Cis - Dis - Eis - Fis - Gis - Ais - His

Ein Stammton, der durch ein b erniedrigt wurde, bekommt die Endsilbe - es, ausgenommen die Töne E, A und H.

Ces - Des - Es - Fes - Ges - As - Be

Hier sind die Namen der Noten mit Doppel-Kreuz und Doppel-Be.

Cisis - Disis - Eisis - Fisis - Gisis - Aisis - Hisis
Ceses - Deses - Eses - Feses - Geses - Asas - Heses

Internationale Namensgebung

Die internationale Namensgebung ist eindeutiger und einfacher. Man fügt dem Notennamen einfach das entsprechende Versetzungszeichen hinzu und spricht es gemeinsam mit dem Notennamen aus.

Das Kreuz-Zeichen heißt „sharp"
Das Be-Zeichen heißt „flat"
Das Auflösungszeichen heißt „natural"

Hier ist eine Übersicht. In Klammer steht die richtige englische Aussprache.

Cis = C♯ (sprich si-sharp)	Ces = C♭ (sprich si-flat)
Dis = D♯ (sprich di-sharp)	Des = D♭ (sprich di-flät)
Eis = E♯ (sprich i-sharp)	Es = E♭ (sprich i-flät)
Fis = F♯ (sprich ef-sharp)	Fes = F♭ (sprich ef-flät)
Gis = G♯ (sprich tschi-sharp)	Ges = G♭ (sprich tschi-flät)
Ais = A♯ (sprich ey-sharp)	As = A♭ (sprich ey-flät)
His = H♯ (sprich B-sharp)	Be = B♭ (sprich bi-flät)

Wenn du mitgezählt hast stellst du fest, dass wir nun 21 Töne haben anstatt der oben erwähnten 12 Töne. Sieben Stammtöne, sieben erhöhte Töne und sieben erniedrigte Töne.
Das hängt unter anderem mit den natürlichen Halbtonschritten zusammen. Kurz gesagt, zwischen e-f und h-c ist kein Platz mehr für einen weiteren Ton. Man erhält durch Erhöhung von e und h und Erniedrigung von f und c keine neuen Töne. sondern trifft immer auf den nächsten Stammton, allerdings und das ist entscheidend, mit neuem Namen.

Fis oder Ges? - Die enharmonische Verwechslung

Was die meisten Anfänger verwirrt, ist die Tatsache, dass die schwarzen Tasten zwei Notennamen haben, den durch Erhöhung und den durch Erniedrigung. Gleiche Töne mit unterschiedlichen Namen nennt man „enharmonisch verwechselt".

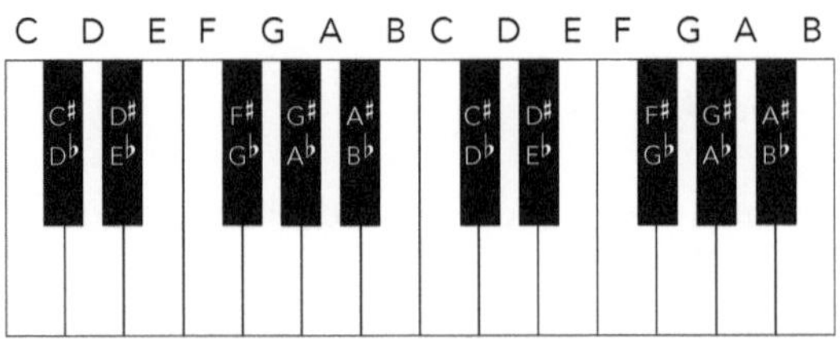

Die Klammern zeigen dir in der folgenden Abbildung welche Töne gleich klingen.

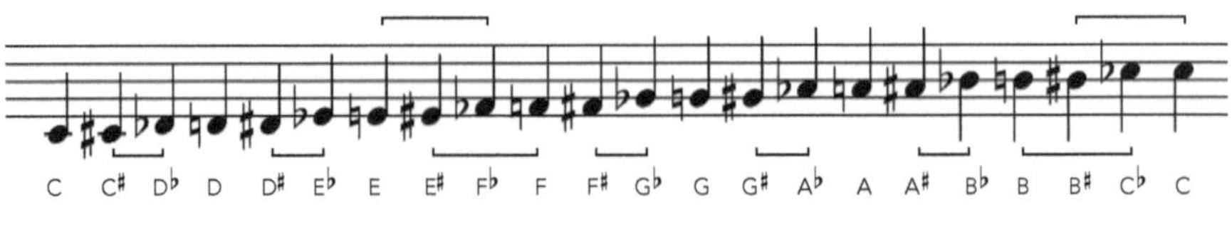

[**Fakt** - Stammtöne und versetzte Töne ergeben gemeinsam unser gesamtes Tonmaterial von 12 verschiedenen Tönen.
Es gibt Töne, die gleich klingen, aber unterschiedliche Namen haben.
Das nennt man enharmonische Verwechslung.]

Regeln für Versetzungszeichen

Ein Versetzungszeichen steht immer vor der entsprechenden Note.

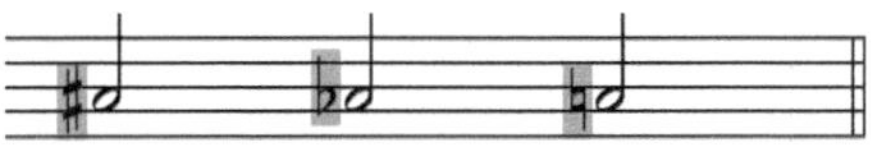

Treten Versetzungszeichen innerhalb eines Taktes auf, so gelten diese nur für diesen Takt. In jedem weiteren Takt müssen die Versetzungszeichen erneut gesetzt werden.

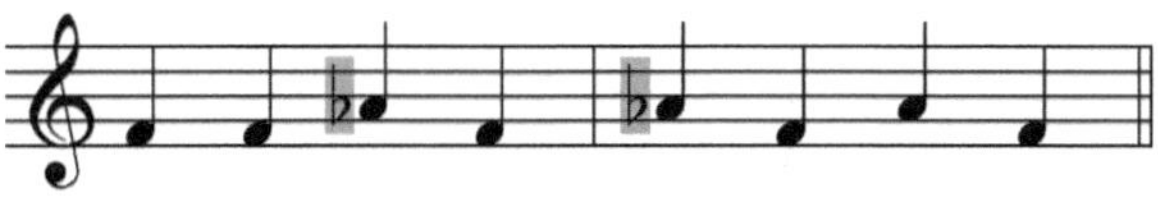

Die Versetzungszeichen gelten nur innerhalb der Oktave, in der sie gesetzt sind. Für Töne außerhalb dieser Oktave muss erneut ein Versetzungszeichen notiert werden.

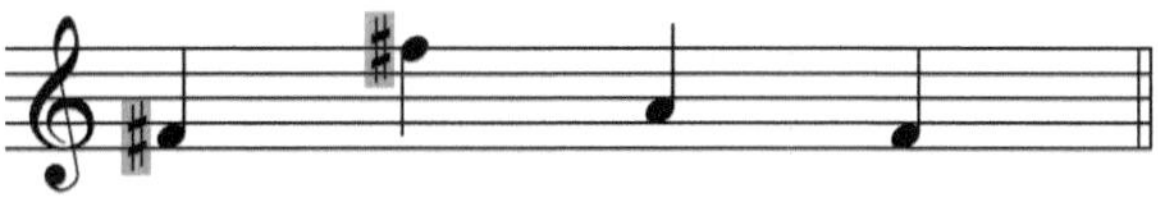

Vorzeichen

Wird ein Versetzungszeichen dauerhaft für eine Tonart verwendet, steht es am Anfang des Liedes bzw. am Anfang jeder Notenzeile und wird dann Vorzeichen genannt (siehe auch Seite 55).

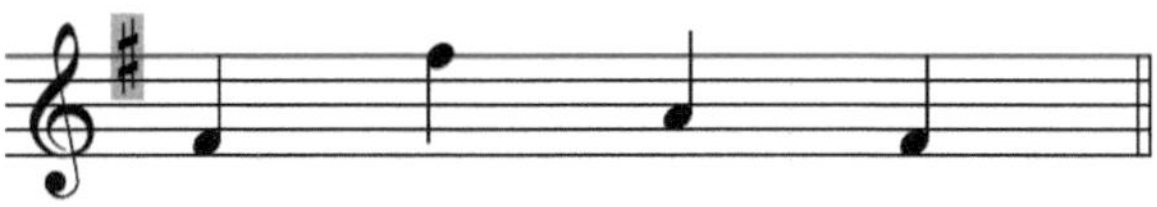

Anmerkung
Egal ob wir H oder B sagen, Musiker sind international und kennen beides. Sprich dich mit deinen Mitmusikern ab und einigt euch auf eine Ausspracheform. Es ist auch manchmal vom Musikstil abhängig. So werden Rock-, Blues- und Jazzmusiker eher das B verwenden. Klassisch geschulte Musiker werden das H bevorzugen.

Der Oktavraum - Mehr Töne als Buchstaben

Die Kennzeichnung mehrfach vorkommender Töne

Nimmt man alle Tonumfänge der verschiedenen Instrumente zusammen, stellt man fest, dass es insgesamt viel mehr Töne als Notennamen gibt. Man sieht das eindrucksvoll am Tonumfang eines Flügels mit seinen 88 Tasten. Es gibt also - immer im Abstand einer Oktave - jeden Ton mehrmals.

Kommt es zur exakten Namensgebung der immer wiederkehrenden Töne, so wird der gesamte hörbare Tonumfang in sogenannte Oktavräume unterteilt - immer vom Stammton C ausgehend zum nächsten C.

Um für alle Töne die gleichen Buchstaben verwenden zu können, werden die Notennamen durch Striche und/oder Zahlen sowie durch Groß- und Kleinschreibung gekennzeichnet und unterschieden. Ausgedacht hat sich diese Schreibweise der deutsche Physiker Herrman von Helmholtz.

[**Fakt -** Mithilfe der Notenschlüssel kann jeder Ton in einem gut lesbaren Bereich notiert werden.]

In der unten stehenden Abbildung siehst du eine Tastatur mit dem Tonumfang (88 Tasten) eines Flügels und ein zugehöriges Doppelsystem.

Tonumfang eines Flügels

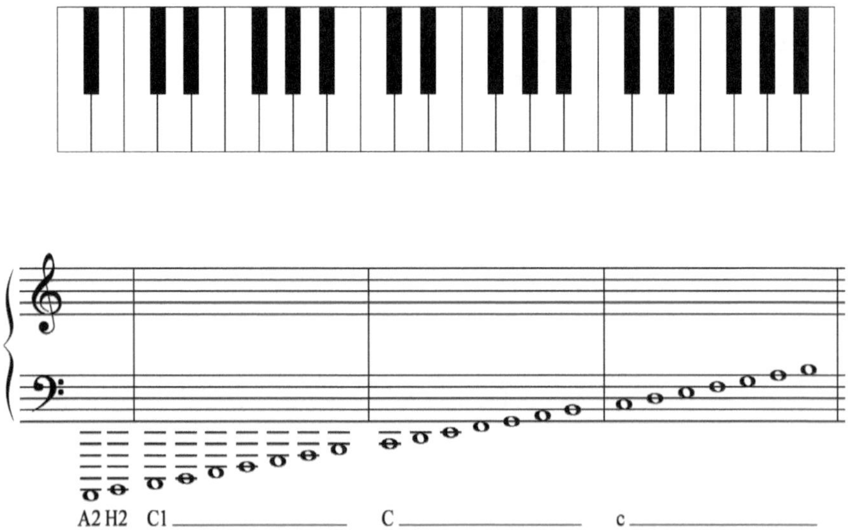

Die folgende Tabelle zeigt dir die üblichen Notennamen sowie die Bezeichnung des jeweiligen Oktavraums.

Oktavraum	**Zahlen-Schreibweise**	**Apostroph- Schweibweise**
Subsubkontra-Oktave	C3	,,,C
Subkontra-Oktave	C2	,,C
Kontra Oktave	C1	,C
Große Oktave	C	C
Kleine Oktave	c	c
Eingestrichene Oktave	c1	c'
Zweigestrichene Oktave	c2	c''
Dreigestrichene Oktave	c3	c'''
Viergestrichene Oktave	c4	c''''
Fünfgestrichene Oktave	c5	c'''''
Sechsgestrichene Oktave	c6	c''''''
Siebengestrichene Oktave	c7	c'''''''

[**Fakt -** In der Praxis werden diese Bezeichnungen nur selten verwendet. Man unterscheidet allenfalls zwischen dem kleinen und dem großen C mit ein bis zwei Strichen. Die Notation ermöglicht es uns ja, den Tonumfang eines Instrumentes ausreichend darzustellen.]

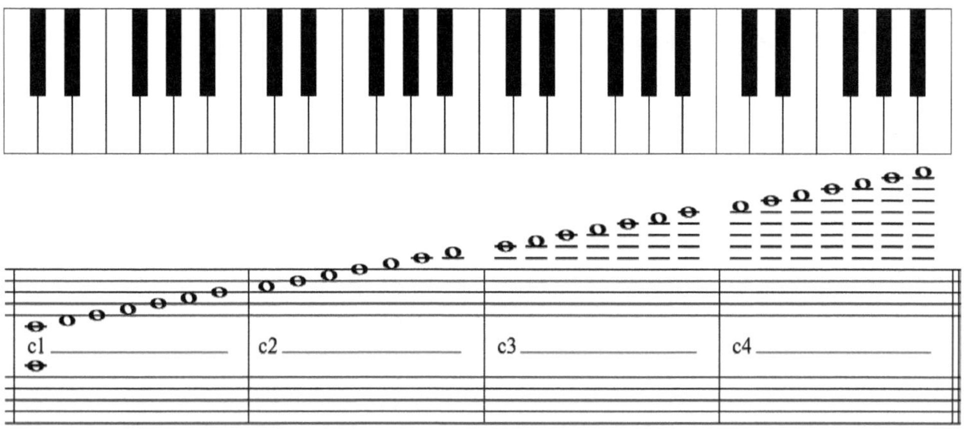

c1

Was sind Notenwerte?

Töne können nicht nur verschieden hoch und tief, sondern auch unterschiedlich lang sein. Geht es um die Länge eines Tones, spricht man vom Notenwert. Der längste Notenwert* ist die ganze Note. Das Symbol dafür kennst du schon.

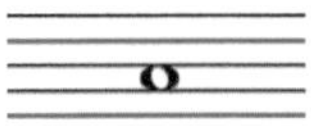

**Es gibt Möglichkeiten, Notenwerte zu verlängern, aber dazu kommen wir noch.*

Diesen Notenkopf hat nur die ganze Note. Er kommt also nur einmal vor, bekommt keinen Hals und keine Fähnchen. Alle weiteren Notenwerte werden nun von der ganzen Noten abgeleitet.

Aus einer ganzen Note werden zwei halbe Noten.

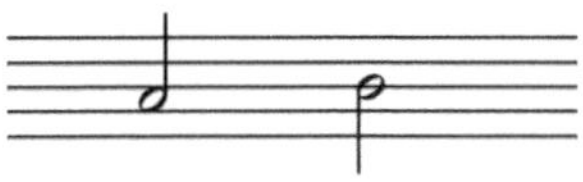

Aus einer halben Note werden zwei Viertelnoten.

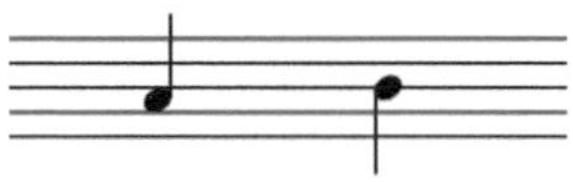

Aus einer Viertelnote werden zwei Achtelnoten.

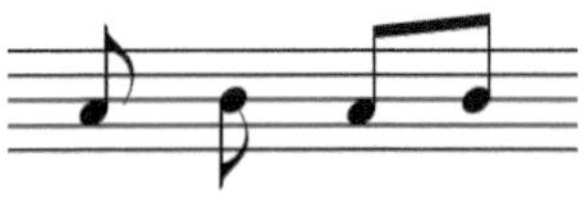

Aus der Achtelnote werden zwei Sechzehntelnoten.

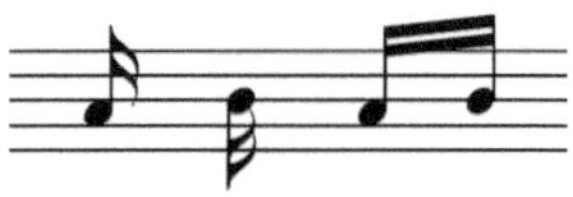

Aus einer Sechzehntelnote werden zwei Zweiunddreißigstel Noten.

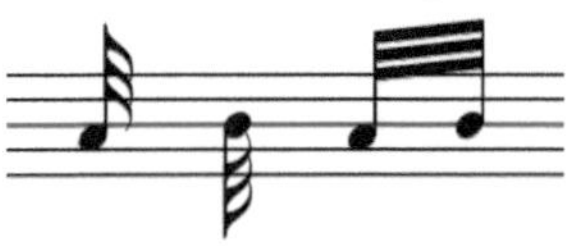

So könnte man nun weiter machen. Die Notenwerte werden immer kleiner. In der Praxis kommen aber hauptsächlich die Werte bis zur Sechzehntelnote vor.

Takt und Taktstrich

Damit alles seine Ordnung hat und du beim Notenlesen den Überblick behältst, werden die Notenwerte in der Notenzeile mit Strichen in kleine „Gruppen" unterteilt. Den Raum zwischen zwei solchen Strichen nennt man Takt und den Strich selbst Taktstrich.

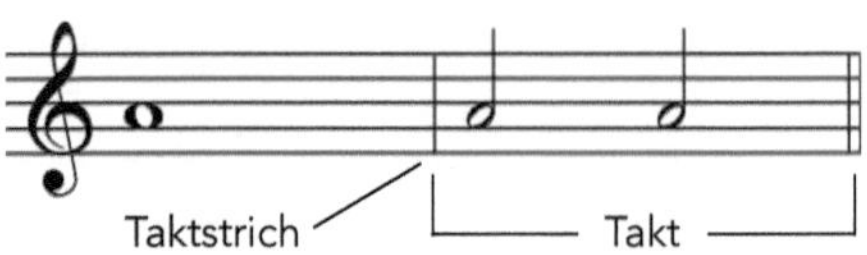

Formstriche

Ein Song besteht nicht nur aus ein paar Takten, sondern er setzt sich aus mehreren Teilen wie Strophe oder Refrain zusammen. Diese Teile nennt man Formteile. Damit du siehst, wann ein Formteil zu Ende ist, wird ein doppelter Taktstrich gemacht.

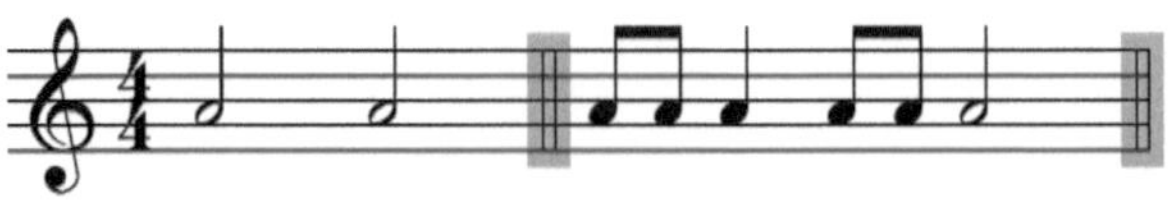

Das Song-Ende wird mit dem Schlussstrich markiert.

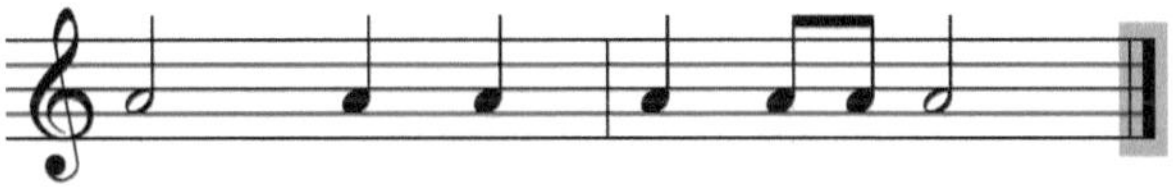

Taktart - Taktmaß

Um die Notation noch übersichtlicher zu gestalten, werden innerhalb der Taktstriche eine bestimmte Anzahl eines Notenwertes zu einem Takt zusammengefasst, zum Beispiel viermal der Wert einer Viertelnote.

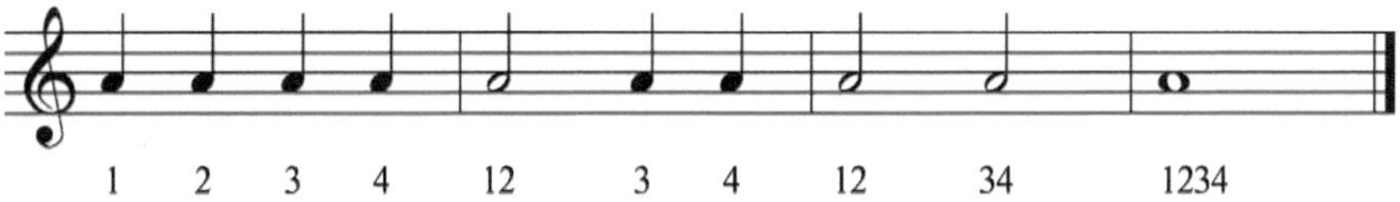

Die sogenannte Taktart (oder auch Taktmaß) steht am Anfang der Notenzeile, nach dem Notenschlüssel und der Tonartangabe (siehe S. 19). Die Abbildung zeigt dir einen 4/4-Takt (sprich Vierviertel Takt).

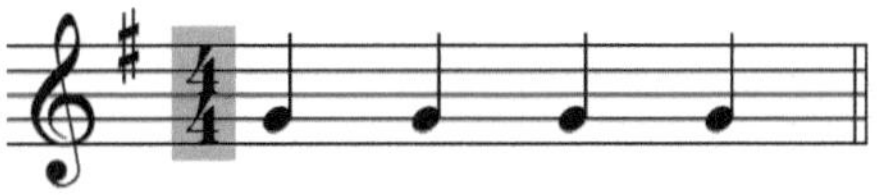

Ändert sich im Verlauf des Songs die Taktart, wird dies ebenfalls notiert. Das gilt auch für einen Tonartwechsel.

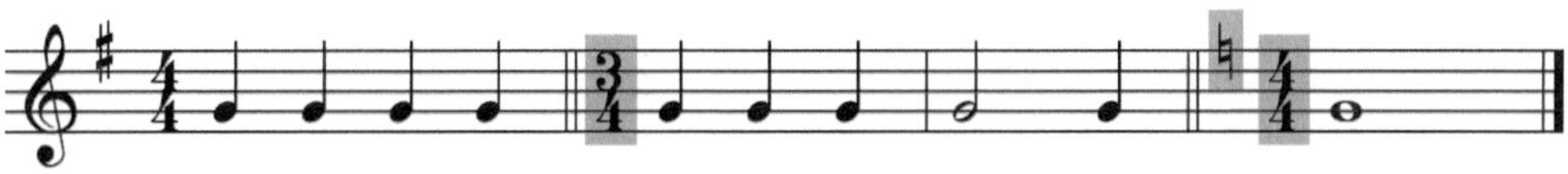

[**Fakt -** Natürlich können in einem Takt verschiedene Notenwerte vorkommen. Ihre Summe darf zusammengerechnet aber den vom Taktmaß vorgegebenen Wert nicht überschreiten.

Anstelle der Taktmaßangabe 4/4 kann auch das folgende Zeichen verwendet werden. **C**]

Grundsätzlich kann jede Anzahl an Notenwerten zusammengefasst werden. Das Taktmaß wird immer so angegeben, dass der Nenner (unten) den Notenwert angibt, der gezählt werden soll und der Zähler (oben) die Anzahl der Notenwerte. Die Abbildung zeigt dir weitere, sehr bekannte Taktarten.

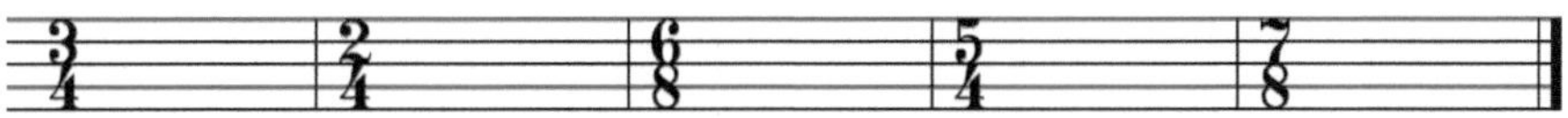

[**Fakt** - Wie du siehst, können auch andere Notenwerte als „Nenner" zusammengefasst werden. die beiden häufigsten (unter ihnen) sind der 2/2 und der 6/8 Takt.

Der 2/2 Takt wird mit diesem Zeichen gekennzeichnet: ¢
Man nennt ihn auch alla breve Takt (italienisch: rasches Tempo).]

Pausenwerte

Zu jedem Notenwert gibt es einen passenden Pausenwert. Dieser Pausenwert ersetzt die entsprechende Note in einem Takt. Der Wert wird gezählt, es wird aber kein Ton gespielt.

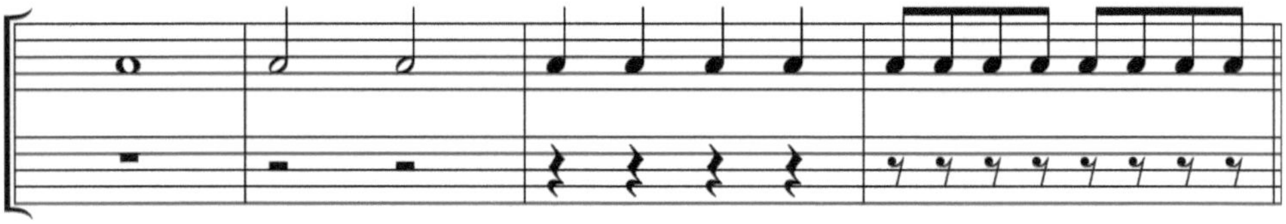

Kombinierte und verlängerte Notenwerte

Punktierung

Um weitere Notenwerte als die bisher bekannten zu bekommen, werden die Noten punktiert. Der Punkt verlängert die Note um die Hälfte ihres bisherigen Wertes.

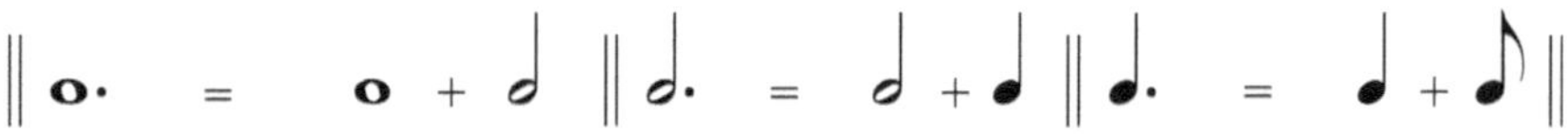

Haltebogen

Mit dem Haltebogen können nun beliebig viele Notenwerte miteinander verbunden werden, sogar über den Taktstrich hinaus. Dadurch lässt sich jede Notenlänge darstellen.

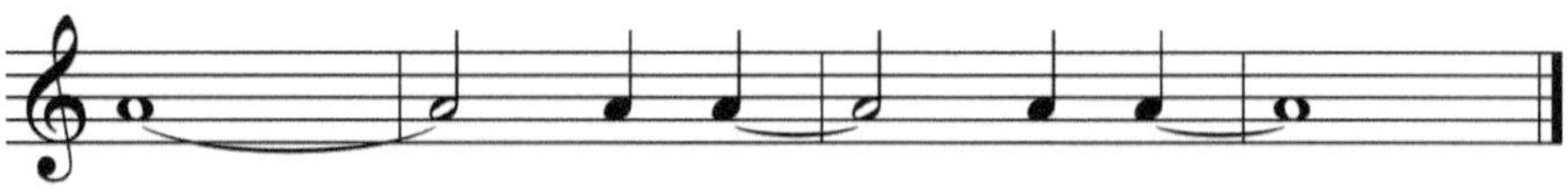

Der imaginäre Taktstrich

Du weißt, dass man Notenwerte mit Fähnchen auch „verbalken" kann. Dabei ist es wichtig, die Balken so zu setzen, dass die Taktmitte nicht überquert wird. Man spricht auch vom imaginären Taktstrich. Hier ein paar Beispiele.

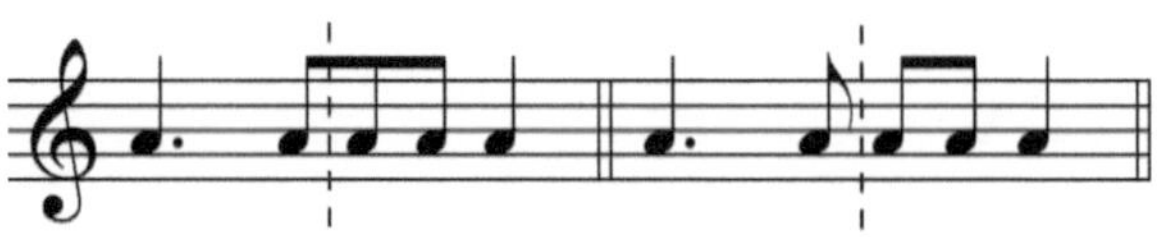

In der Regel macht man es folgendermaßen:
Die Balken werden so gesetzt, dass das Taktmaß und die Zählzeiten „sichtbar" bleiben. Heißt, der Anfang einer Balkengruppe sollte immer auf einer geraden Zählzeit liegen.

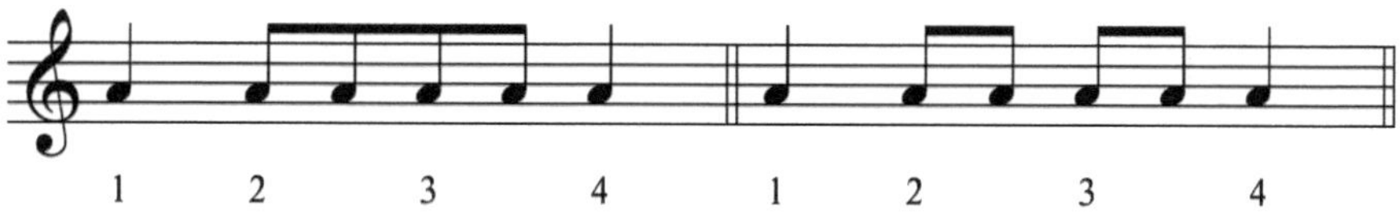

Zusammenfassung
Was haben wir bisher gelernt? Wir haben gelernt, wie aus Geräuschen und Klängen Töne entstehen, woher Töne ihren Namen haben. Warum sie auf verschiedenen Instrumenten unterschiedlich klingen. Wir haben gelernt, wie man Töne durch Notation sichtbar macht und wie sie im Notensystem aufgeschrieben und verteilt werden.
Außerdem kennst du jetzt die Stammtonreihe, die Vorzeichen, die Noten- und Pausenwerte sowie die Taktarten.

3 Harmonielehre
Die wichtigsten Regeln

Was ist ein Intervall?

Wir kommen nun zum ersten „echten" Harmonielehre-Thema: Die Intervalle.

Als Intervall bezeichnet man den Abstand zwischen zwei Tönen, egal wie groß dieser Abstand ist und egal in welche Richtung er geht. Es spielt auch keine Rolle, ob die Töne nacheinander (Melodie) oder gleichzeitig (Akkord) gespielt werden.

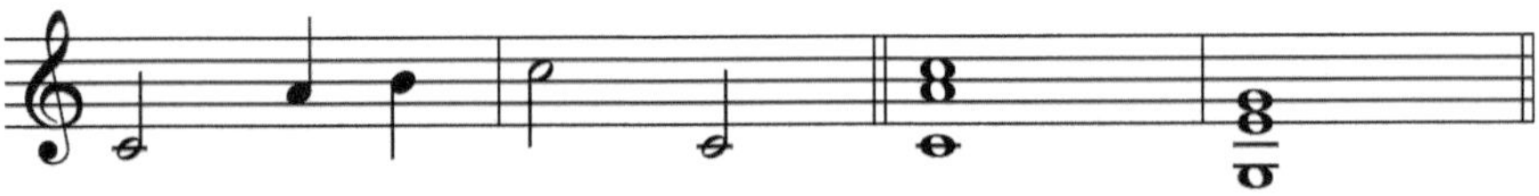

Zur Erinnerung: Der kleinste „echte" Tonschritt, den wir in der westlichen Musik kennen, ist der Halbtonschritt. Er entspricht auf der Gitarre einem Bund und auf dem Klavier dem Abstand zwischen zwei benachbarten Tasten - egal ob von weiß zu weiß oder weiß zu schwarz bzw. umgekehrt.

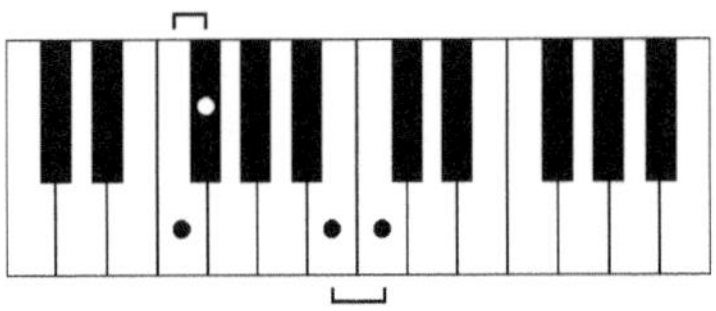

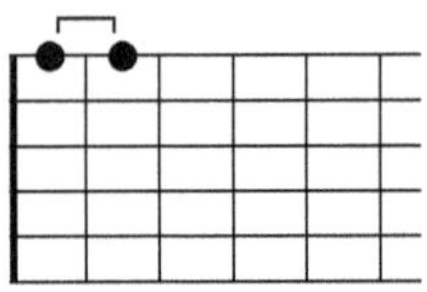

Abgeleitet aus dem Lateinischen wurden die Intervalle wie folgt bezeichnet*:

- > Prim
- > Sekunde
- > Terz
- > Quarte
- > Quinte
- > Sexte
- > Septime
- > Oktave

**Es gibt noch weitere aber dazu kommen wir später.*

Sie benennen jeweils den Tonabstand vom Ausgangston zum Zielton - in beide Richtungen. In der folgenden Abbildung ist der mittlere Ton der Ausgangston und links und rechts davon die jeweiligen Intervalle. Man spricht auch von aufwärts und abwärts.

In unserem Beispiel ist der Ton C unser Ausgangston oder besser noch Grundton (GT). Links und rechts davon stehen Töne in gleichem Abstand (Intervall). Eine Sekunde aufwärts finden wir das „D" und eine Sekunde abwärts das „B".

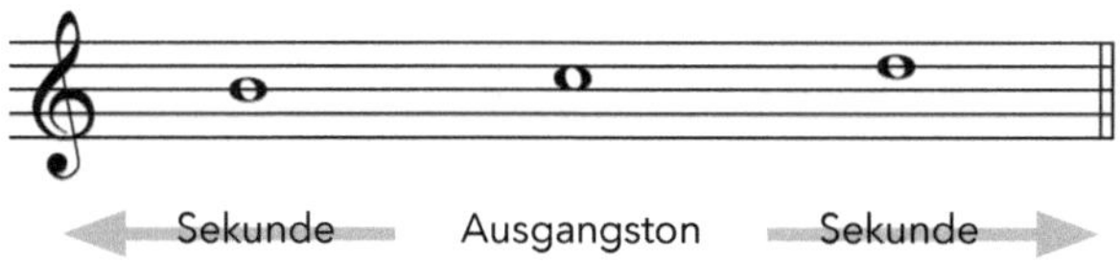

Hier siehst du alle Intervalle der Stammtonreihe innerhalb einer Oktave in beide Richtungen. Immer vom Ton C aus gezeigt.

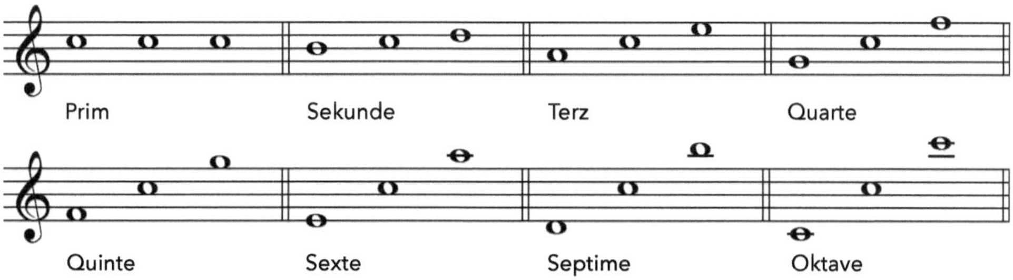

[**Tipp** - Lerne diese Namen und benutze sie, wann immer sich die Gelegenheit bietet. Sie gehören (neben den Notennamen) mit zu den wichtigsten Begriffen der Musik. Jeder Intervallname hat eine Bedeutung. Die Tabelle zeigt dir die jeweiligen Übersetzungen.]

Name (Herkunft) auf Englisch	Abstand Ausgangs- zu Zielton	Tonschritte
Prime (lat. die Erste) Unison	der erste Ton (zwei gleiche Töne)	kein Tonschritt
Sekunde (lat. die Zweite) Second	vom ersten zum zweiten Ton	1 Tonschritt
Terz (lat. die Dritte) Third	vom ersten zum dritten Ton	2 Tonschritte
Quarte (lat. die Vierte) Fourth	vom ersten zum vierten Ton	3 Tonschritte
Quinte (lat. die Fünfte) Fifth	vom ersten zum fünften Ton	4 Tonschritte
Sexte (lat. die Sechste) Sixth	vom ersten zum sechsten Ton	5 Tonschritte
Septime (lat. die Siebte) Seventh	vom ersten zum siebten Ton	6 Tonschritte
Oktave (lat. die Achte) Oktave	vom ersten zum achten Ton	7 Tonschritte

Die Anzahl der Tonschritte bezieht sich auf die möglichen Tonschritte innerhalb der Stammtonreihe, denn davon wurde ursprünglich ausgegangen. Das ist wichtig zu wissen, weil viele Anfänger den Fehler machen und Intervalle nur in Halbtonschritten „berechnen". Das ergibt aber falsche Intervall-Ergebnisse. Die folgende Grafik zeigt dir die Stammtonreihe und die Intervallnamen, vom Grundton aus berechnet.

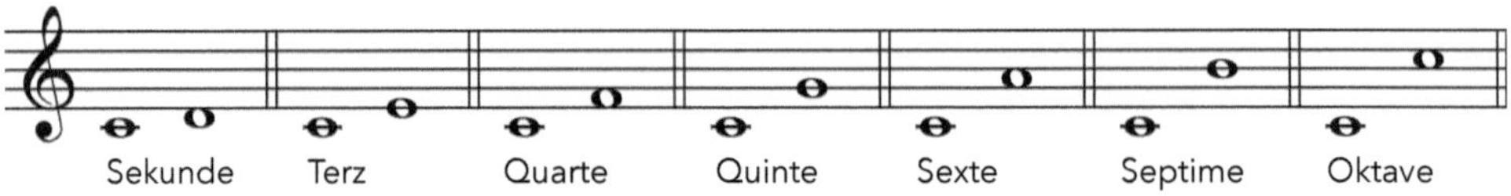

Fakt - „What you see is not what you get"

Die exakte Größe eines Tonschrittes ist im Notenbild nicht genau erkennbar. Die Notensymbole werden (wie auf Seite 18 erwähnt) entweder zwischen den Zeilen oder auf den Zeilen eingetragen. Soweit so gut. Folgende Regel sollte man also kennen und stets beachten:

Noten, die im System unmittelbar aufeinanderfolgen, sind (gemessen an der Stammtonreihe) immer entweder einen Halb- oder einen Ganztonschritt auseinander. Genau ersichtlich ist das anhand der Notation aber nicht. Was das konkret für uns heißt, wollen wir am Beispiel der Sekunde demonstrieren.

Sekunde

Innerhalb der Stammtonreihe haben wir gesehen, dass es Ganztonschritte (GT) und Halbtonschritte (HT) gibt. Beide Tonschritte liegen im Notensystem unmittelbar nebeneinander. Es ist also nicht ersichtlich um welchen der beiden Tonschritte es sich genau handelt. Wir wissen aber, dass dieser Tonschritt, Sekunde genannt wird.

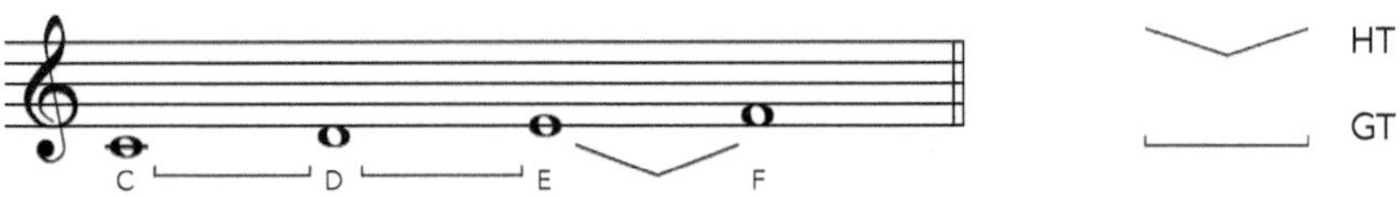

Um eine eindeutige Unterscheidung zu ermöglichen, bekommen Sekunden den Zusatz: Groß und Klein

- Kleine Sekunde = Halbtonschritt wie zwischen e-f, b-c
- Große Sekunde = Ganztonschritt wie zwischen c-d, d-e, f-g, g-a, a-b

Hier ist die Stammtonreihe mit allen großen und kleinen Sekunden. Merke dir unbedingt die Positionen der „natürlichen Halbtonschritte e-f und b-c.

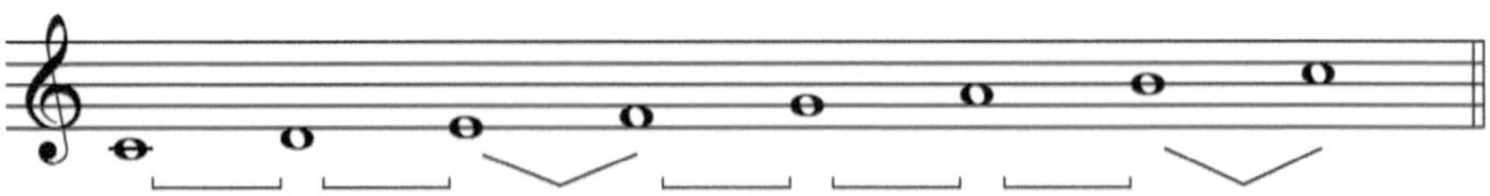

Terz

Die Terz umfasst drei Töne (Ausgangston bis zum übernächsten Ton), insgesamt also zwei Tonschritte. Im Notensystem stehen sie so, dass ein „Platz" dazwischen frei ist. Betrachten wir die Stammtonreihe, finden wir Terzen die entweder

- aus zwei Ganztonschritten bestehen oder
- aus einem Ganztonschritt und einem Halbtonschritt (bzw. umgekehrt).

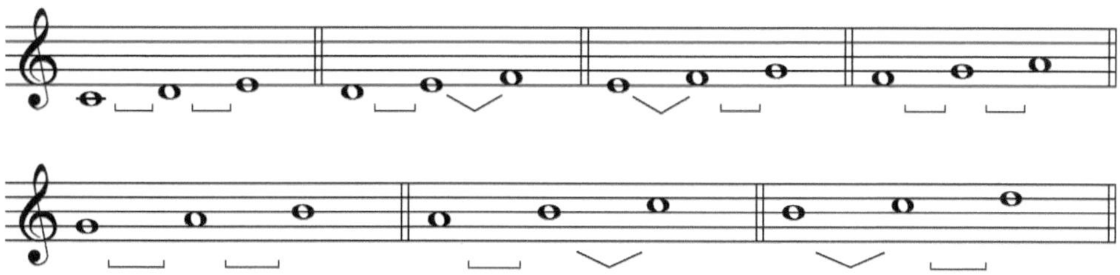

Es gibt also auch zwei verschiedene Terzen, eine kleine und eine Große.

- Kleine Terz = ein Ganz- und ein Halbtonschritt wie zwischen d-f, e-g, a-c, b-d
- Große Terz = zwei Ganztonschritte wie zwischen c-e, f-a, g-b

Aufgabe: Finde heraus, welches der oben abgebildeten Terzen eine große und welche eine kleine Terz ist!

Klein - Groß - Rein

Wir wollen hier die Sache etwas abkürzen. Intervalle gibt es grundsätzlich in drei Grundformen:

Kleine Intervalle, große Intervalle und reine Intervalle.

Kleine oder große Intervalle sind:

Sekunde, Terz, Sexte und Septime

Reine Intervalle sind:

Prim, Quarte, Quinte und Oktave

Die englischen Begriffe dafür sind:

„Minor" für klein, „major" für groß und „perfect" für rein.

Die Intervalle der Stammtonreihe

Am einfachsten lernst du die Intervalle mit Hilfe der Stammtonreihe. Wir erinnern uns, dass diese Reihe aus Ganz- und Halbtonschritten besteht und dass die Halbtonschritte zwischen den Tönen e-f und b- c natürliche Halbtonschritte sind.

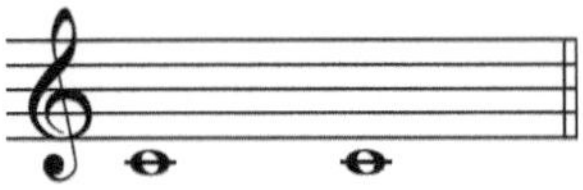

C - C Prim

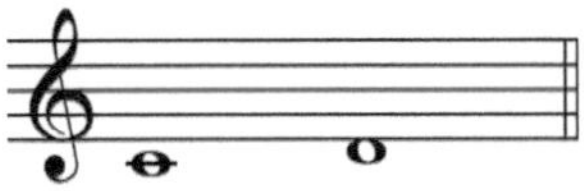

C - D große Sekunde

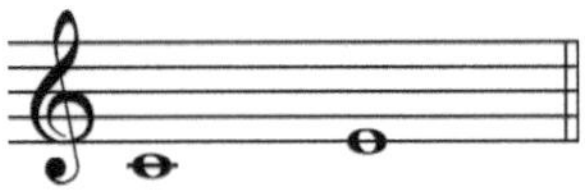

C - E große Terz

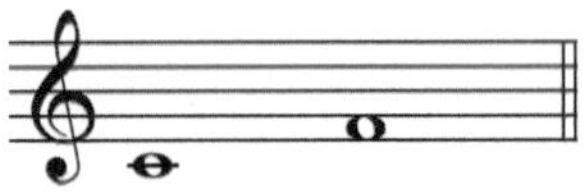

C - F reine Quarte

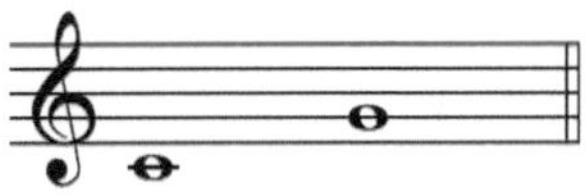

C - G reine Quinte

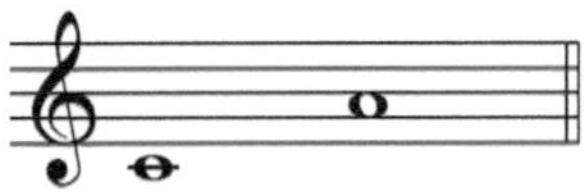

C - A große Sexte

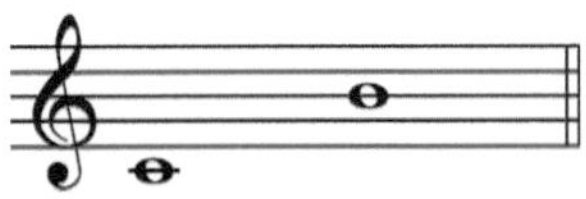

C - B große Septime

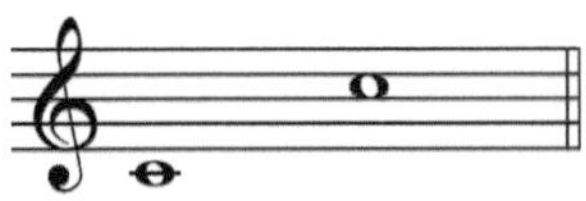

C - C reine Oktave

Wie du siehst, gibt es innerhalb der Stammtonreihe vom C aus gesehen nur große und reine Intervalle. Beginnt man die Reihe jedoch von einem anderen Stammton aus, verschieben sich die Positionen der Halbtonschritte und es ergibt sich neues Bild. Im nächsten Beispiel beginnen wir mit dem Ton D.

[**Tipp -** Merke dir unbedingt die Positionen der natürlichen Halbtonschritte innerhalb der Stammtonreihe.]

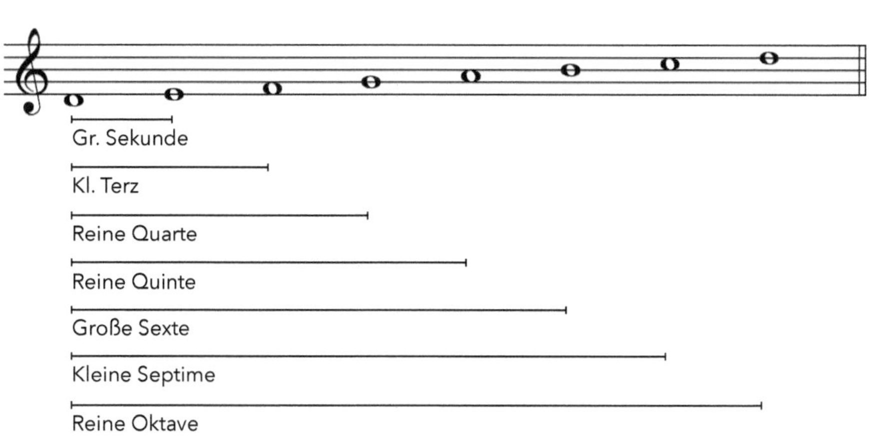

Wie du siehst, ergeben sich in dieser Tonleiter zwei kleine Intervalle, die kleine Terz und die kleine Septime.

Deine Aufgabe ist es nun, für die restlichen „abweichenden" Tonleitern die richtigen Intervalle zu bestimmen. Aus diesem Grund haben wir etwas Platz zwischen den Abbildung gelassen.

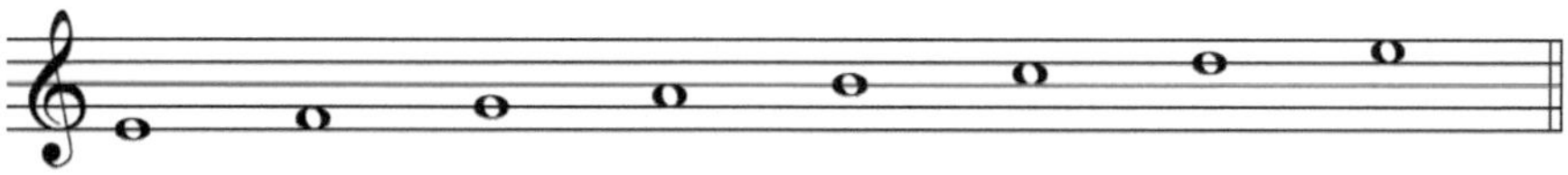

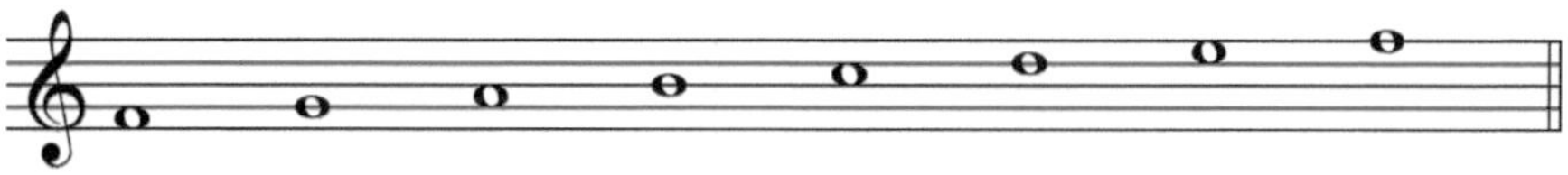

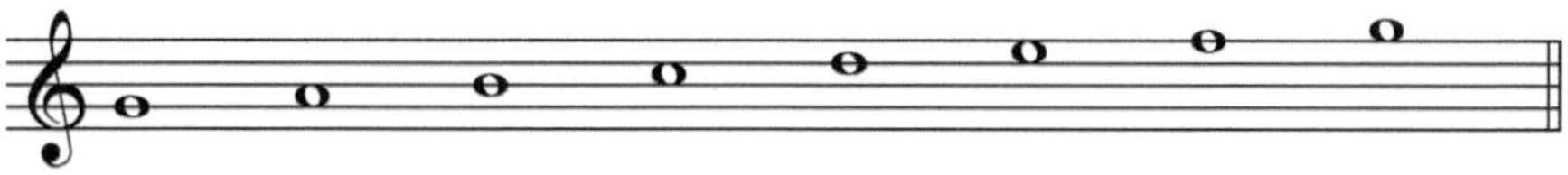

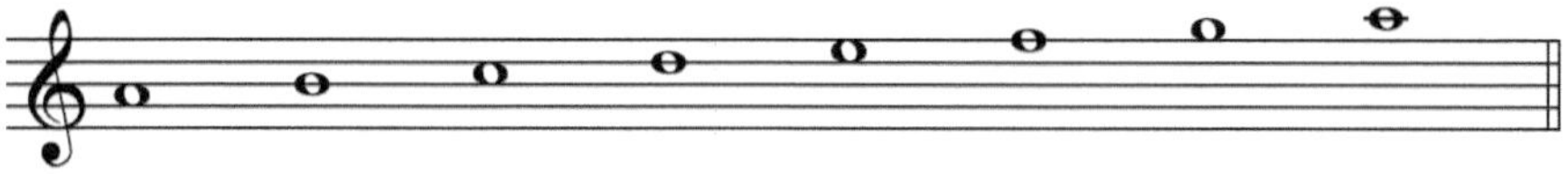

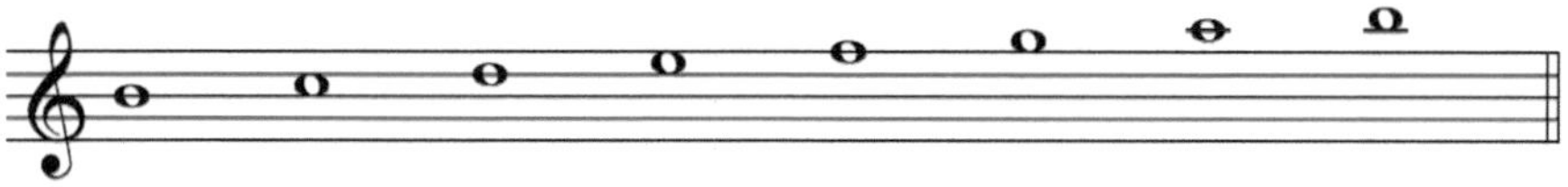

Diese Tonleitern werden später noch eine sehr wichtige Rolle spielen.

Intervalltabelle 1

Unsere erste Intervalltabelle zeigt dir alle Intervalle innerhalb einer Oktave:

Name	Tonschritte	Töne	HTS
Reine Prim	Kein Tonschritt	c-c, d-d, e-e, usw.	0
Kleine Sekunde	Halbtonschritt (HT)	e-f, b-c	1
Große Sekunde	Ganztonschritt (GT)	c-d, d-e, f-g, g-a, a-b	2
Kleine Terz	GT + HT	d-f, e-g, a-c, b-d	3
Große Terz	GT + GT	c-e, f-a, g-b	4
Reine Quarte	GT + GT + HT	c-f, d-g, e-a, g-c, a-d, b-e f-b	5
Tritonus	GT + GT + GT	f-b	6
oder	GT + GT + HT + HT	b-f	6
Reine Quinte	GT + GT + GT + HT	c-g, d-a, e-b, f-c, g-d, a-e	7
Kleine Sexte	GT + GT + GT + HT + HT	e-c, a-f, b-g	8
Große Sexte	GT + GT + GT + GT + HT	c-a, d-b, f-d, g-e	9
Kleine Septime	GT + GT + GT + GT + HT + HT	d-c, e-d, g-f, a-g, b-a	10
Große Septime	GT + GT + GT + GT + GT + HT	c-b, f-e	11
Reine Oktave	GT + GT + GT + GT + GT + HT + HT	c-c, d-d, e-e, usw.	12

Hinweise

> Die Reihenfolge der Tonschritte (HTS oder GTS) innerhalb des Intervalls spielt keine Rolle.

> Es gibt folglich maximal 12 Halbtonschritte innerhalb einer Oktave.

Der Tritonus

Eine Besonderheit innerhalb der Stammtonreihe stellt das Intervall zwischen den Tönen b und f bzw. f und b dar. Anhand der Tonschritte lässt es sich weder der reinen Quarte noch der reinen Quinte zuordnen. Schauen wir die Tonschritte im Notenbild an, stellen wir fest, dass hier dennoch die Bedingungen einer Quarte bzw. einer Quinte erfüllt werden.

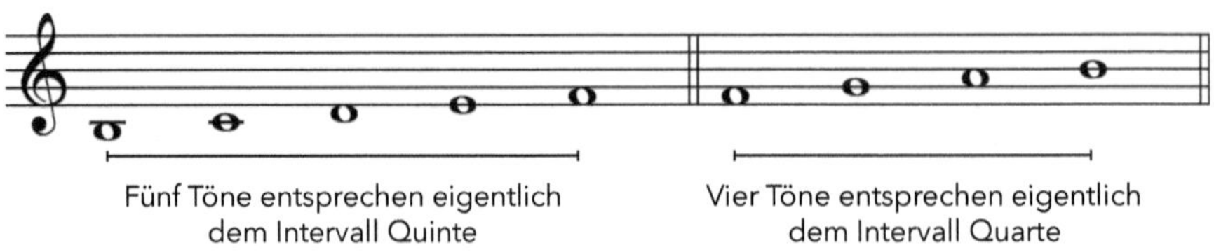

Die Summe der Halbtonschritte der reinen Quarte ist fünf, die der reinen Quinte ist sieben. Zählen wir die Halbtonschritte unseres „neuen Intervalls" zusammen kommen wir auf sechs.

B C D E F || F G A B

1 HT 2 HT 2 HT 1 HT 2 HT 2 HT 2 HT

Es ist also weder eine reine Quarte noch eine reine Quinte. Seine Bezeichnung kennst du schon aus der Tabelle auf Seite 42: Tritonus. Das kommt aus dem Lateinischen und bedeutet so viel wie: drei Töne.

[**Fakt** - Nimmt man es ganz genau, darf nur das Intervall, das aus drei Ganztonschritten besteht, als Tritonus bezeichnet werden. Es ist aber üblich, dass man ausgehend von dem „sichtbaren" Intervall die Zusätze „vermindert" und „übermäßig" hinzufügt.]

Übermäßige Quarte und verminderte Quinte

Unser Tritonus kann entweder als verminderte Quinte oder als übermäßige Quarte bezeichnet werden. An dieser Stelle wollen wir dir weitere Möglichkeiten zeigen, wie die Intervalle. die du jetzt kennst, verändert werden können.

Übermäßig und Vermindert

Wenn es eine spezielle Situation erfordert, können reine, kleine und große Intervalle zusätzlich erhöht (übermäßige Intervalle) oder erniedrigt (verminderte Intervalle) werden.

Beispiel: Ein Halbtonschritt ist nicht automatisch eine kleine Sekunde. Was im ersten Moment verwirrend klingt, lässt sich einfach und logisch erklären. Eine Sekunde sind immer zwei Töne, die unmittelbar nebeneinander auf und/oder zwischen den Zeilen notiert sind.

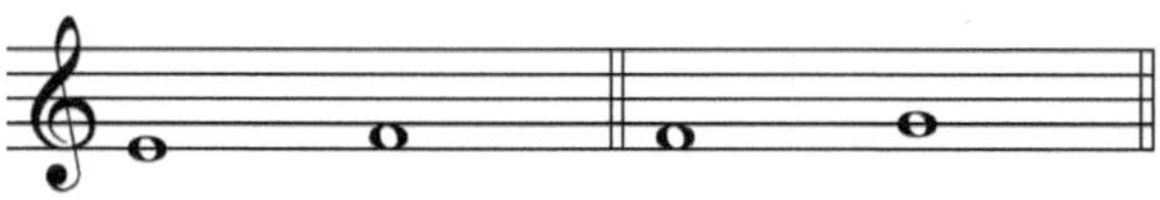

Halbtonschritt Ganztonschritt

Klanglich gleich - verschiedene Namen

Wird aber ein Intervall, im folgenden Beispiel eine Prim, durch ein ♯ erhöht oder durch ein ♭ erniedrigt, liegt der „neue" Ton immer noch auf derselben Notenzeile. Ein Sekundschritt ist also nicht erkennbar. Das Ausgangsintervall (in unserem Fall also die Prime) ist oder besser gesagt bleibt der Intervall-„Namensgeber" des neuen Tons.

In der Abbildung wird das zweite C mit einem Kreuz zu einem Cis erhöht. Im Notenbild steht also C - C♯. Folglich handelt es sich um eine Prim. Weil der zweite Ton aber erhöht wurde und dadurch ein Halbtonschritt entsteht (eine vermeintliche kleine Sekunde), spricht man von einer übermäßigen Prim.

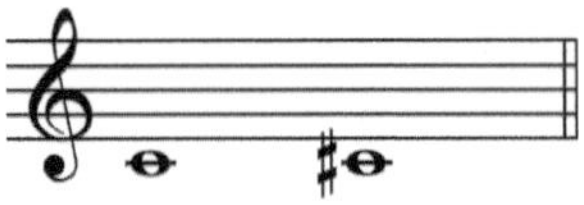

Das klanglich gleiche Ergebnis wäre der Tonschritt C-D♭ und das wäre eine kleine Sekunde, weil in der Notation ein Sekundschritt zu sehen ist.

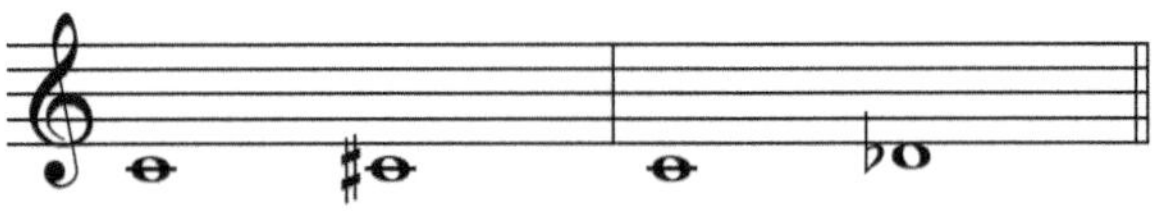

Wir wissen, dass C-C♯ und C-D♭ gleich klingen, ihre Namen aber enharmonisch verwechselt sind. Dasselbe geht auch in die andere Richtung.
Kleine Sekunde, übermäßige Prime und verminderte Prime, verminderte große Sekund sind alles Halbtonschritte, klanglich gleich und trotzdem sind es vier (namentlich) unterschiedliche Intervalle.

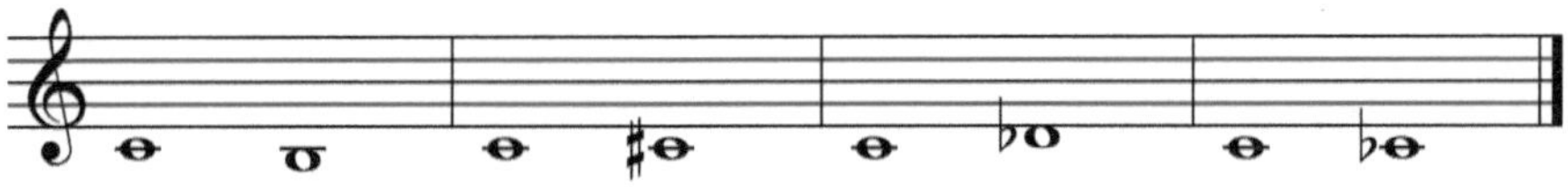

Name:	Kleine Sekunde	übermäßige Prim	Vermin. große Sekunde	Verminderte Prim
Klang:	Kleine Sekunde	Kleine Sekunde	Kleine Sekunde	Kleine Sekunde

Merke
Namensgeber eines Intervalls ist immer der sichtbare Intervall-Abstand im Notenbild der Stammtonreihe.

Dasselbe gilt für alle anderen Intervalle auch. Hier sind weitere Beispiel zum besseren Verständnis.

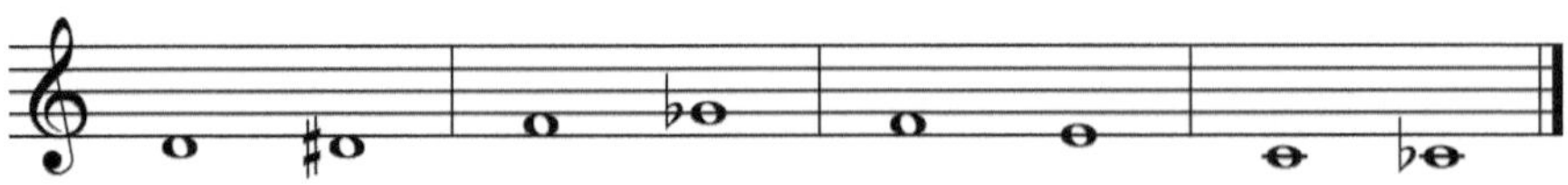

Name:	Übermäßige Prim	Kleine Sekunde	Kleine Sekunde	Verminderte Prim
Klang:	Kleine Sekunde	Kleine Sekunde	Kleine Sekunde	Kleine Sekunde

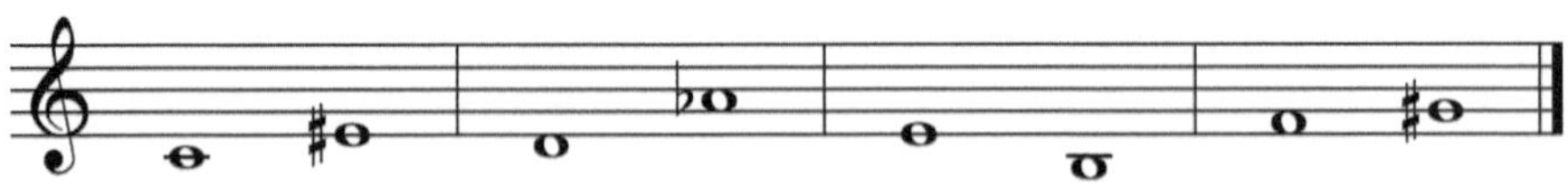

Name:	Übermäßig gr. Terz	Verminderte Quinte	Reine Quarte	Übermäßig gr. Sekunde
Klang:	Reine Quarte	Tritonus	Reine Quarte	Kleine Terz

Damit du die Tücken der Intervalle besser in den Griff bekommst, haben wir dir weitere Übungen gemacht. Erkenne die folgenden Intervalle richtig und gebe ihnen den entsprechenden Namen.

Übungen

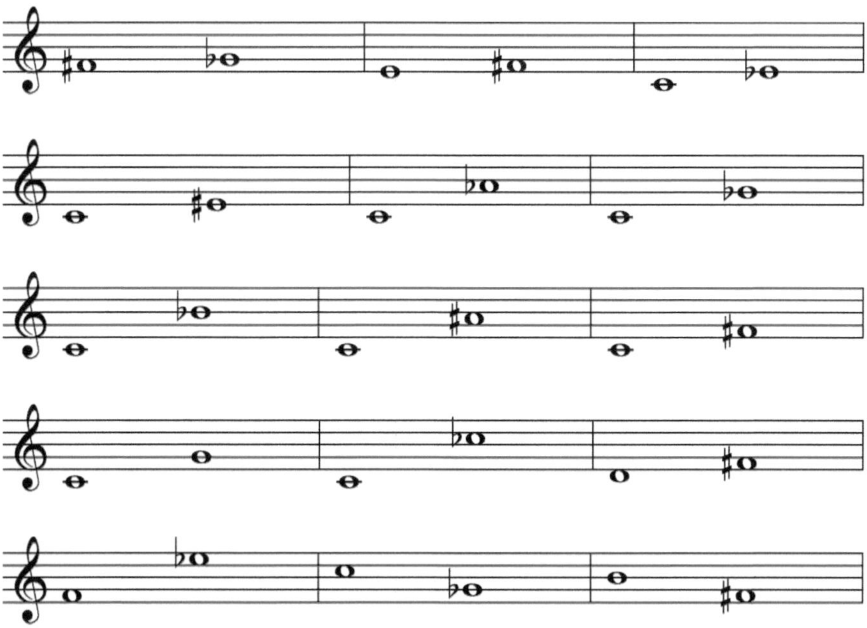

Zusammenfassung
Du erhältst mit dieser Methode also keine neuen Töne, sondern es ergeben sich Überschneidungen mit bereits vorhandenen Intervallen. So ist eine verminderte Quarte (C-F♭) klanglich gesehen nichts anderes als eine große Terz (C-E). Später, bei den Akkorden ab Seite 64 werden wir weitere Beispiele zeigen. Dort lernst du auch die praktische Anwendung einer enharmonischen Verwechslung kennen.

[**Fakt** - Werden reine oder große Intervalle erhöht, so entstehen übermäßige Intervalle. Werden reine oder kleine Intervalle erniedrigt, so entstehen verminderte Intervalle.]

Was bedeutet Tonalität und Diatonik?

Einige sehr wichtige Begriffe, die dir als Musiker im Laufe der Zeit immer wieder begegnen werden, sind:

> Tonalität, tonal
> Tongeschlecht, Tonart
> Diatonik, diatonisch
> Chromatik, chromatisch
> Modalität, modal

Die Bedeutung dieser Begriffe wird etwas unterschätzt, weshalb sie auch eher selten oder nur halbherzig erklärt werden. Sie liefern aber den Schlüssel zu Erkenntnissen und Phänomenen, die dir helfen werden, Musik insgesamt noch besser zu verstehen. Sie geben Antworten auf Fragen wie:

> Warum klingen manche Melodien schön, andere wiederum eher schräg?
> Warum gibt es so viele unterschiedliche Akkordklänge?
> Warum klingt Musik manchmal so „logisch" und vorhersehbar in ihrem Verlauf?

Bedenkt man, dass seit Jahrhunderten in alle Musikstile dieselben 12 Töne verwendet werden, kommt man schon ins Staunen, stellt man die Musik von Johann Sebastian Bach, Miles Davis, Metallica oder den Beatles gegenüber. Die Vielfalt an fantastischen Ergebnissen ist enorm. Grund genug für uns, dir diese Begriffe nach und nach etwas ausführlicher zu erklären.

[**Fakt** - Unser musikalisches Empfinden ist so ausgelegt, dass wir am liebsten Musik hören, die wir als harmonisch, also als konsonant (Wohlklang, wohlklingend) empfinden. Unser Ohr sucht sich instinktiv (fast immer) einen Bezugspunkt, dem es folgen kann. Das ist der Grund warum für uns etwas „vertraut" klingt.]

Konsonanz - wohlklingend, harmonisch, nicht nach Auflösung strebend
Dissonanz - Missklang, unharmonisch, nach Auflösung strebend

Tonalität

Als Tonalität bezeichnet man eine musikalische Ordnung, bestehend aus mehreren Tönen, die sich wiederum alle auf einen (frei wählbaren) Grundton beziehen.

Am besten kann man das mit einer Gruppe Menschen vergleichen. Es muss Regeln, Ordnungen und Bezugspunkte geben, damit kein Chaos entsteht. Die wohl bekannteste Struktur ist die Familie mit all ihren Verwandten. Jede Familie hat einen zentralen Mittel- und Bezugspunkt, die Eltern. Diese vergleichen wir nun mit dem Grundton. Fast alle Ereignisse und Vorgänge gehen davon aus und führen häufig auch dahin zurück.

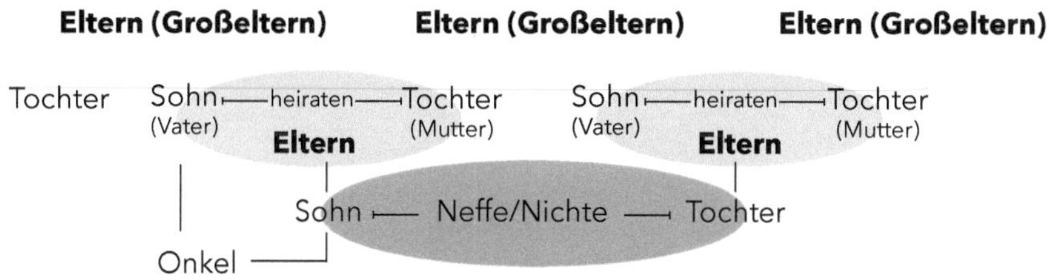

Je weiter man sich von den Großeltern entfernt, desto „schwächer" wird der Verwandtschaftsgrad. Denkt man das Prinzip weiter, werden aus Familien - Dörfer und Städte, aus Städten werden Länder usw. Das Individuum (in unserem Fall der Ton) verliert an Bedeutung, bekommt sie aber wieder, wenn er eine Funktion innerhalb einer der genannten Strukturen hat.

[**Fakt -** Durch die Ordnung von Tönen entsteht Tonalität.]

Ein anderes Beispiel wäre ein Film-Ensemble. Die Handlung lässt sich gut verfolgen, solange die Akteure gleich bleiben und sich auf den Hauptdarsteller beziehen. Würden sich die Figuren ändern, könntest du der Handlung kaum noch folgen. Handlung, Orte und Schauspieler sind hier gewissermaßen die Tonalität.

Grundton - Tonika

Einen solchen zentralen Mittel- oder Bezugspunkt nennt man Grundton. Entscheiden wir uns für den Ton C, müssen sich ihm alle weiteren Töne unterordnen. Man nennt ihn deshalb auch **tonales Zentrum** oder **Tonika**.

Hierzu ein praktisches Beispiel: Spiele die Stammtonreihe von C bis F und zurück.

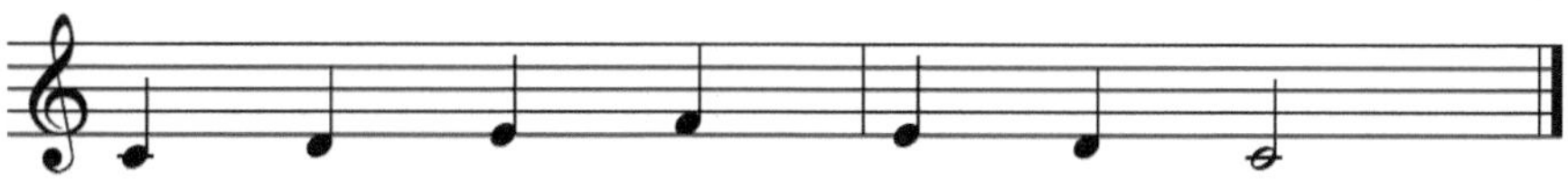

Dein Ohr akzeptiert das C als logischen Schluss- und Ruhepunkt. Die Reihe oder besser gesagt die Melodie ist zu Ende geführt.

Spiele wieder von C bis F und zurück, aber ende dieses Mal auf dem Ton D.

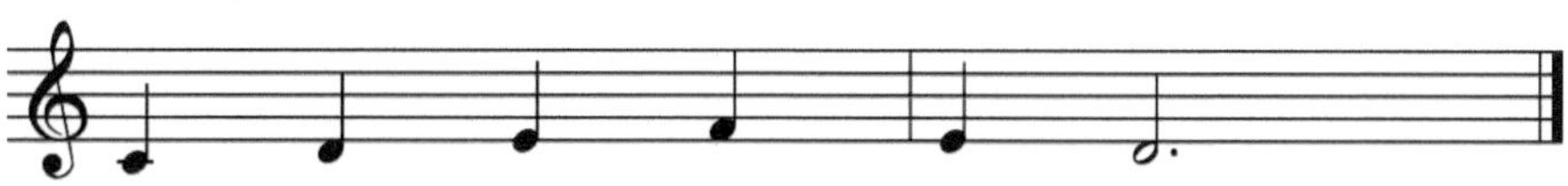

Unser Ohr akzeptiert D nicht als Abschluss, es möchte das C hören. Das D drängt förmlich nach Auflösung oder Weiterführung. Entfernt man sich also vom Grundton, entsteht melodische (auch harmonische) Spannung. Folgt man dieser Spannungen bzw. löst man sie auf, kehrt man unweigerlich wieder zum Grundton zurück. Musik, die nach diesem Prinzip funktioniert, nennt man tonale Musik.
Die Art der „Spannung", die entsteht, hängt von den verwendeten Tönen ab.

Auf Seite 125 beim Thema stabile und aktive Töne erfährst du mehr über die Eigenschaften einzelner Töne innerhalb einer Tonalität.

Was ist eine Tonleiter?

Die Töne einer Tonalität werden in sogenannten Tonleitern, der Reihe nach geordnet. Die Stammtonreihe ist eine solche Tonleiter.

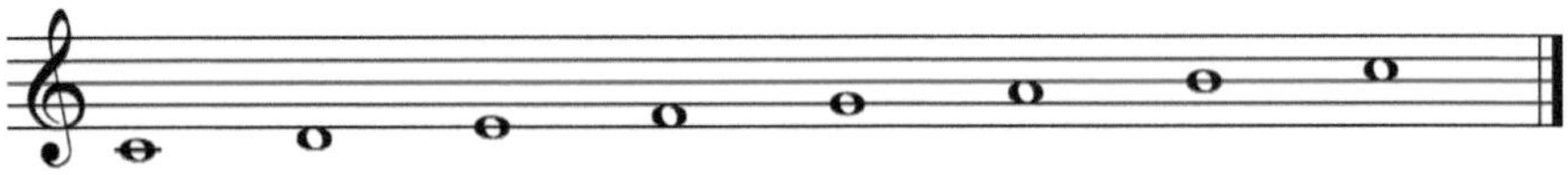

Man nennt das auch: das Tonmaterial oder den Tonvorrat.

Innerhalb einer Tonleiter sind diese tonalen „Spannungen" besonders gut zu sehen und zwar durch die Tonschritte zwischen den einzelnen Tönen. In der Regel sind das Halb- und Ganzton-Schritte. Es können aber auch andere Tonschritte vorkommen, wie beispielsweise in der Pentatonik (siehe S 174).

Auch die Anzahl der Töne einer Tonleiter kann variieren. In der Regel sind es sieben (verschiedene) Töne, im Extremfall sind es 12 Töne. Das wäre dann eine Tonleiter aus lauter Halbtonschritten. Es gibt aber auch hier einige Ausnahmen, die wir später noch alle kennenlernen.

Tonart und Tongeschlecht

Für die Musizierpraxis der vergangenen Jahrhunderte hat es sich bewährt, nicht mit allen 12 Tönen gleichzeitig zu arbeiten außer in der sogenannten 12 Tonmusik. Dennoch gibt es Beispiele, wo dies umgesetzt wurde. In dem kurzen Ausschnitt aus „Harry Potter" von John Williams kommen alle 12 Töne vor.

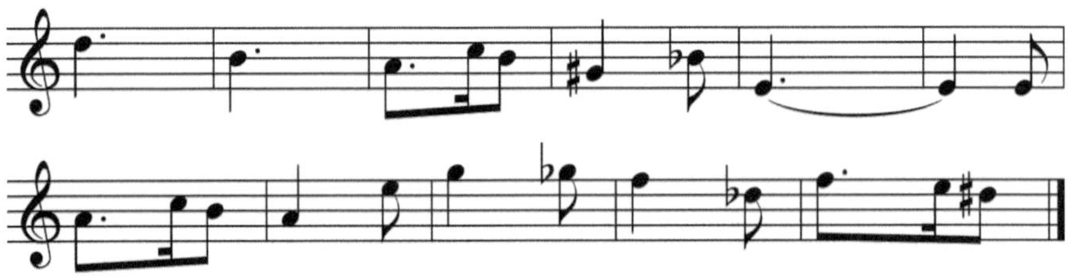

Man traf vielmehr eine Auswahl an bestimmten Tönen, die - in Reihe gespielt - eine bestimmte Stimmung vermittelten. Aus diesem Tonmaterial entstanden dann (nach gewissen Regeln) Akkorde und Melodien. Wir haben das schon bei unserer Stammtonreihe festgestellt. Spielt man die Töne nacheinander, ergibt sich eine stabile (strong), „positiv" klingende, aufsteigende Melodie, die sich am Ende wieder zum Grundton hin auflöst. Abwärts gespielt, bekommt man denselben Eindruck mit der absteigenden Melodie und noch mehr Stabilität im letzten Ton. Teste das selbst mit deinem Instrument und bilde dir dein eigenes Urteil.

Tetrachord

Teilt man die Stammtonreihe genau in der Mitte, erhält man von den Tonschritten her zwei identische Hälften. Weil jede Hälfte vier Töne enthält, nennt man diese Tonreihe Tetrachord (Tetra = vier)

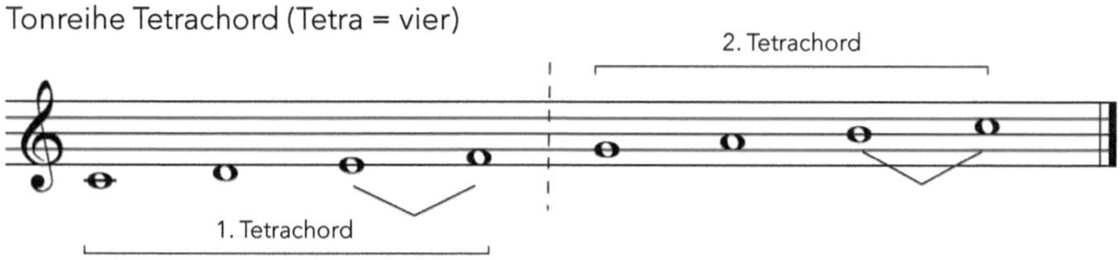

Ändert man den Halbtonschritt zwischen dem 3. und 4. Ton und spielt ihn zwischen dem 2. und 3. Ton oder dem 1. und 2. Ton, bekommt die Tonleiter einen komplett anderen klanglichen Charakter. Spiel sie und höre selbst.

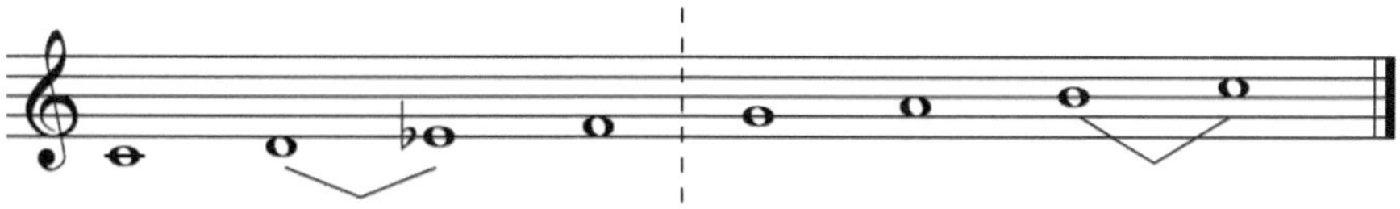

Die Tonleiter wirkt plötzlich nicht mehr so stabil, obwohl nur ein Tonschritt geändert wurde. Was unterscheidet die beiden Tonleitern?

Das Tongeschlecht

Der erste Tetrachord der Stammtonreihe beginnt mit einer großen Terz. Die neue (konstruierte) Tonleiter beginnt mit einer kleinen Terz.

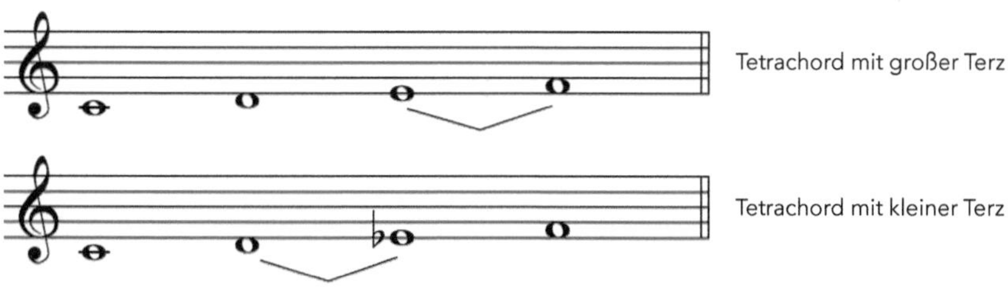

Ab ca. 1600 hat man sogenannte Tongeschlechter eingeführt. Dabei wird exakt zwischen diesen beiden Tetrachorden unterschieden:

- Hat der 1. Tetrachord eine große Terz wird das Tongeschlecht **Dur** festgelegt.
- Hat der 1. Tetrachord eine kleine Terz, wird das Tongeschlecht **Moll** festgelegt.

Diese Unterscheidung gilt bis heute. Es gilt also weiterhin folgende Regel:

- Entspricht ein Tonvorrat dem Tongeschlecht Dur, spricht man von der **Dur-Tonart**.
- Entspricht ein Tonvorrat dem Tongeschlecht Moll, spricht man von der **Moll-Tonart**.

Das Dur/Moll System

Dur und Moll sind die beiden einzigen Tongeschlechter, die wir kennen. Sie werden auf alle musikalischen Ereignisse angewendet - Tonleitern, Tonarten, Melodien und Akkorde. Deshalb spricht man auch vom Dur/Moll-System. Unsere Stammtonreihe ist also gleichzeitig eine Dur-Tonleiter.

Zusammenfassung
Alle „beteiligten" Töne einer Tonalität gehören zu einer Tonart und alle darin vorkommenden harmonischen „Gebilde" wie Akkorde und Skalen haben ein eigenes Tongeschlecht - Dur oder Moll. Die Töne einer Tonart sind in einer sogenannten Tonleiter geordnet. Das Tongeschlecht und die Tonart sind von den Spannungsverhältnissen innerhalb der Tonleiter abhängig. Diese wiederum von der Lage und der Anzahl der Tonschritte (Halbtonschritte, Ganztonschritte usw.)

Später wird das Thema Tonleiter noch ausführlicher behandelt.

Was ist Diatonik?

Ein weiterer Begriff, der dir in der Musik ständig begegnen wird, lautet: Diatonik. Er stammt aus dem Altgriechischen und bedeutet soviel wie: durch Töne schreiten, sich in Tonschritten bewegen. Gemeint ist damit die melodische Bewegung zwischen den Tönen eines Tonsystems oder noch besser gesagt einer Tonalität wie unserem Dur/Moll System. Gemeint sind damit aber auch die Akkorde und die daraus resultierenden Akkordfolgen, die innerhalb solcher Tonsysteme entstehen.

Wie wir jetzt wissen, werden Töne in Tonleitern „gesammelt" und befinden sich in der Regel innerhalb einer Oktave. Meistens sind es sieben verschiedene Töne. Die wichtigste und bekannteste diatonische Tonreihe ist demnach wieder unsere Stammtonreihe.

Zusammenfassung
Alles, was innerhalb einer Tonart mit dem entsprechenden Tonmaterial passiert, also Intervalle, Melodien, Akkorde und Kadenzen, nennt man diatonisch. Auch die später noch genau erklärten Modi oder Kirchentonarten gehören dazu.

Was ist Chromatik?

Chromatik ist genau genommen das Pendant zu Diatonik. Die chromatische Tonleiter enthält unser gesamtes Tonmaterial, also alle zwölf Töne, die wir kennen. Sie besteht folglich nur aus Halbtonschritten.

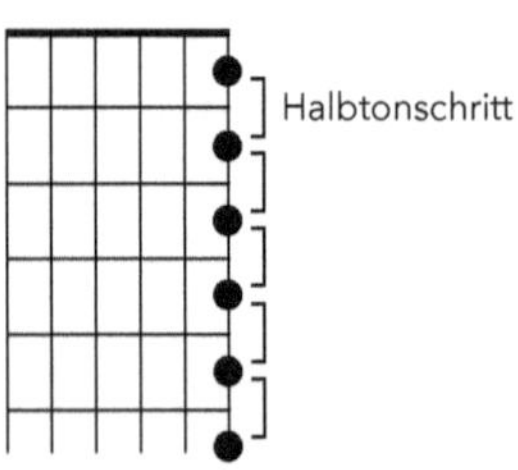

Du kannst dir das wieder sehr gut an einem Gitarrengriffbrett veranschaulichen.

Da, wie du weißt, Töne verschiedene Namen haben können (enharmonische Verwechslung) gibt es auch verschiedene Abbildungsmöglichkeiten der chromatischen Tonleiter. Die folgende Abbildung zeigt dir zunächst zwei Varianten, einmal die mit ♯ erhöhten Töne, einmal die mit ♭ erniedrigten Töne.

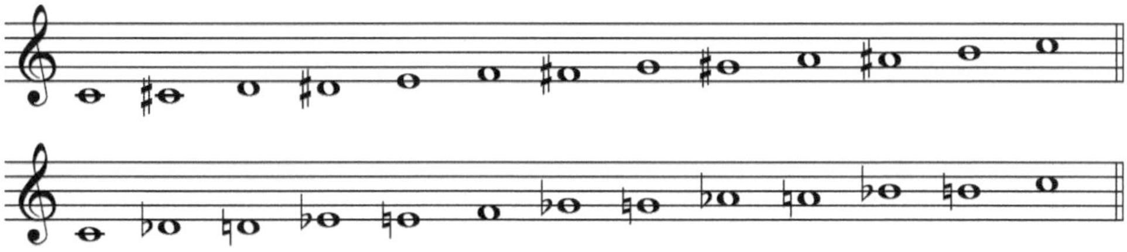

Die chromatische Tonleiter

Bis heute gibt es keine offizielle chromatische Tonleiter, was auch nicht notwendig ist, da es keine chromatische Tonalität im eigentlichen Sinn gibt. Die folgende Darstellung der Töne sieht man dennoch sehr häufig.

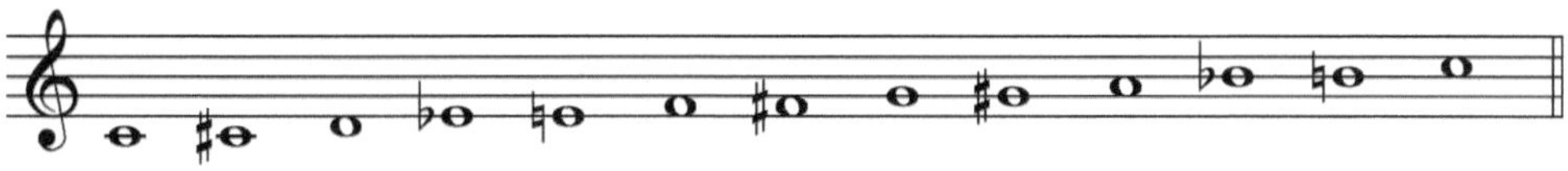

Zurück zu den Intervallen!

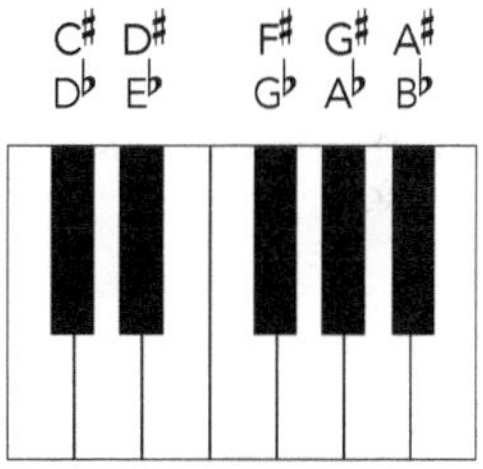

Als Nächstes wollen wir nun alle Intervalle im Oktavraum kennenlernen, auch die übermäßigen und die verminderten.

Dazu müssen wir untersuchen, zwischen welchen diatonischen Tonleiterschritten (der Stammtonreihe) überhaupt ein weiterer Halbtonschritt liegt. Dabei hilft uns wieder unser Klavierdiagramm. Dort siehst du es am besten anhand der schwarzen Tasten.

Und hier ist die entsprechende Notendarstellung zu unserem Diagramm.

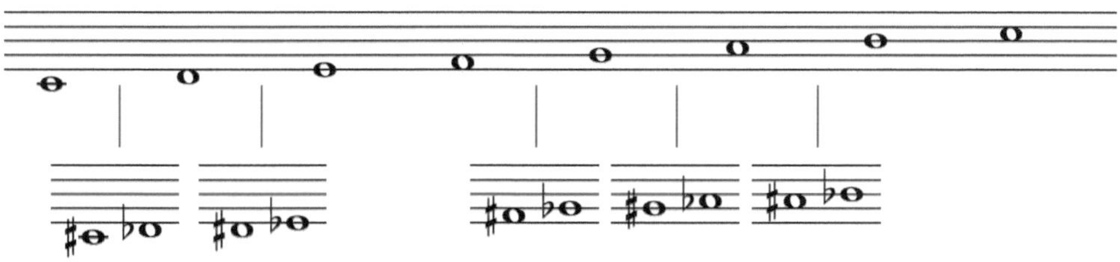

Intervalltabelle 2

Erinnere dich: Töne können mit verschiedenen Namen dargestellt werden (z.B. C♯ und D♭). Dieser Umstand macht das Erlernen von Intervallen einigermaßen kompliziert. Du weißt aber auch, dass die folgende Regel gilt: Ein Intervall bekommt immer den Namen, der aufgrund der Notendarstellung im Notensystem gegeben ist. (Siehe Seite 38)

Reine Prim

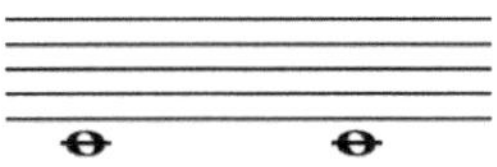

Übermäßige Prim

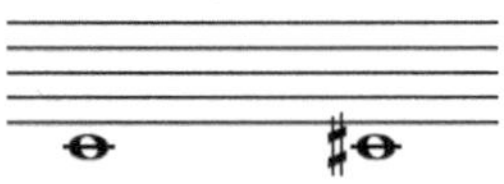

Kleine Sekunde

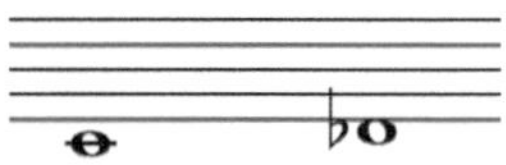

Große Sekunde

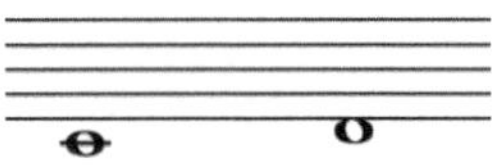

Übermäßig gr. Sekunde

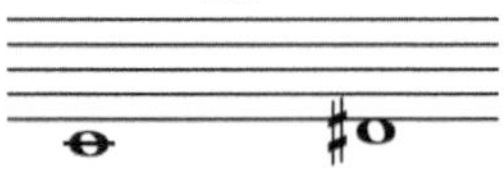

Kleine Terz

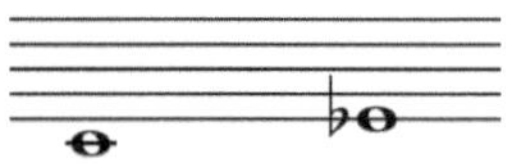

Große Terz

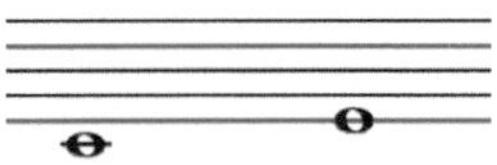

Verminderte Quarte

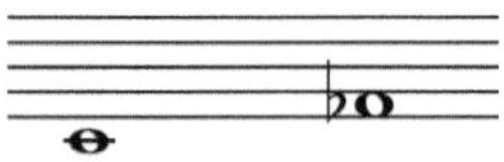

Reine Quarte

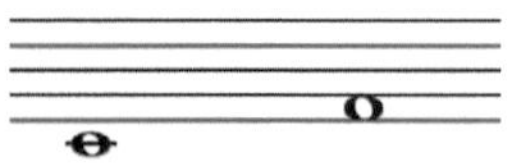

Übermäßige Quarte

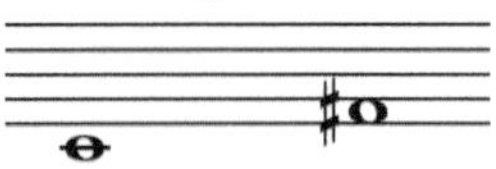

Verminderte Quinte

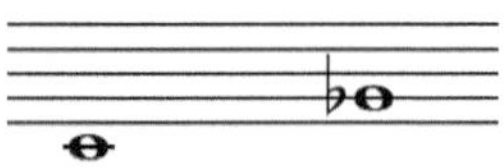

Reine Quinte

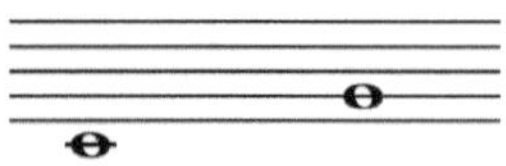

Übermäßige Quinte

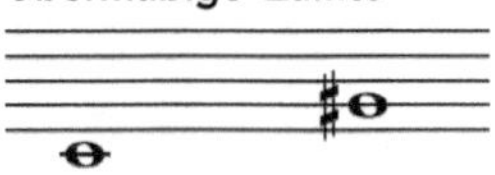

Kleine Sexte

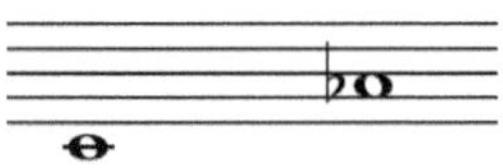

Große Sexte

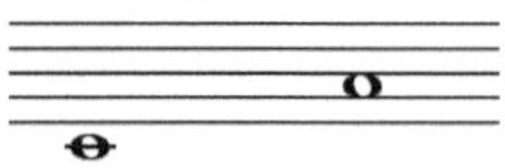

Übermäßig gr. Sexte

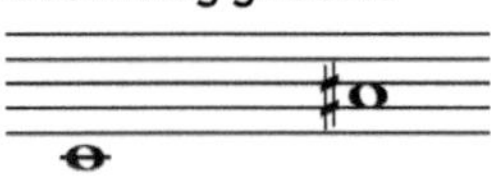

Kleine Septime

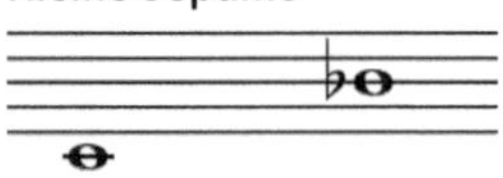

Große Septime

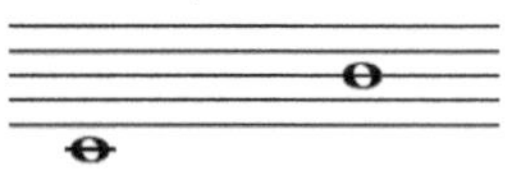

Verminderte Oktave

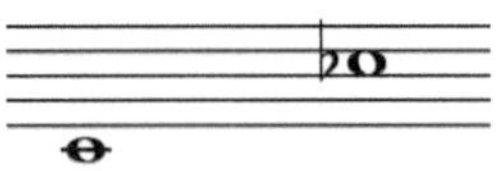

Reine Oktave

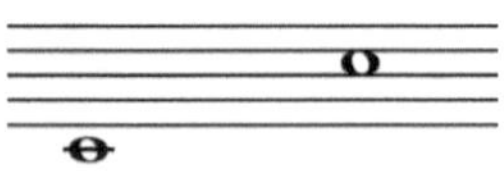

Aufgabe

Aufgrund der enharmonischen Verwechslungen gibt es natürlich noch mehr Möglichkeiten für Intervalle. Wir wollen nun, dass du selbst herausfindest welche.

Kleiner Tipp:
Eine Prim kann auch eine verminderte kleine Sekunde sein. Die Lösungen findest du auf Seite 180.

Allen Intervallen werden jetzt Zahlen oder Symbolen zugeordnet. Das ist notwendig, um die Intervalle später in einem Akkord richtig benennen zu können. Man spricht deshalb auch von:

Akkordziffern, Akkordbezeichnungen, Akkordchiffren Akkordsymbolen.

Nicht alle enharmonisch verwechselten Intervalle kommen in der Praxis vor. Wir haben deshalb nur die Akkordbezeichnungen mit praktischem Bezug erwähnt.

Akkordzifferntabelle

Die folgende Tabelle zeigt dir noch einmal alle Intervalle mit ihren zugeordneten Akkordziffern. Für manche Intervalle können mehrere Symbole verwendet werden. Lerne alle Bezeichnungen. Du wirst sie später benötigen. Im Zweifelsfall kannst du immer wieder auf diese Tabelle zurückgreifen.

Name	Akkordziffern	Notendarstellung
Reine Prim	0	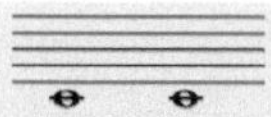
Kleine Sekunde	♭2 ♭9	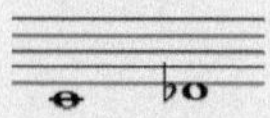
Große Sekunde	2	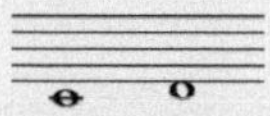
Kleine Terz	♭3 -3 (♯9)*	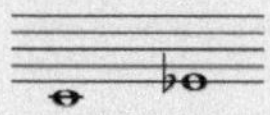
Große Terz	3	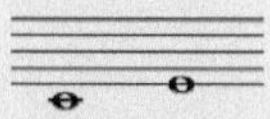
Reine Quarte	4 11	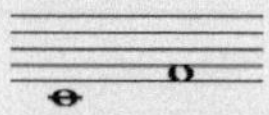
Tritonus	♯4 ♯11	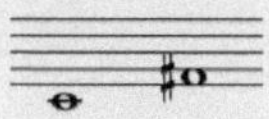
oder	♭5	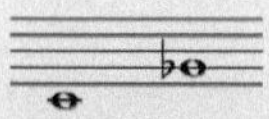
Reine Quinte	5	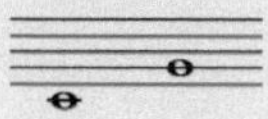
Kleine Sexte	♭6 ♭13 (♯5)*	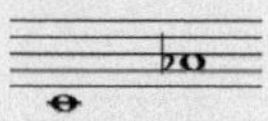
Große Sexte	6	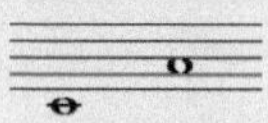
Kleine Septime	7	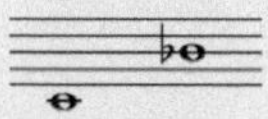
Große Septime	j7	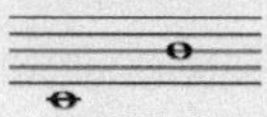
Reine Oktave	8	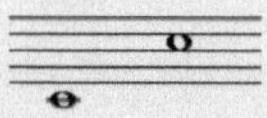

**Die Akkordziffern in Klammer sind alternative Angaben, wie sie in der Praxis vorkommen.*
♯9 steht für die übermäßig große Sekunde, was klanglich auch eine kleine Terz ist.
Sie kommt in Dur-Akkorden vor, in denen auch die „kleine Terz" vorkommen soll z.B. E7♯9.

12 Töne - 12 Tonleitern - 12 Tonarten

Es gibt zwölf verschiedene Töne. Jeder dieser Töne kann Grundton für eine Dur- oder eine Molltonleiter bzw. einer Dur- oder Molltonart sein. Folglich gibt es zwölf verschiedene Dur- und zwölf verschiedene Molltonarten. Wir bleiben zunächst bei den Durtonarten.

Die Dur-Tonarten

Erinnere dich!
Eine Durtonleiter hat die Halbtonschritte zwischen 3-4 und 7-8.
Alle Durtonarten, die wir nun gleich herleiten, sind in ihrem Aufbau identisch mit der Stammtonreihe, beginnen aber jeweils auf einem anderen Ton.

Mit den folgenden Schritten zeigen wir dir nun systematisch, wie man diese zwölf Tonarten/Tonleitern finden oder besser gesagt, herleiten kann. Wir nehmen als Erstes unsere Stammtonreihe, also die C-Dur Tonleiter und teilen sie in zwei Hälften.

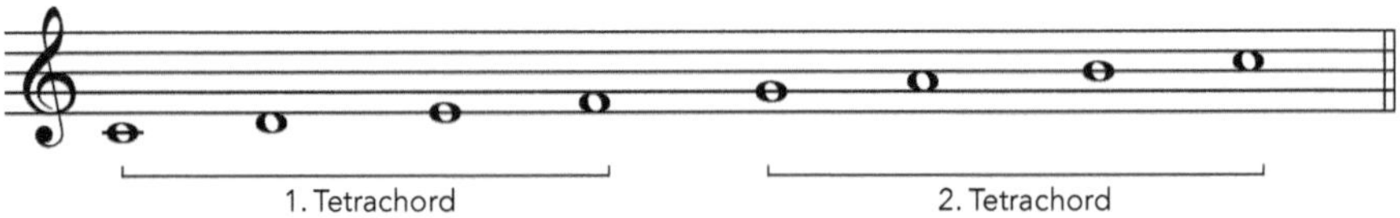

Diese zwei identischen Hälften nennt man Tetrachorde (siehe s.S. 49). Den zweiten Tetrachord nimmt man nun und beginnt mit ihm eine neue Reihe. Diese beginnt dann mit dem Ton G.

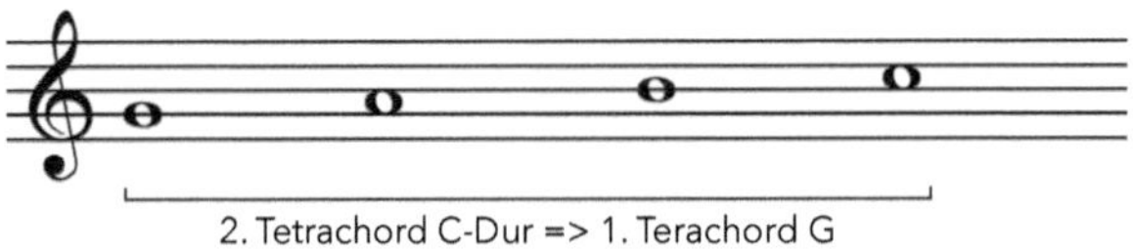

Um diese neue Reihe zu vervollständigen, „füllen" wir die neue Tonleiter mit Stammtonmaterial auf, bis wir wieder beim Grundton G angelangt sind.

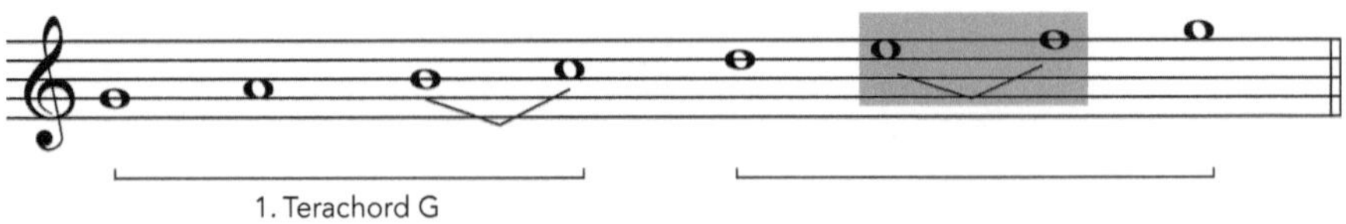

Bei der Überprüfung der Halbtonschritte stellst du fest, dass der erste Halbtonschritt zwischen dem 3. und 4. Ton, der zweite aber zwischen dem 6. und 7. Ton liegt. Damit der Halbtonschritt im 2. Tetrachord an der richtigen Stelle steht, also zwischen dem 7. und 8. Ton, musst du den 7. Ton mit dem Versetzungszeichen Kreuz erhöhen. Aus dem Ton F wird der Ton F♯.

Mit der Verschiebung des Halbtonschritts von 6-7 auf 7-8 sind also die Bedingungen für unsere Durtonleiter (Stammtonreihe) wieder erfüllt.

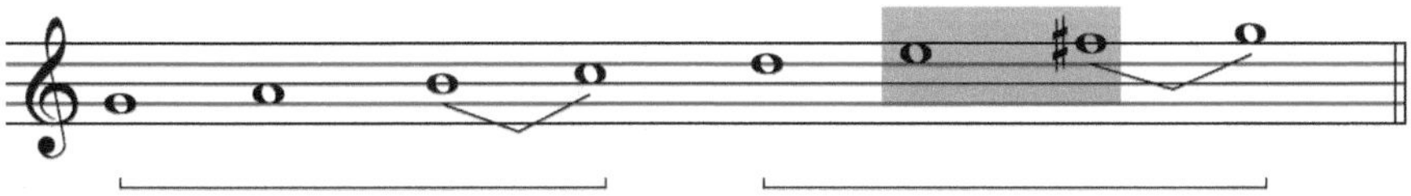

1. Terachord G-Dur   2. Terachord G-Dur

Generalvorzeichen

Das Versetzungszeichen, das wir benutzten, um den Ton F♯ zu bekommen, setzen wir an den Anfang der Notenzeile. Man nennt es jetzt Vorzeichen oder Generalvorzeichen. Es gilt ab sofort für jedes F, egal in welcher Tonhöhe es sich befindet. Der Grundton der Tonleiter ist G, die neu entstandene Tonart heißt folglich G-Dur.

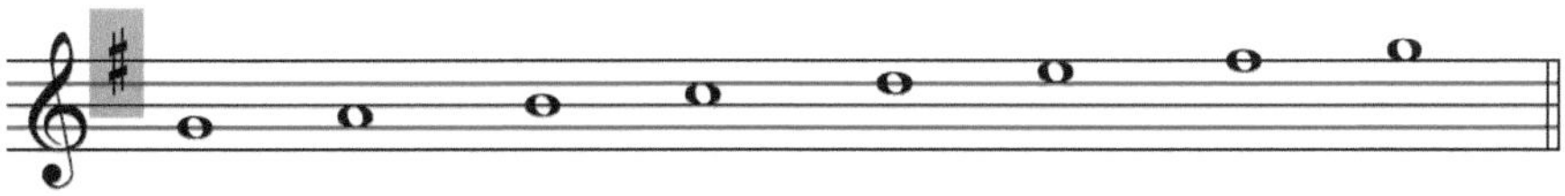

[**Fakt** - Steht ein Lied in einer anderen Tonart als C-Dur, wird dies am Anfang der Notenzeilen mit einem sogenannten Generalvorzeichen angezeigt.]

Um die restlichen Tonarten zu finden, verfährt man auf dieselbe Art. Die folgenden Abbildungen zeigen dir systematisch die Entstehung der weiteren Tonarten. Wir beginnen noch mal mit der Tonart C-Dur, damit du es besser nachverfolgen kannst.

Zum besseren Verständnis und damit du siehst, welche Vorzeichen dazukommen, haben wir die Versetzungszeichen vor die Noten geschrieben. Später werden diese nicht mehr notiert, da ja das Generalvorzeichen darauf hinweist.

C-Dur

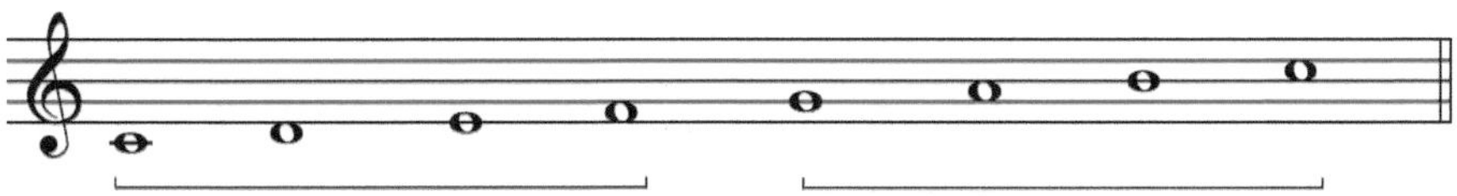

G-Dur

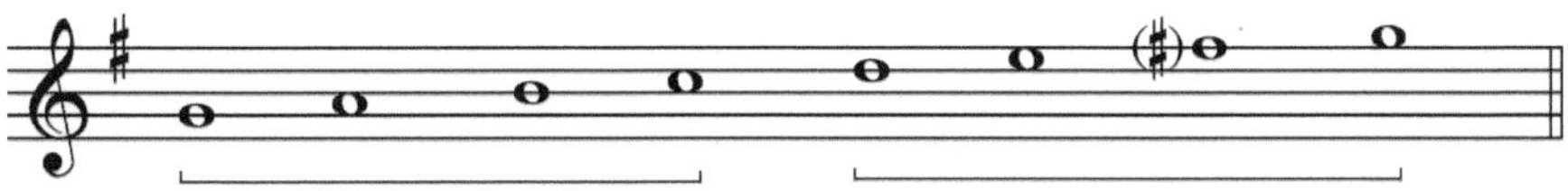

D-Dur

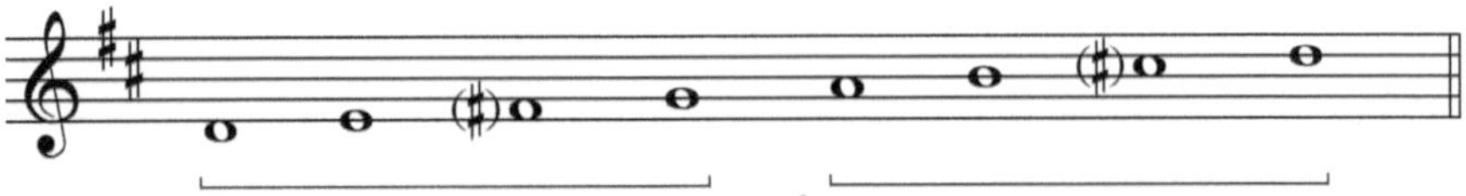

A-Dur

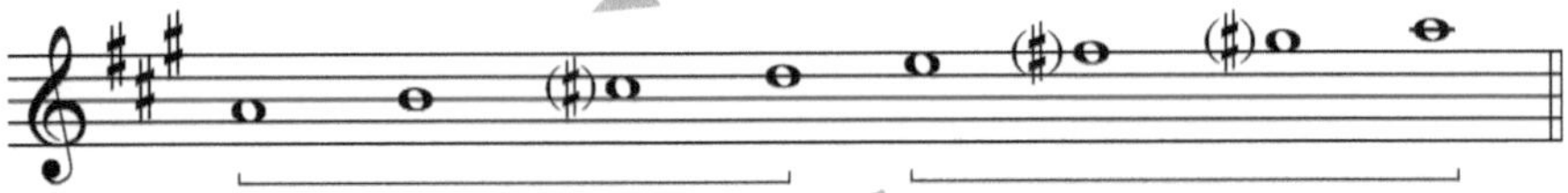

E-Dur

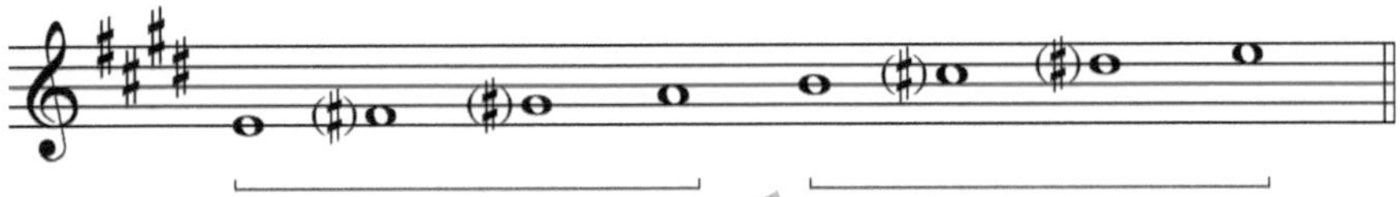

B-Dur

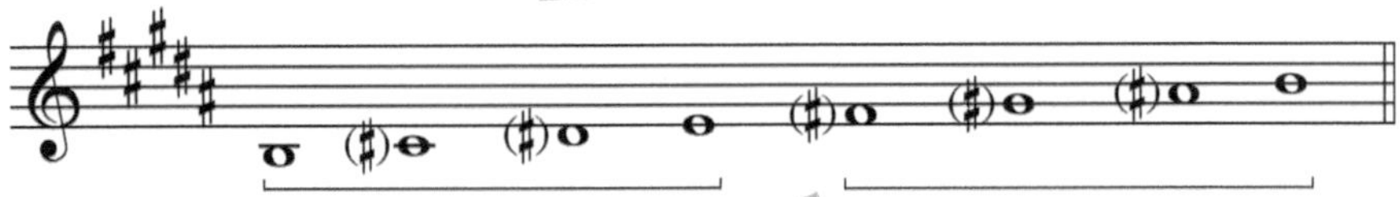

F♯-Dur

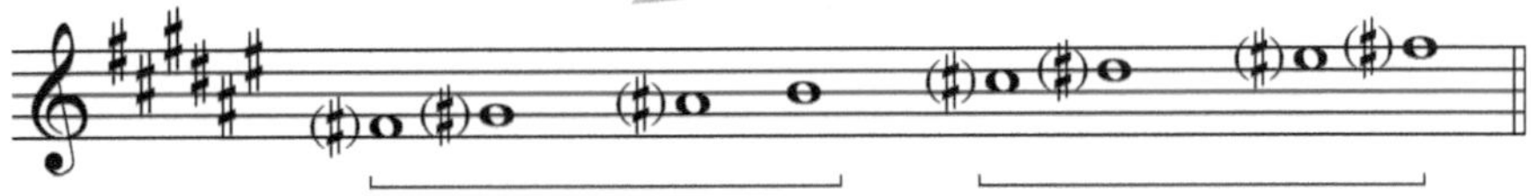

Enharmonische Verwechslung

Wir sind jetzt bei der Tonart F♯-Dur angelangt. F♯-Dur hat bereits sechs Kreuze als Vorzeichen. Würde man auf dieselbe Weise weiter teilen, wären schon bald Doppelkreuze nötig, um die Töne zu versetzen. Das heißt, man müsste bereits erhöhte Töne nochmals erhöhen. Deshalb nutzt man an dieser Stelle die Möglichkeit der enharmonischen Verwechslung und wandelt die gesamte Tonart F♯-Dur in die Tonart G♭-Dur um. G♭ ist also die enharmonische Verwechslung von F♯. Achte darauf, dass jeder Ton entsprechend enharmonisch verwechselt wird.

G♭-Dur

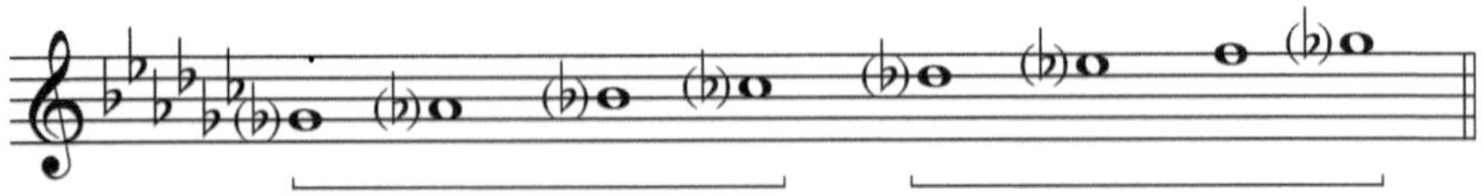

Um die restlichen noch fehlenden Tonarten zu finden, verfahren wir wie bisher. Wir teilen die Tonleiter wieder in zwei gleiche Hälften, setzen die zweite Hälfte an den Anfang einer neuen Skala und füllen ab jetzt mit dem Tonmaterial der vorherigen Tonart, also G♭-Dur, auf.

Um den Halbtonschritt im zweiten Tetrachord an die richtige Position zu bekommen, muss nun der Ton auf der 7. Stufe mithilfe eines Auflösungszeichens erhöht werden. Die neue Tonart heißt D♭-Dur.

D♭-Dur

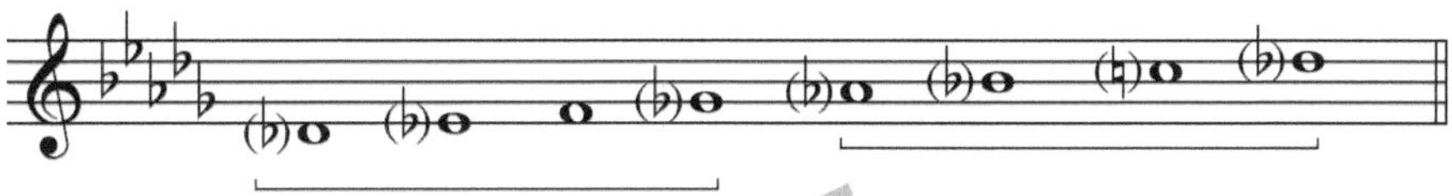

A♭-Dur

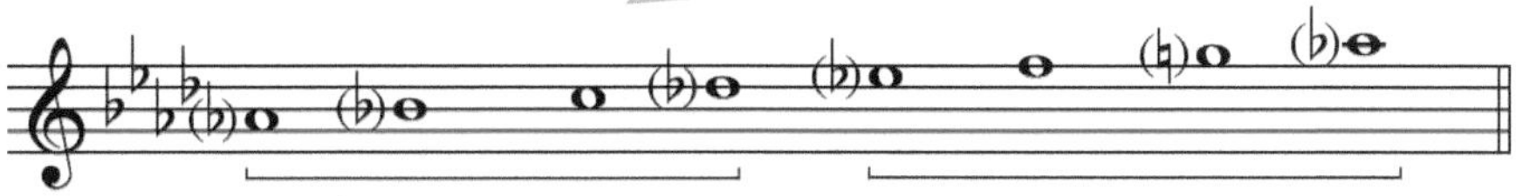

E♭-Dur

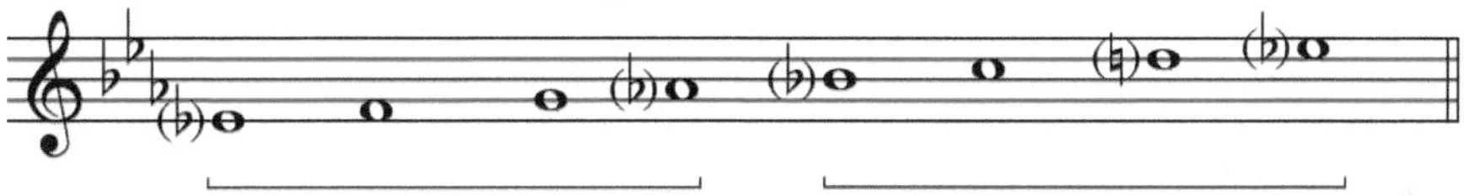

B♭-Dur

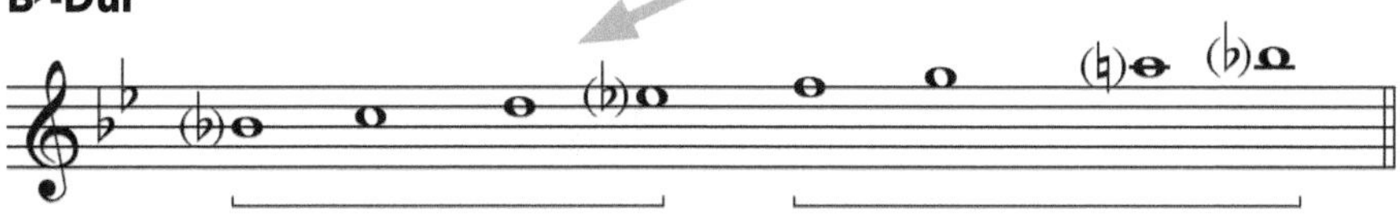

F-Dur

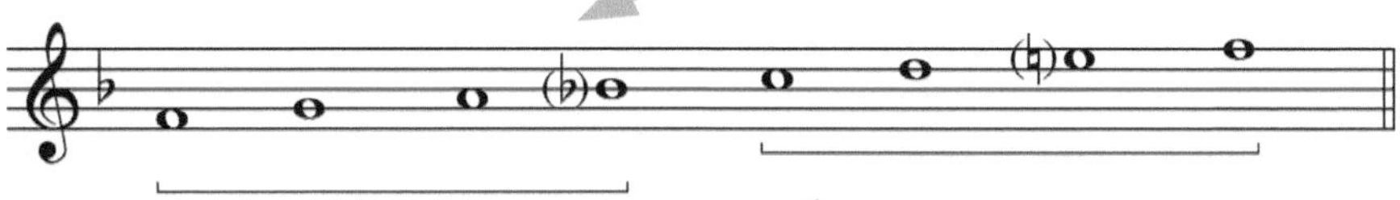

C-Dur

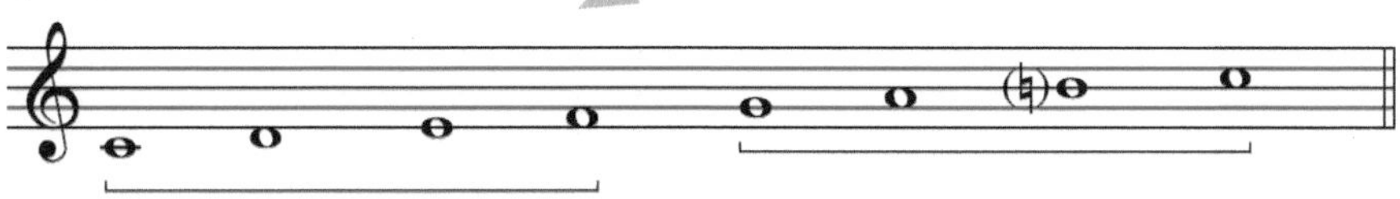

Wir sind jetzt wieder bei unserer Ausgangstonart C-Dur angelangt. Man könnte auch sagen: „Der Kreis hat sich geschlossen". Um alle Tonarten übersichtlich darzustellen, verwendet man den sogenannten Quintenzirkel (siehe linke Seite).

Lerne die Anzahl und die exakten Positionen der Vorzeichen aller Tonarten.

Die Molltonarten - Teil 1

Natürlich Moll - Parallele Molltonart

Jede Dur-Tonart hat eine „verwandte" Moll-Tonart mit gleichen Vorzeichen. Ihr Grundton liegt eine kleine Terz unter dem Grundton der Dur-Tonart. Diese „Kleinterz-Verwandtschaft" nennt man auch Parallelität oder parallele Molltonart. Hier am Beispiel von C-Dur.

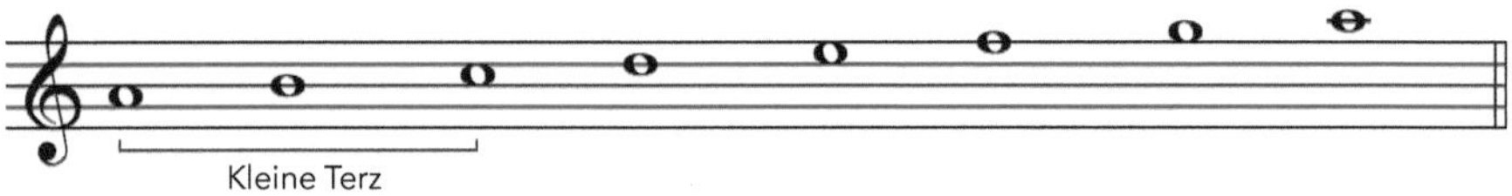

[**Fakt -** Beginnt man die Stammtonreihe mit dem Ton A, welcher Kleinterz-Verwandt mit C ist, erhält man die Tonleiter der parallelen Moll-Tonart von C-Dur, die sogenannte „natürliche" Moll-Tonleiter. Diese Regel gilt für alle Dur-Tonarten.]

Die genaue Herleitung der Moll-Tonarten und ihre Anwendung findest du ab Seite 102. Wir haben sie hier nur kurz erwähnt, um dir zu zeigen, dass sie in den nun folgenden Quintenzirkel eingetragen werden können.

[**Fakt -** Die englische Bezeichnung „relative" Minor (verwandtes Moll) trifft das ziemlich gut. Bei uns heißen sie, wie gesagt, Parallel-Tonarten, was im Englischen wiederum eine andere Bedeutung hat. „Parallel key" bedeutet dort, dass eine Dur- und eine Moll-Tonart denselben Grundton haben. C -> Cm.]

Hier noch mal die Erklärungen in der Übersicht:

Deutsch	**Englisch**	**Bedeutung**
Parallele Molltonart	Relative minor	Parallel-Verwandtschaft C - Am
Mollvariante	Parallel minor	Grundtonmodulation* C - Cm

**Modulation von Dur nach Moll oder umgekehrt S.150*

Der Quintenzirkel

Im Quintenzirkel sind nun alle Tonleitern bzw. die Tonarten in der Reihenfolge ihrer Entstehung angeordnet. Erinnere dich an den gesamten Entstehungsvorgang der 12 Tonarten, dann stellst du fest, dass der Abstand zwischen den Grundtönen immer eine Quinte ist.

Diese Tonarten werden jetzt in der Reihenfolge ihrer Entstehung in einen Kreis eingetragen. Diesen Kreis nennt man im Uhrzeigersinn gelesen, Quintenzirkel. Liest man ihn entgegen dem Uhrzeigersinn, ist es ein Quartenzirkel. Wir wissen: Eine Quinte ergibt in der Umkehrung eine Quarte.

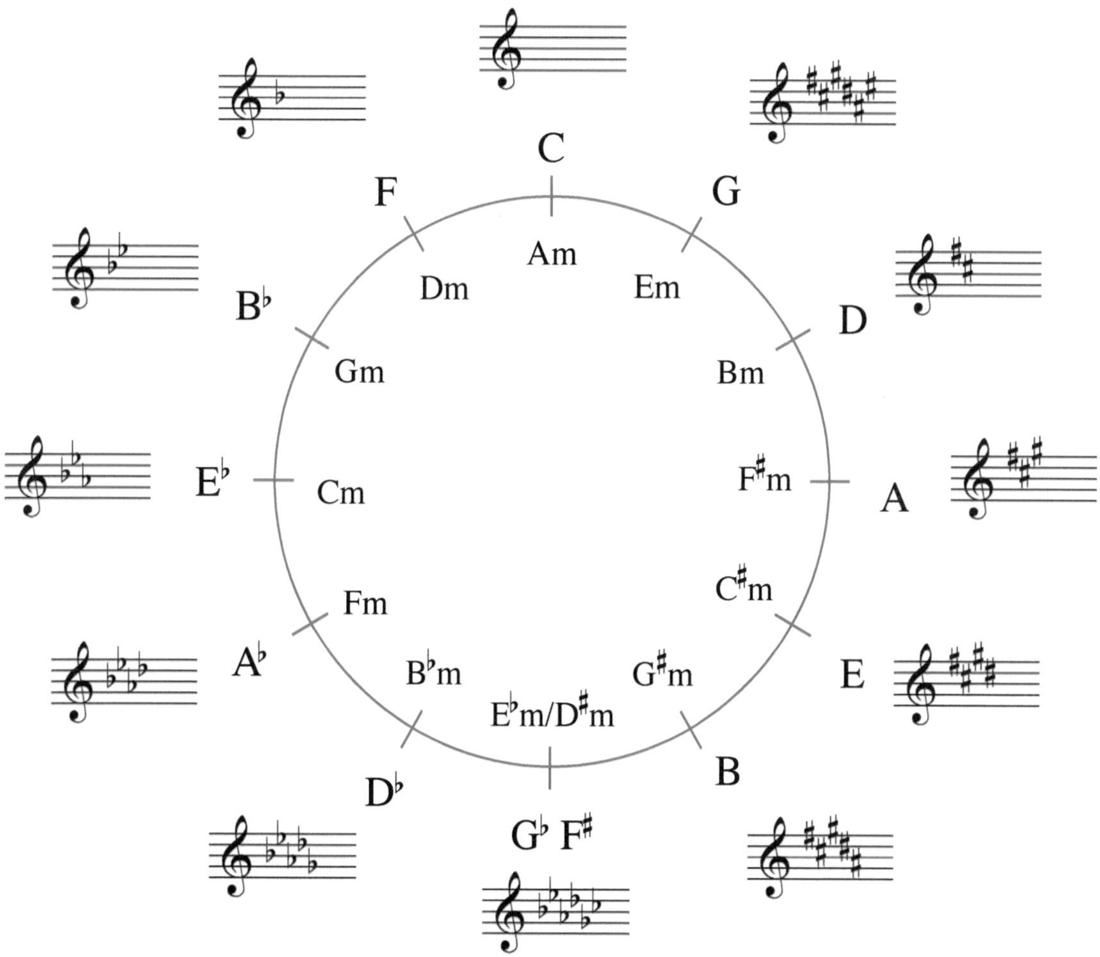

Das sichere Beherrschen dieses Zirkels in beide Richtungen sollte für jeden Musiker eine Selbstverständlichkeit sein. Er enthält viele wichtige Informationen, die für die musikalische Alltagspraxis unentbehrlich sind.

Hier ist ein kleiner Überblick, was du alles aus dem Quintenzirkel ablesen kannst:

A. Übersicht über alle ♯- und ♭-Tonarten
Auf der rechten Seite des Quintenzirkels stehen alle ♯-Tonarten und auf der linken Seite alle ♭-Tonarten.

B. Die Dur-Moll-Parallelität
Die Molltonarten werden ebenfalls in den Quintenzirkel eingetragen. Sie stehen im Kreis gegenüber ihrer verwandten Durtonart.

C. Intervalle im Quintenzirkel
Man kann mithilfe des Quintenzirkels verschiedene Intervalle schnell und leicht erkennen:

Alle Quinten im Uhrzeigersinn gelesen:

C ▸ G ▸ D ▸ A ▸ E ▸ B ▸ F♯/G♭ ▸ D♭ ▸ A♭ ▸ E♭ ▸ B♭ ▸ F ▸ C

Alle Quarten gegen den Uhrzeigersinn gelesen:

C ▸ F ▸ B♭ ▸ E♭ ▸ A♭ ▸ D♭ ▸ G♭/F♯ ▸ B ▸ E ▸ A ▸ D ▸ G ▸ C

Die kleine Terz/große Sexte findet man im Quintenzirkel als gegenüberliegende parallelen Molltonart:

A ▸ C | E ▸ G | B ▸ D etc.

Daraus lassen sich wiederum die großen Sexten ableiten:

C ▸ A | G ▸ E | D ▸ B etc.

Wenn man jetzt noch die Halb- und die Ganztonschritte (sind ja in der Umkehrung Septimen) dazu nimmt, hat man alle Intervalle beisammen.

Das Tonnetz - Tabelle der Terz- und Quintverwandtschaft

Vielleicht noch informativer als der Quintenzirkel (unserer Meinung nach) ist das sogenannte Tonnetz.

Es wurde ursprünglich im 18. Jahrhundert von dem Mathematiker Leonhard Euler erfunden, um Musikstücke, die in reiner Stimmung gespielt wurden, besser analysieren zu können. Über die Jahre hat sich daraus ein sehr hilfreiches Tool für jeden Musiker entwickelt.

Dargestellt werden mehrere „Quintenzirkel" in Reihe. Jede neue Reihe wird um eine kleine Terz nach rechts versetzt:

C		G		D		A		E		B		F♯		D♭		A♭		E♭		B♭		F	
	E♭		B♭		F		C		G		D		A		E		B		F♯		D♭		G♭
B		F♯		D♭		A♭		E♭		B♭		F		C		G		D		A		E	
	D		A		E		B		F♯		D♭		A♭		E♭		B♭		F		C		G
B♭		F		C		G		D		A		E		B		F♯		D♭		A♭		E♭	
	D♭		A♭		E♭		B♭		F		C		G		D		A		E		B		F♯
A		E		B		F♯		D♭		A♭		E♭		B♭		F		C		G		D	
	C		G		D		A		E		B		F♯		D♭		A♭		E♭		B♭		F
A♭		E♭		B♭		F		C		G		D		A		E		B		F♯		D♭	
	B		F♯		D♭		A♭		E♭		B♭		F		C		G		D		A		E
G		D		A		E		B		F♯		Db		A♭		E♭		B♭		F		C	
	B♭		F		C		G		D		A		E		B		F♯		D♭		A♭		E♭
F♯		D♭		A♭		E♭		B♭		F		C		G		D		A		E		B	
	A		E		B		F♯		D♭		A♭		E♭		B♭		F		C		G		D
F		C		G		D		A		E		B		F♯		D♭		A♭		E♭		B♭	
	A♭		E♭		B♭		F		C		G		D		A		E		B		F♯		D♭
E		B		F♯		D♭		A♭		E♭		B♭		F		C		G		D		A	
	G		D		A		E		B		F♯		D♭		A♭		E♭		B♭		F		C
Eb		Bb		F		C		G		D		A		E		B		F♯		D♭		A♭	
	F♯		D♭		A♭		E♭		B♭		F		C		G		D		A		E		B
D		A		E		B		F♯		D♭		A♭		E♭		B♭		F		C		G	
	F		C		G		D		A		E		B		F♯		D♭		A♭		E♭		B♭
D♭		A♭		E♭		B♭		F		C		G		D		A		E		B		F♯	
	E		B		F♯		D♭		A♭		E♭		B♭		F		C		G		D		A
C		G		D		A		E		B		F♯		D♭		A♭		E♭		B♭		F	
	E♭		B♭		F		C		G		D		A		E		B		F♯		D♭		G♭

Dadurch ergeben sich mehrere Tabellen gleichzeitig:

1. Quinten und Quarten in horizontal gelesener Richtung - **grüner Pfeil**

2. Große Terzen in diagonaler Richtung von links nach rechts aufwärts - **blauer Pfeil.**

3. Kleine Terzen in diagonaler Richtung von links nach rechts abwärts - **roter Pfeil.**

Enharmonische Verwechslungen sind im Tonnetz nicht eingetragen und müssen quasi selbst umgedeutet werden.
A♭ = G♯ etc.

Akkorde erkennen

Man erkennt außerdem sehr gut und schnell alle Akkorde in Terzschichtung. Im gelben Dreieck die Durakkorde, im blauen Dreieck die Mollakkorde.

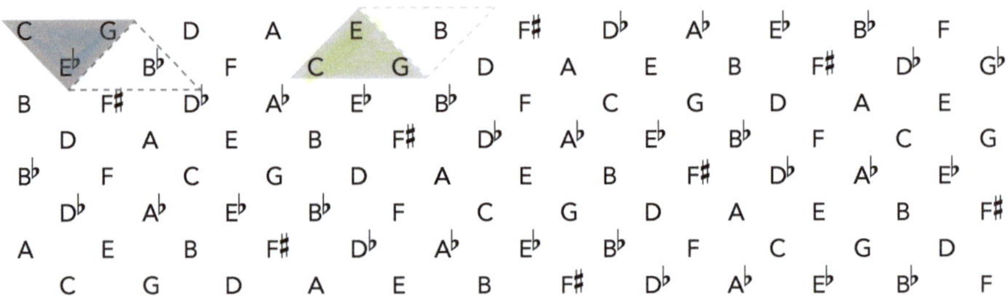

Weitere Ablese-Möglichkeiten

Erweitert man das Dreieck zum Parallelogramm, erkennt man die Septimakkorde. Das haben wir dir in der Abbildung oben mit der gelben und blauen getrichelten Linie eingetragen. Im Dur-Dreieck zeigt es die große Septime und im Moll-Dreieck die kleine Septime an.
Beschäftige dich mit dem Tonnetz und finde weitere Möglichkeiten, die dir helfen.

Was sind Ton- und Akkordverwandtschaften?

Wie du schon weißt, gibt es zwischen Tönen, Tonarten und Akkorden verwandtschaftliche Beziehungen. Eine Erkenntnis, die bei den Kadenzen ab Seite 122 sehr wichtig für dich sein wird. Aus diesem Grund wollen wir hier kurz erklären, was genau damit gemeint ist.

Es gibt verschiedene Kriterien, die eine solche Verwandtschaft definieren.

1. Tonleitern und Tonarten

Je mehr gemeinsame Töne zwei Tonleitern oder zwei Tonarten haben, desto enger ist ihre verwandtschaftliche Beziehung. Man sieht das gut im Quintenzirkel.

F-Dur und C-Dur haben sechs gemeinsame Töne - sie liegen im Quintenzirkel nebeneinander.

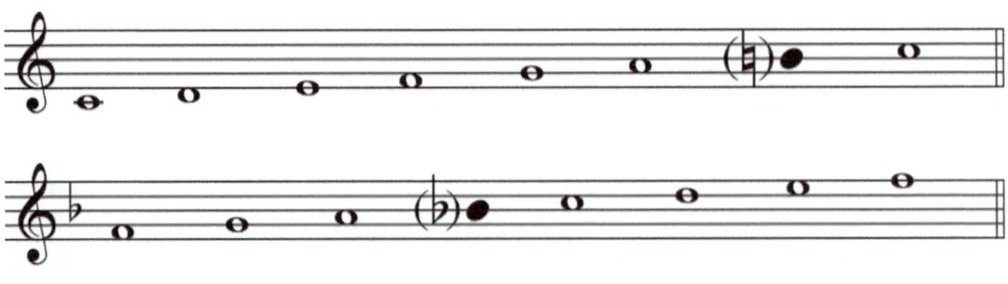

G-Dur und C-Dur haben ebenfalls sechs gemeinsame Töne - die Tonarten liegen ebenfalls im Quintenzirkel nebeneinander.

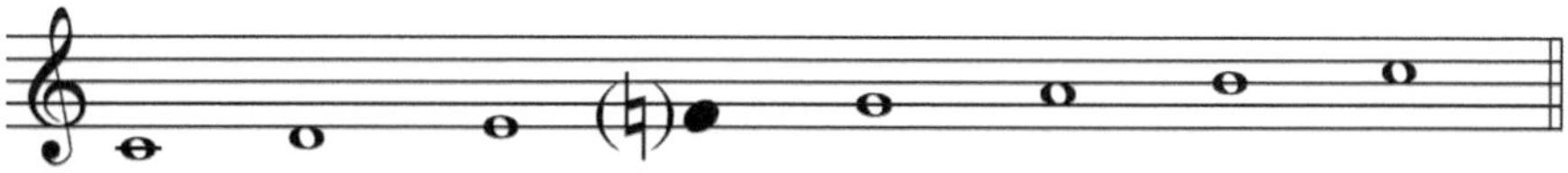

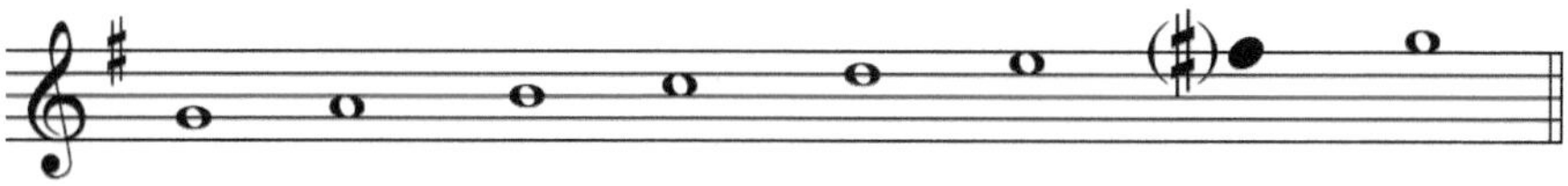

[**Fakt** - Ihre Grundtöne sind eine Quinte bzw. eine Quarte voneinander entfernt. Man spricht deshalb von **Quintverwandtschaft**.]

2. Akkorde

Hier gilt dieselbe Regel. Je mehr gemeinsame Töne zwei Akkorde haben, desto enger ist ihre verwandtschaftliche Beziehung.

C-Dur und A-Moll haben zwei gemeinsame Töne:

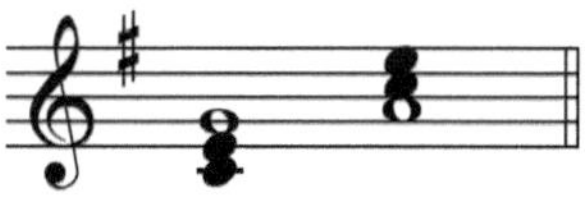

C und E

C-Dur und E-Moll haben ebenfalls zwei gemeinsame Töne:

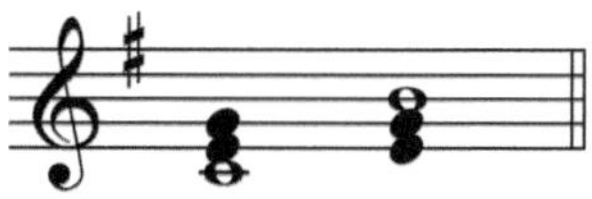

E und G

[**Fakt** - Ihre Grundtöne sind jeweils eine Terz (bzw. eine Sexte) voneinander entfernt. Man spricht deshalb von **Terzverwandtschaft**. Da es eine kleine und eine große Terz gibt, unterscheidet man zwischen Kleinterz- und Großterz-Verwandtschaft.]

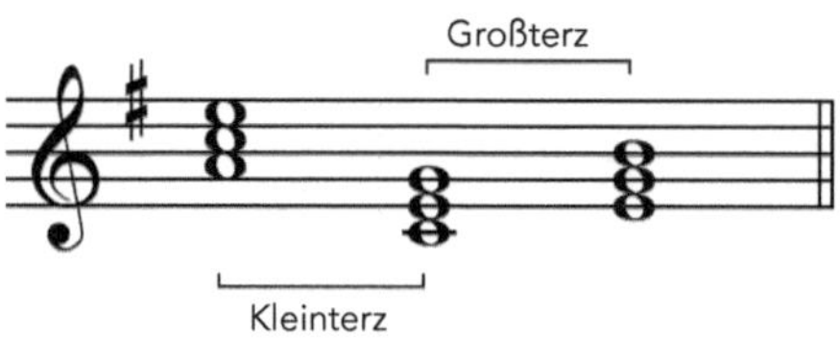

Zusammenfassung
Die engste Beziehung zwischen Tönen, Akkorden und Tonarten ist also die Quint-/Quartverwandtschaft, weil ihre Grundtöne im Quintenzirkel nebeneinander liegen, gefolgt von der Terz-/Sextverwandtschaft.

4 Akkorde und Skalen
Die wichtigsten Regeln

Im vierten Teil des Buches fügt sich nun alles zusammen, was du bisher gelernt hast. Wir werden dir zeigen, weshalb Kenntnisse in Harmonielehre wichtig sind, wie sie dir nützen und warum du sie beherrschen solltest.
Es geht dabei um Zusammenhänge oder besser gesagt um Spannungen, Beziehungen und Abhängigkeiten zwischen den Tönen und deren Auswirkungen auf Akkorde, Melodien und Akkordfolgen. Hierzu ein paar Stichworte:

> Aus Tönen werden Melodien komponiert. Aus Tönen werden Akkorde gebildet.
> Melodien werden von Akkorden „getragen".
> Das „konstruieren" von Akkorden unterliegt bestimmten Gesetzen.
> Einem Akkord kann eine (oder mehrere) passende Tonleiter zugeordnet werden.
> Aus den Tönen einer Tonleiter können Akkorde konstruiert werden.
> Akkorde, nacheinander gespielt, ergeben Harmonik und Stimmung eines Songs.
> Alles hängt zusammen, jeder Schritt „erzwingt" einen nächsten Schritt und hat somit Konsequenzen.

Ein einzelner Ton erzeugt noch keine musikalische Stimmung. Das, was Musik für uns ausmacht, ob sie traurig, spannend, dramatisch oder albern klingt, hören wir erst dann, wenn man Töne miteinander kombiniert.

Entweder nacheinander bzw. horizontal, was du als **Melodie** kennst,

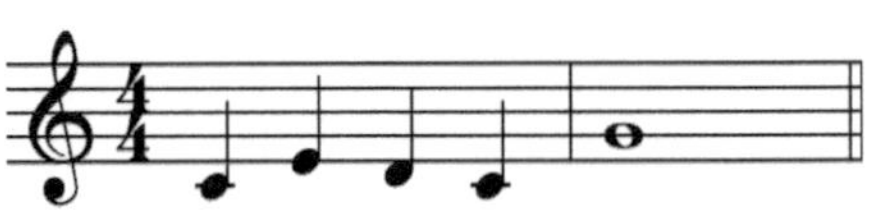

oder gleichzeitig bzw. vertikal, was du als **Akkord** kennst.

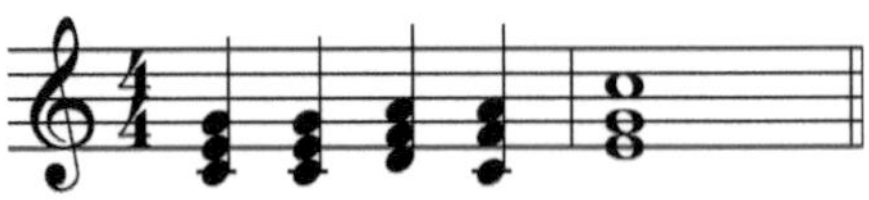

Beides, also die Melodie und die Akkorde können nun miteinander funktionieren.

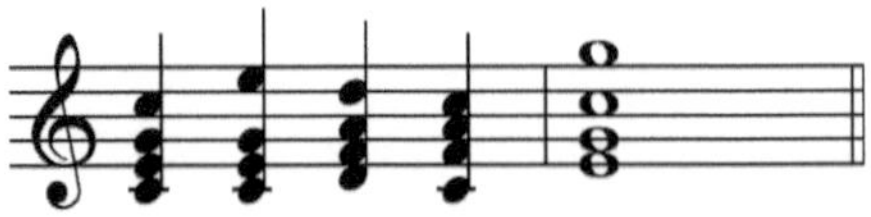

Wie wichtig dieses Zusammenspiel ist und welchen Einfluss der Akkord auf die Melodie hat (und umkehrt), wollen wir dir an einem einfachen Beispiel zeigen. Falls du kein Harmonieinstrument spielst, lass dir die folgende Übung von jemand vorspielen oder gebe die Noten in ein Softwareprogramm ein.

Wir werden den Ton C mit unterschiedlichen Akkorden unterlegen. Man nennt das harmonisieren.

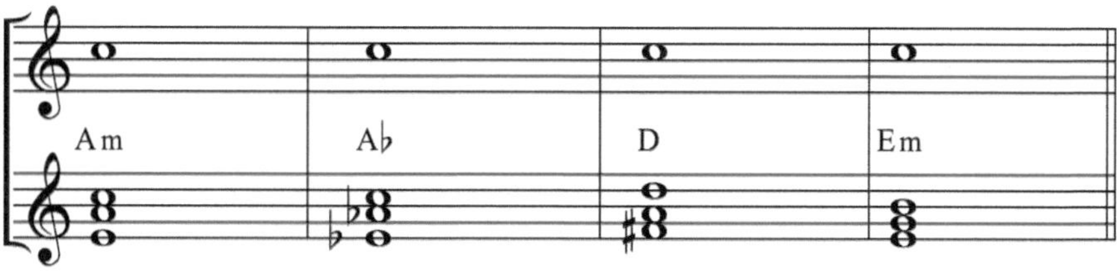

Wie du siehst bzw. hörst, ist der Unterschied immens. Jeder Akkord lässt den Ton C „anders" klingen.

Der Akkord hat den Ton gewissermaßen zum Leben erweckt.

Das heißt auch, dass du gezielt Einfluss auf die musikalische Stimmung nehmen kannst. Eine der wichtigsten Erkenntnisse der Musik und dank der Harmonielehre-Regeln auf die vielfältigste Art anwendbar.

Wir beginnen jetzt mit der „Konstruktion" von Akkorden und zeigen dir, nach welchen Regeln sie erstellt werden.

Was ist ein Akkord?

Wir haben gelernt, dass der Abstand zwischen zwei Tönen bzw. deren Zusammenklang ein Intervall ist. Egal ob gleichzeitig oder nacheinander.

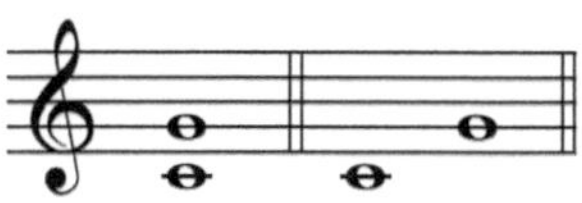

Klingen jedoch mindestens drei Töne unterschiedlicher Tonhöhe zusammen, spricht man von einem Akkord (accordare, lat. = zusammenklingen, übereinstimmen).

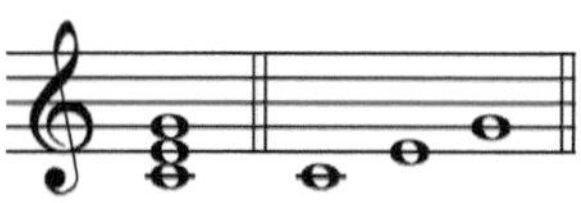

Welche Töne das sind und nach welcher Methode sie ausgewählt werden, erfährst du jetzt.

Die Terzschichtung

Du kannst die drei Töne eines Dreiklangs willkürlich wählen oder du gehst nach den Regeln der Terzschichtung vor. Wir wählen die zweite Methode. Wie es der Name schon sagt, werden dabei Töne im Terzabstand übereinandergeschichtet. Folgendes Beispiel zeigt alle Töne der C-Dur-Tonleiter in Terzschichtung. Die Zahlen darunter sind die Intervallzahlen vom Grundton C aus gerechnet. (Siehe S. 97)

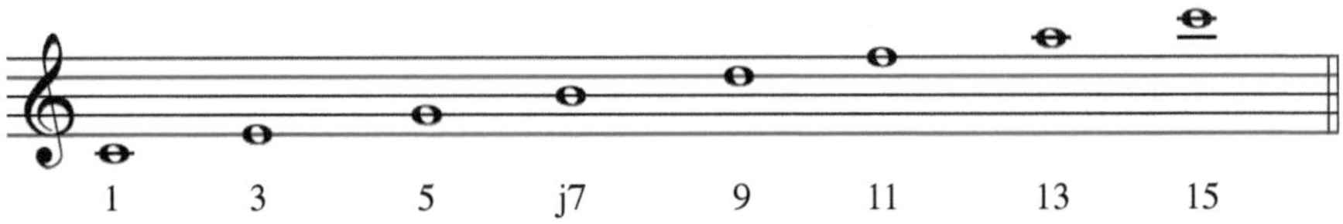

Der Dreiklang

Der kleinstmögliche und wichtigste Akkord ist der Dreiklang (drei Töne gleichzeitig). Er liefert uns die Basis für alle weiteren Akkorde. Er besteht aus drei Tönen, die jeweils im Abstand einer Terz zueinanderstehen.

C-Dur Dreiklang

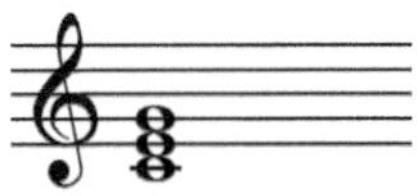

Wie du weißt, gibt es große und kleine Terzen. Kombinierst du nun diese beiden Terz-„Arten" miteinander, erhältst du vier Kombinationsmöglichkeiten und somit vier verschiedene Akkordtypen. Diese sind:

Dur-Akkord - Moll-Akkord - Verminderter Akkord - Übermäßiger Akkord

Der Ausgangspunkt des Dreiklangs und somit verantwortlich für die Namensgebung ist der Grundton. Die folgende Abbildung zeigt dir die vier möglichen Kombinationen. Wir wählen den Ton C als Grundton:

Dur- Akkord	Grundton + große Terz + kleine Terz	C E G
Moll-Akord	Grundton + kleine Terz + große Terz	C E♭ G
Verminderter Akkord	Grundton + kleine Terz + kleine Terz	C E♭ G♭
Übermäßiger Akkord	Grundton + große Terz + große Terz	C E G♯

[**Fakt -** Jeder unserer zwölf Töne kann Grundton eines Akkordes sein! Man spricht von Terzschichtung, wenn es um das konstruieren von Akkorden geht.]

Schauen wir uns nun die gefundenen Akkorde etwas genauer an. Damit du die Unterschiede besser vergleichen kannst, gehen wir jeweils vom Grundton C aus.

C-Dur

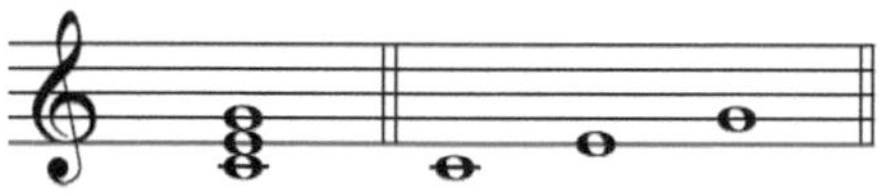

C-Vermindert

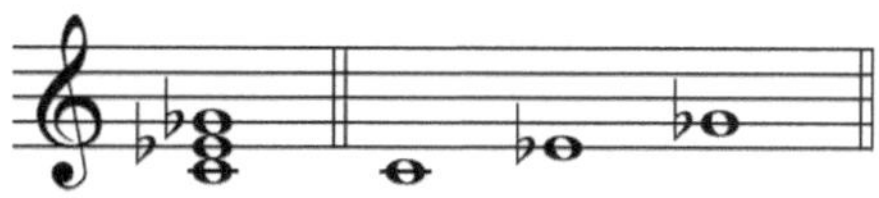

C-Moll

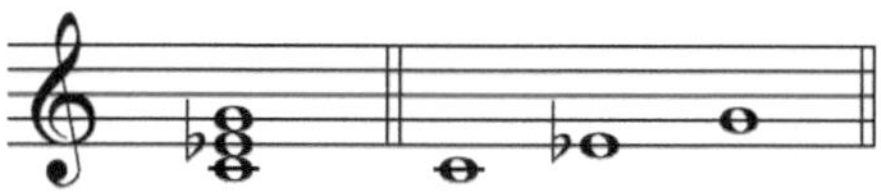

C-Übermäßig

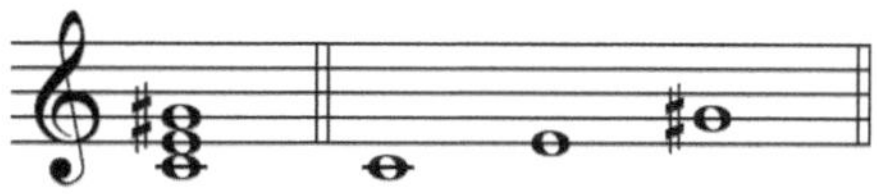

Das Rahmenintervall

Als Rahmenintervall bezeichnet man das Intervall zwischen dem Grundton und dem höchsten Ton eines Akkordes. Bei einem Dreiklang in Terzschichtung ist das eine Quinte.

[**Fakt** - Das Rahmenintervall ist wichtig und ausschlaggebend, wenn es um die exakte Namensgebung eines Akkordes geht.]

Dur-Akkord

Grundton + große Terz + kleine Terz

Bei einem Dur-Akkord ist der Abstand zwischen Grundton und höchstem Ton eine reine Quinte.

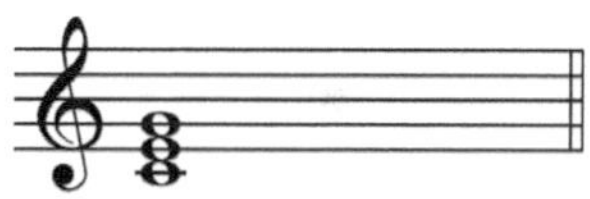

Moll-Akkord

Grundton + kleine Terz + große Terz

Bei einem Moll-Akkord ist der Abstand zwischen Grundton und höchstem Ton ebenfalls eine reine Quinte.

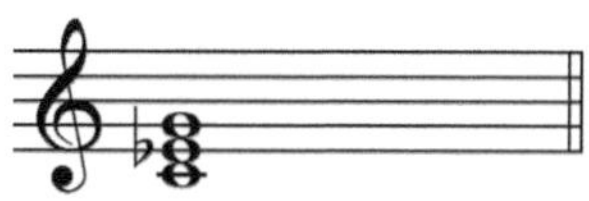

Verminderter Akkord (Diminished)

Grundton + kleine Terz + kleine Terz

Beim verminderten Akkord ist der Abstand zwischen Grundton und höchstem Ton eine verminderte Quinte.

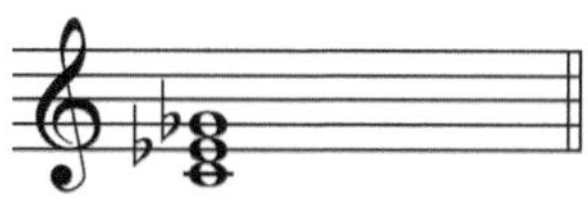

Übermäßiger Akkord (Augmented)

Grundton + große Terz + große Terz

Beim übermäßigen Akkord ist der Abstand zwischen Grundton und höchstem Ton eine übermäßige Quinte.

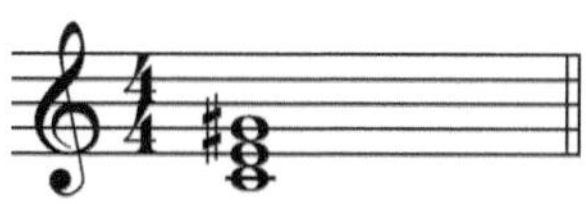

Lerne die folgenden Begriffe unbedingt auch in englischer Sprache:

Dur = Major
Moll = Minor
Dreiklang = Triad
Akkord = Chord
Vermindert = Diminished
Übermäßig = Augmented

Es empfiehlt sich deshalb, weil ein Großteil der Literatur zum Thema Rock, Pop und Jazz aus dem englischsprachigen Raum kommt.

Das Arpeggio
Werden die Töne eines Akkordes nicht gleichzeitig, sondern nacheinander gespielt, spricht man von einem Arpeggio (italienisch arpa = Harfe).

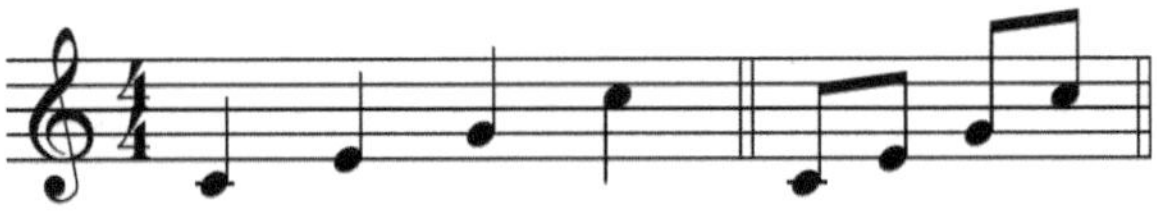

Als Nächstes zeigen wir dir, was Akkordsymbole sind, wie sie zusammengesetzt sind und warum sie so wichtig für dich als Musiker sind.

Leitereigene Akkorde - Dreiklänge

Jede Tonleiter hat ihre eigenen Akkorde, die sogenannten leitereigenen Akkorde. Sie entstehen, wenn du auf jeden Tonleiterton einen Dreiklang in Terzschichtung bildest und zwar mit diatonischen, also mit leitereigenen Tönen. Die römischen Zahlen zeigen die Stufen an, dazu gleich mehr. Schauen wir uns zuerst die leitereigenen Akkorde der Tonart C-Dur einmal an:

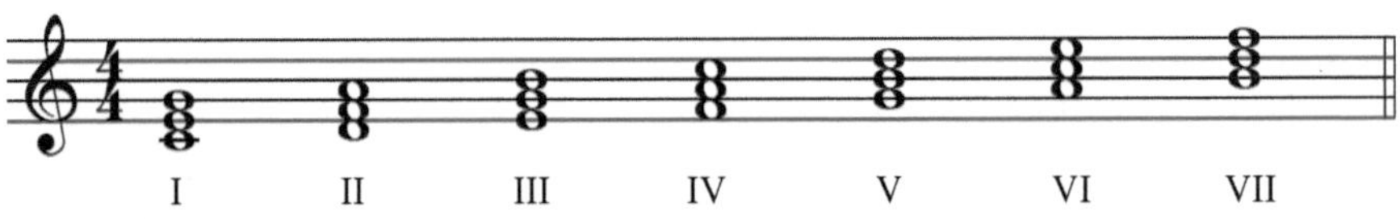

Untersuchen wir diese Dreiklänge auf ihr Tongeschlecht hin, finden wir drei verschiedene Akkordformen: drei Dur-Akkorde, drei Moll-Akkorde und einen verminderten Akkord.

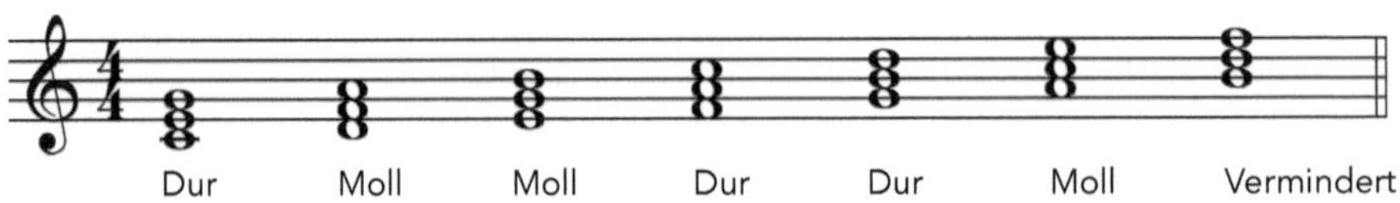

Die Dur-Akkorde werden als Hauptakkorde bezeichnet und die Moll-Akkorde als Nebenakkorde. Auch dazu kommen wir gleich beim Thema Funktionstheorie ab Seite 71. Zuvor wollen wir lernen, wie Akkordsymbole entstanden sind und wie sie gelesen werden.

Was sind Akkordsymbole?

Was für die meisten Musiker heute eine Selbstverständlichkeit ist, gab es nicht immer in dieser Form und hat in seiner Entwicklung bis heute eine sehr lange Tradition.

Worum geht es?

Es geht um das verkürzte, symbolische Darstellen ausnotierter Akkorde. Kurz gesagt: Es geht um die allgemein bekannten Akkordsymbole.

Akkordklänge wurden und werden für gewöhnlich in Notensysteme (Doppelsysteme und Partituren) notiert und zwar mit allen Tönen, die der Komponist für notwendig erachtet. Das kann manchmal sehr unübersichtlich sein, vor allem wenn man es nicht gewohnt ist, mehrstimmige Notationen zu lesen.

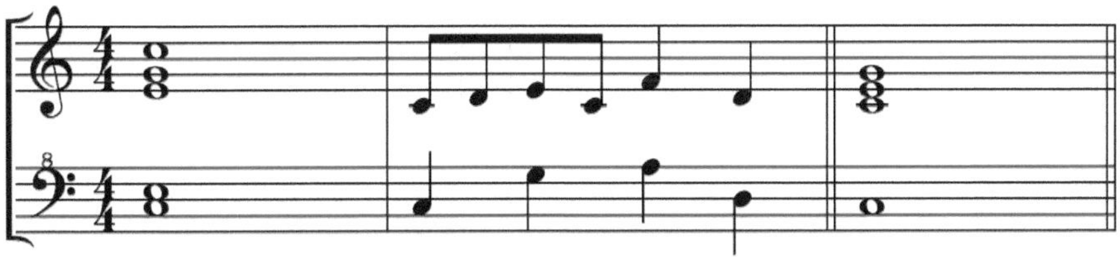

Um harmonische Vorgänge auch für denjenigen erkennbar zu machen, der kein Harmonieinstrument beherrscht und einfach auch um die verwendeten Akkordklänge besser lesbar zu machen, hat man schon sehr früh nach Möglichkeiten einer verkürzten Darstellung gesucht.

Es folgt nun ein kurzer Einblick, wie es vom Generalbass über die Stufentheorie zur Funktionstheorie und letztlich zum heute verwendeten Akkordsymbol kam. Dieser kleine historische Ausflug in die Vergangenheit soll dir gleichzeitig zeigen, warum einige dieser Methoden für uns auch heute noch wichtig und in Verwendung sind.

1. Der Generalbass

Die erste brauchbare und nützliche Methode war der Generalbass (ca. 1600-1800 entwickelt). Dabei wird ein Basston vorgeschrieben und die weiteren (Akkord)-Töne durch Intervall-Zahlen festgelegt. Die (sehr vereinfachten) Regeln sind:

a. Akkorde werden zunächst immer diatonisch gesehen.
Das heißt, Dur und Moll-Akkorde bekommen keine besondere Kennzeichnung.

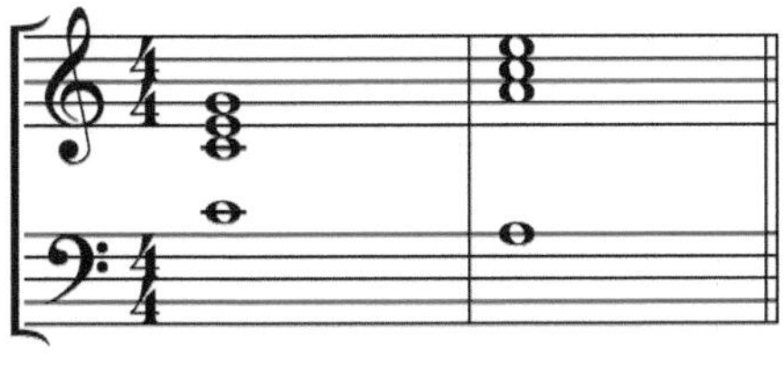

b. Abweichende Akkordstellungen bzw. Umkehrungen werden mit Zahlen unter den Noten angegeben.

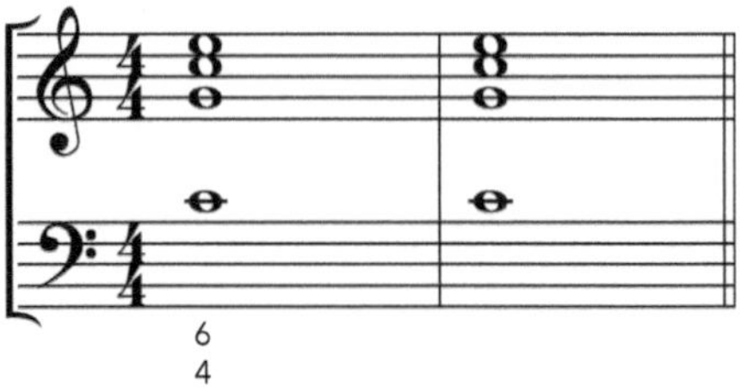

c. Alterationen (Veränderungen eines Tones in einem diatonischen Akkord s.S. 70) werden mit den Vorzeichen ♯ und ♭ gekennzeichnet. Stehen keine weiteren Zahlen vor den Zeichen, beziehen sie sich immer auf die Terz.

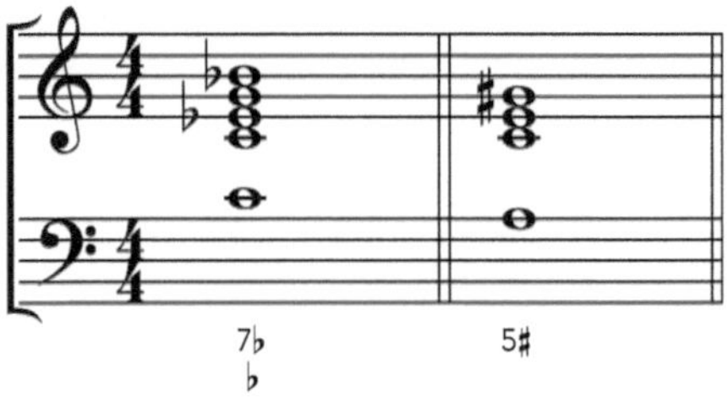

Im Beispiel links ist der erste Akkord ein Cm7. Das ♭ bezieht sich auf die Terz, die erniedrigte 7 auf die kleine Septime. Der zweite Akkord ist ein übermäßger C-Dur Akkord. Das Kreuz und die 5 beziehen sich auf die Quinte.

Es gibt noch unzählige weitere verschiedene Zahlen und Zeichen, mit denen weitere Veränderungen dargestellt werden. Wir werden sie aber hier nicht ansprechen, weil sie dich nicht weiter betreffen und auch in der Entwicklung des Akkordsymbols keine nennenswerte Rolle spielen. Anhand dieser Angaben haben früher Organisten, Cembalisten und Lautisten die Begleitung eines Liedes mehr oder weniger improvisiert. Heutzutage findet diese Methode in der Spielpraxis so gut wie keine Verwendung mehr. Zum Einen, weil sie ungenau ist und weil sich das harmonische Geschehen so stark verändert hat, dass eine Darstellung im Generalbass unübersichtlich bis unmöglich wäre. Deshalb werden wir auch nicht näher darauf eingehen.

2. Die Stufentheorie

Jacob Gottfried Weber (1779-1839) entwickelte die bis heute noch (wenn auch abgeändert) verwendete Stufentheorie. Wichtigster Vorteil dieser Methode ist, sie kann unabhängig von einer Tonart verwendet werden.
In der Stufentheorie werden mit römische Zahlen die Tonstufe einer beliebigen Tonleiter nummeriert. Wir gehen von der Stammtonreihe aus. Dank dieser Methode ist die Ausgangs-Tonart nicht mehr relevant. Die Stufen zeigen dir lediglich die exakten Intervall-Abstände des jeweiligen Tons zum Grundton.

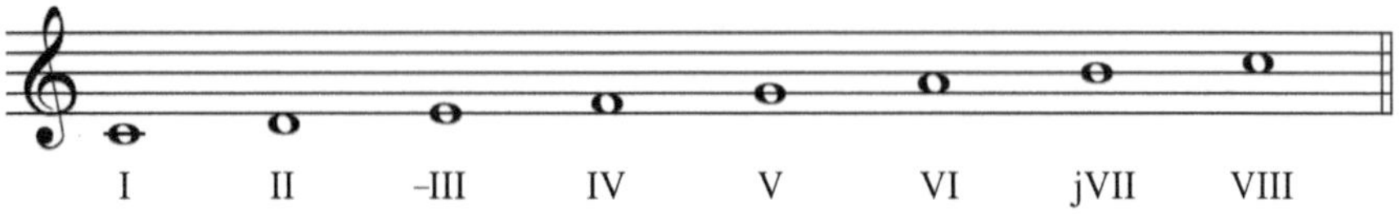

Daraus lässt sich dann leicht ersehen, ob es sich um eine Dur- oder eine Moll-Tonart handelt. Hier ist ein Beispiel mit der natürlichen Molltonleiter:

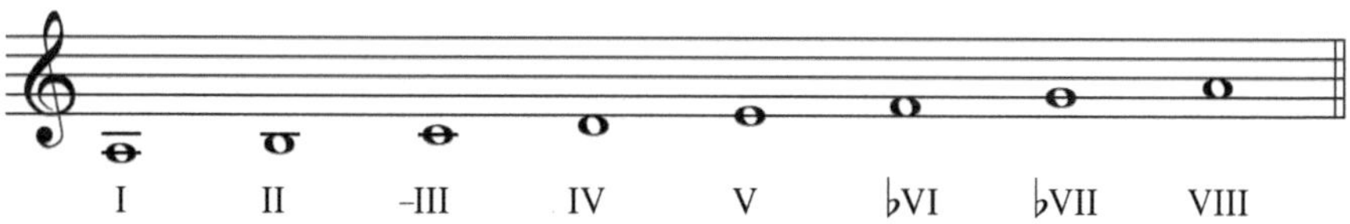

Falls es nun zu Abweichungen von der Stammtonreihe kommt, werden diese Stufen mit ♯ oder + und ♭ und - gekennzeichnet. Es kommt auch vor, dass diese Symbole gemischt werden. In unserem Beispiel sind die Terz (–III), die Sexte (♭VI) und die Septime (♭VII) gemessen vom Grundton aus erniedrigt. Es handelt sich also um eine Moll-Tonart.

[**Fakt -** Die Stufentheorie wird in der Popular-Musik anders dargestellt und gehandhabt als in der traditionellen Harmonielehre. Wir gehen darauf auf Seite 93 intensiver ein.
In der amerikanischen Studioszene und dort vor allem in Nashville, ist die Stufentheorie in Kombination mit der (gleich folgenden) Funktionstheorie längst Arbeitsstandard. Statt Akkordsymbolen mit verbindlicher Tonart werden lediglich deren Stufen/Funktionen notiert und sofort kann jede beliebige Tonart gespielt werden. Ein Song muss also nicht umgeschrieben werden, wenn sich während der Aufnahme herausstellt, dass die Tonart geändert werden muss, was für die Studioarbeit Zeit- und kostensparend ist. Dort werden jedoch auch normale Zahlen anstelle der römischen Zahlen verwendet.]

3. Funktionstheorie

Diese Methode wurde 1893 von Hugo Riemann erfunden und bis heute weiterentwickelt. Sie ist für die Popmusik durchaus wichtig, wenn auch nicht in ihrem gesamten Umfang relevant. Vor allem die Begriffe der einzelnen Akkord-Funktionen wie Tonika, Dominante, Moll-Parallele und einige Weitere sind in den Sprachgebrauch der populären Musik eingegangen.

Das Prinzip ist Folgendes: Jeder Akkord hat innerhalb eines diatonischen Systems eine bestimmte Aufgabe bzw. Funktion. Das beginnt damit, dass die Dur- und Moll-Akkorde in Haupt- und Nebenakkorde unterteilt werden. Man spricht deshalb auch von Haupt- und Nebenfunktionen.

Hauptakkorde(-funktionen) I - IV - V oder in C-Dur: C, F, G

Nebenakkorde(-funktionen) II - III - VI oder in C-Dur: Dm, Em, Am

Weil die Funktionstheorie auch heute noch sehr verbreitet und wichtig ist, möchten wir sie dir genauer erklären. Merke dir sämtliche Begriffe und Abkürzungen, die du gleich kennenlernst. Sie gehören unbedingt zur Musikersprache.

Die Abkürzungen der Funktionen

Kommen wir nun zu den Abkürzungen der einzelnen Funktionen und deren Anwendung. Für die Funktionstheorie verwendet man die Anfangsbuchstaben der jeweiligen Funktion. Für Dur-Akkorde werden sie großgeschrieben, für Moll-Akkorde werden sie kleingeschrieben. Die genaue Verwendung der Begriffe wirst du gleich im Anschluss kennenlernen.

T = Tonika als Dur-Akkord
S = Subdominante als Dur-Akkord
D = Dominante als Dur-Akkord

t = Tonika als Moll-Akkord
s = Subdominante als Moll-Akkord
d = Dominante als Moll-Akkord

g = Gegenklang als Moll-Akkord
G = Gegenklang als Dur-Akkord

p = Parallele als Moll-Akkord
P = Parallele als Dur-Akkord

Nun kannst du die Buchstaben je nach Situation miteinander kombinieren:

Abkürzung	Bedeutung	Beispiel
Tp	ist die Moll-Parallele der Dur-Tonika	In C Dur ist das Am
tP	ist die Dur-Parallele der Moll-Tonika	In Am ist das C-Dur
Dp	ist die Moll-Parallele der Dur-Dominante	In C-Dur (Dominante ist G) ist das Em

Die Hauptakkorde (Hauptfunktionen)

Die folgenden Beispiele erklären wir dir wieder anhand der Tonart C Dur.

Die Tonika

(Griechisch von tonos = Spannung)
Der erste Ton der Tonleiter, in unserem Fall das C, ist gleichzeitig das Tonzentrum. Der Akkord auf diesem Ton ist der Akkord C-Dur. Das gesamte harmonische Geschehen geht von ihm aus und drängt am Ende zu ihm zurück. Warum das so ist, erfährst du ab S. 122 beim Thema Kadenzen. Er wird Tonika (I. Stufe) (Englisch tonic) genannt. Das gilt auch für alle anderen Tonarten, die es gibt - egal ob Dur oder Moll.

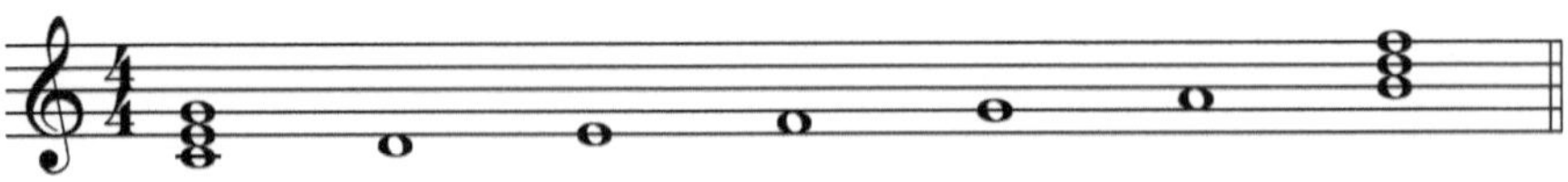

T (I) T (VIII)

Die Dominante(n)

(Lateinisch von quintverwandt = beherrschen, stark)
Die beiden anderen Hauptakkorde F-Dur (IV. Stufe) und G-Dur (V. Stufe) sind mit der Tonika quintverwandt (bzw. quartverwandt). Der Grundton von G-Dur steht eine reine Quinte über dem Grundton von C-Dur, der Grundton von C-Dur steht eine reine Quinte über dem Grundton von F-Dur.

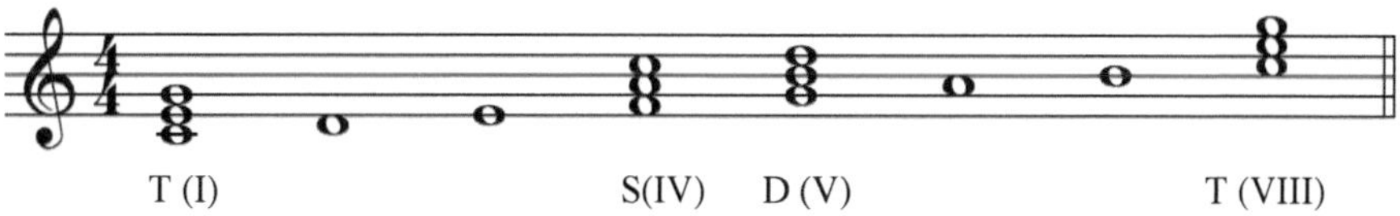

Beide Akkorde haben einen starken Drang, sich zur Tonika C-Dur hin aufzulösen. Aufgrund dieser Spannung werden sie Dominante genannt. G-Dur auf der V. Stufe ist die Dominante und F auf der IV. Stufe ist die Subdominante*.

„Sub" bedeutet unter. Die Subdominante bekam ihren Namen deshalb, weil sie eine Quinte „unter" der Tonika steht.

Die Nebenakkorde (Nebenfunktionen)

Die Moll-Akkorde werden als Nebenakkorde bezeichnet. Außerdem wird jeder Moll-Akkord einem Dur-Akkord zugeordnet und zwar im Terzabstand. Daraus ergeben sich zwei Funktionen, die Parallele (Kleinterz-Verwandtschaft) und der Gegenklang (Kleinterz-Verwandtschaft). Was es mit den Verwandtschaften auf sich hat, erfährst du im weiteren Verlauf.

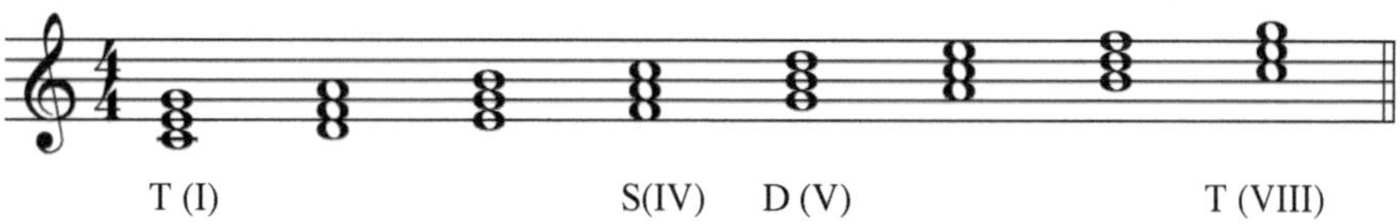

[**Fakt -** Tonverwandtschaften und Akkordverwandtschaften spielen eine entscheidende Rolle in der Musik und das in den verschiedensten Bereichen der Melodik, Harmonik.]

Die Parallele - Kleinterz-Verwandtschaft

Die Parallele oder auch Moll-Parallele steht immer im Abstand einer kleinen Terz zu einer Hauptfunktion. Man spricht auch von Kleinterz-Verwandtschaft.

C -> Am (VI. Stufe) = Tp
F -> Dm (II. Stufe) = Sp
G -> Em (III.Stufe) = Dp

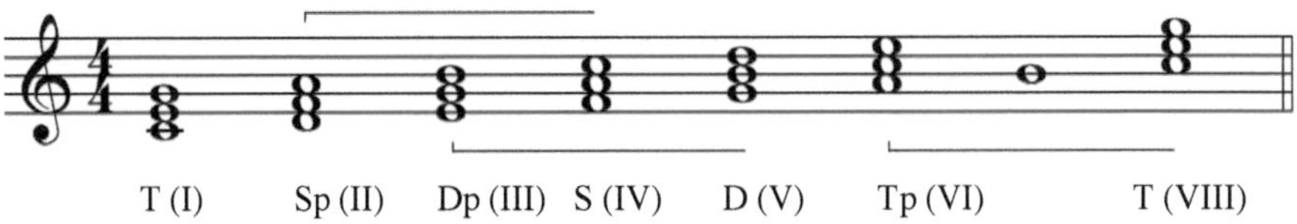

Der Gegenklang - Großterz-Verwandtschaft

Der Gegenklang steht im Abstand einer großen Terz zu einer der Hauptfunktionen. Man spricht auch von Großterz-Verwandtschaft.

C -> Em (III.Stufe) = Tg
F -> Am (VI. Stufe) = Sg
G -> Bm* = Dg

**(Bm kommt zwar nicht in C-Dur vor, ist aber trotzdem Gegenklang von G)*

Der Gegenklang steht im Abstand einer großen Terz zu einer der Hauptfunktionen.

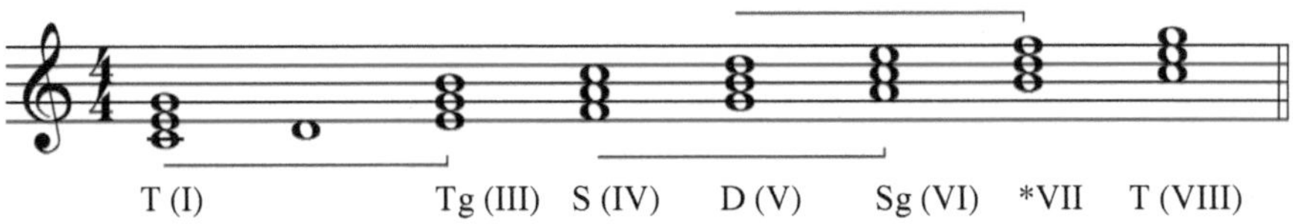

**Auf der VII.Stufe einer Dur-Tonleiter entsteht in Terzschichtung ein verminderter Moll-Dreiklang. Dieser Akkord nimmt in verschiedener Hinsicht eine Sonderstellung ein, weshalb wir ihn im Moment noch außen vor lassen.)*

Die Medianten

Als Medianten bezeichnet man Akkorde, die zwar in Terzverandtschaft zu einer der Hauptfunktionen stehen, aber nicht in der Tonart vorkommen. Es können also Klein- und Großterz-Verwandtschaften sein. Ihr Grundton ist entweder nicht diatonisch oder ihr Tongeschlecht passt nicht in die Tonart. Hier ein paar Beispiele:

C -> E♭ = TP
E -> C = TG
Fm -> Am = sg
Gm -> Em = dg

Zum besseren Verständnis ein Beispiel aus der Praxis. Folgende Akkordfolge ist aus einem bekannten Song der Band Greenday.

Akkord	C	|	F	|	E♭	|	Dm	G	|	C
Stufe	I	|	IV	|	♭III	|	II	V	|	I
Funktion	T	|	S	|	TP	|	Sp	D	|	T

Der Akkord E♭ ist fremd in C-Dur. Sein Grundton steht aber im Abstand einer kleinen Terz zur Tonika C. Er ist also ein Mediant. Seine Funktionsbezeichnung wäre ♭III oder TP. Wir werden später noch ausführlich mit mehr Beispielen über diese Methode sprechen.

Für weitere Funktionen, zusätzliche Akkordtöne und harmonische Besonderheiten werden die Funktionsbuchstaben zusätzlich mit Zahlen und Zeichen notiert. Darauf wollen wir hier aber nicht eingehen, da es eher ein Spezialgebiet der traditionellen Harmonielehre darstellt. Wenn es dich dennoch interessiert, findest du bei den Buchtipps weiterführende Literatur.

[**Fakt** - Auch die Methode der Funktionstheorie wurde stetig weiterentwickelt und dem jeweiligen musikalischen Geschehen angeglichen, weshalb sie bis heute noch verwendet wird. Jedoch stößt sie wie schon der Generalbass bei komplexeren Akkorden und Modulationen sowie bei nicht diatonischen Vorgängen an ihre Grenzen.]

4. Das Akkordsymbol

Akkorde, die in populären Musikstilen wie Rock, Blues, Pop etc. vorkommen, werden in der Regel nicht ausnotiert. Stattdessen werden allgemeingültige Akkordsymbole verwendet. Diese Symbole enthalten alle wichtigen Informationen, die du brauchst, um einen Akkord so spielen zu können, wie es der Songwriter möchte. Wir werden uns nach und nach mit diesen Symbolen beschäftigen. Zunächst also nur die wichtigsten Informationen.

Das Lesen und Verstehen von Akkordsymbolen gehört zu den elementaren Kenntnissen, die ein Musiker haben muss.

- Ein Akkordsymbol beginnt immer mit dem Großbuchstaben des Grundtons.
- Als Nächstes folgt das Symbol für das Tongeschlecht in Kleinbuchstaben.
- Anschließend werden die Ziffern für eventuell auftretende zusätzliche Intervalle (Töne) angefügt.

Wir zeigen dir nun in kleinen Schritten, wie die einzelnen Symbole aufgebaut bzw. zusammengesetzt sind. Wir beginnen mit den Symbolen für die Tongeschlechter Dur und Moll.

Symbole für Dur-Akkorde

Für Dur-Akkorde gibt es kein spezielles Symbol. Lediglich der Großbuchstabe, der den Grundton angibt, weist auf einen Dur-Akkord hin. Steht also nur ein C über den Noten ist damit ein C-Dur Dreiklang gemeint.

C = C-Dur

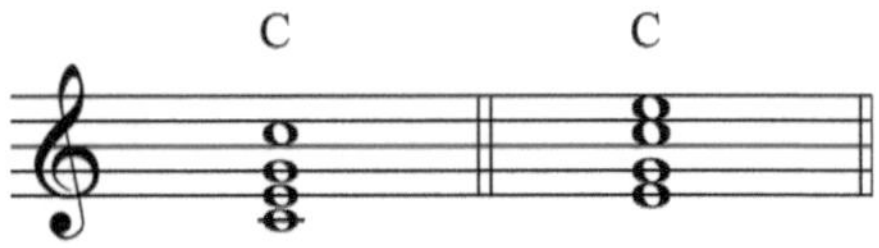

Symbole für Moll-Akkorde

Für Moll-Akkorde wird ebenfalls der Großbuchstabe des Grundtons verwendet. Diesem Buchstaben wird im Allgemeinen ein kleines „m" (für Moll) angehängt.

Am = A-Moll

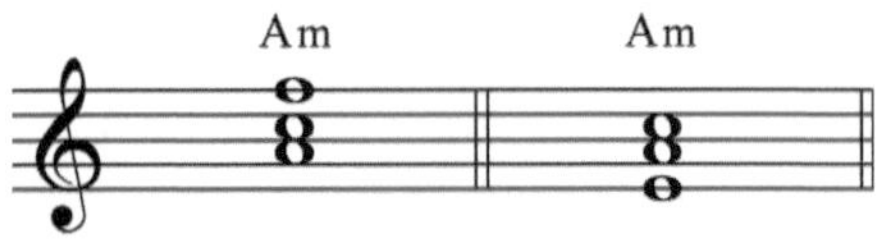

A- oder Amin

In englischsprachiger Literatur wird dem Grundton manchmal ein Minuszeichen „-" oder das Kürzel „min" (minor = moll) angehängt. Das Minuszeichen bezieht sich auf die Terz und weist darauf hin, dass hier eine kleine Terz auf den Grundton folgt.

am oder nur a

Früher bzw. in der traditionellen Harmonielehre, wurde durch Groß- und Kleinschreibung der Grundtöne zwischen Dur und Moll unterschieden. Diese Schreibweise ist heute in der populären Musik nicht mehr üblich.

Symbole für verminderte Akkorde

C°

Dem verminderten Akkord wird an de Großbuchstaben für den Grundton eine „o" hinzugefügt. Obwohl ein Moll-Akkord ist, wird ihm kein kleines m angehängt.

Cm♭5

Es gibt noch eine zweite Schreibweise, bei der dem kleinen „m" die Zahl 5 (für Quinte) mit einem ♭ angehängt wird. Das ♭5 bezieht sich dabei auf das Rahmenintervall einer verminderten Quinte.

Cdim

In der internationalen Schreibweise wird dem Akkordsymbol die Abkürzung „dim" (diminished = vermindert) hinzugefügt.

Symbole für übermäßige Akkorde

C+

Dem übermäßigen Akkord wird nach dem Großbuchstaben für den Grundton ein „+" angehängt. Das + Zeichen bezieht sich dabei auf das Rahmenintervall Quinte.

C♯5
Manchmal wird die Zahl 5 (für Quinte) mit einem ♯ angehängt.

Caug
In der internationalen Schreibweise wird dem Akkordsymbol „aug" (augmented = übermäßig) hinzugefügt.

Hinweise: Wir verwenden beide Schreibweisen für verminderte und übermäßige Akkorde. Es ist von der Situation und der Lesbarkeit innerhalb einer Abbildung abhängig. Das gilt für die Dreiklänge, aber auch für die Vierklänge.

Cm7♭5 oder Cø | Cm♭5 oder C° | C+ oder C♯5 |

[**Fakt -** Es gibt noch eine ganze Reihe weiterer Akkordsymbole, die du später alle noch kennenlernen wirst.]

Die Positionen der Vorzeichen in einem Akkordsymbol

Wenn du demnächst komplexere Akkordsymbole kennenlernst, kann es vorkommen, dass du nicht auf den ersten Blick ersehen kannst, worauf sich ein Vorzeichen in einem Akkordsymbol bezieht. Das kann verwirrend sein. Hier ein Beispiel:

1. **C♯♯5** 2. **C♯5** 3. **C♯5** Der Knackpunkt ist das ♯ vor der 5 bzw. nach dem C.

1. ist ein C♯-Dur Akkord mit übermäßiger Quinte
2. ist ein C-Dur Akkord mit übermäßiger Quinte
3. ist ein C♯ Powerchord

Im Normalfall stehen Versetzungszeichen vor den Zahlen und hinter den Akkordnamen (Buchstaben). Davon kannst du ausgehen. Treffen aber Buchstabe und Zahl wie in unserem Beispiel aufeinander, und liegt dazwischen ein Versetzungszeichen ist nicht sofort eindeutig zu erkennen, worauf es sich bezieht.
Es gibt drei Möglichkeiten:

1. Man setzt das Versetzungszeichen nach einem Buchstaben tiefer. **C♯**
2. Man setzt das Versetzungszeichen vor der Zahl höher. **♯5**
3. Man setzt die Akkordangaben nach dem Buchstaben in Klammern. **C(♯5)**

Vorzeichen-Tabelle für Akkordsymbole

Akkordziffer:	♭13
Akkordsymbol:	C♯
Akkordsymbol:	C♯maj7♯5 - Bm7♭5 - Bm7(♭5)
Akkordsymbol:	E♭7♯5
Stufe und Tension:	♭III - ♯III - ♭9 - ♯11

Akkordstellung, Umkehrung und Akkordlage

Akkordumkehrung

Du kennst bisher nur die Grundstellung eines Akkordes. Akkorde können aber auch als sogenannte „Umkehrung" gespielt und notiert werden. Umkehrung bedeutet, dass ein anderer Ton aus dem Dreiklang anstelle des Grundtones an tiefster Stelle steht.

Grundstellung

Diese Stellung kennst du schon. So ist der Akkord entstanden. Die Reihenfolge Grundton - Terz - Quinte ist die Grundstellung.

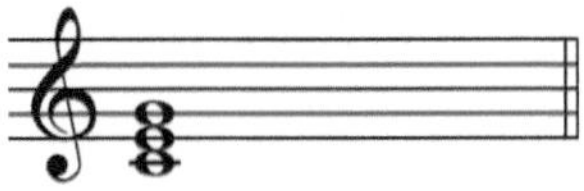

Erste Umkehrung

Bei der ersten Umkehrung wird der Grundton hoch oktaviert. Nun ist die Terz der tiefste Ton, gefolgt von der Quinte und dem Grundton.

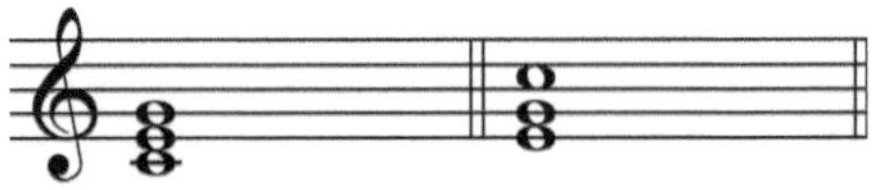

Zweite Umkehrung

Bei der zweiten Umkehrung wird jetzt die Terz hoch oktaviert. Nun ist die Quinte der tiefste Ton, gefolgt von Grundton und Terz.

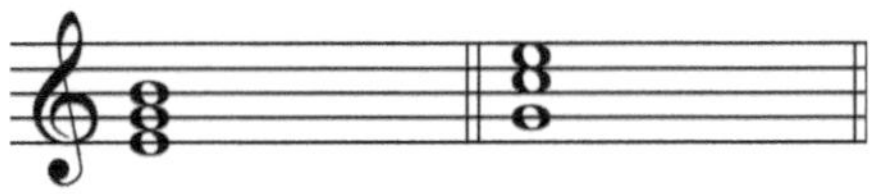

Akkordstellung und Akkordlage

Zwei Begriffe, die verwendet werden, um die „neue" Akkordsituation zu beschreiben. Eigentlich ganz schnell und einfach erklärt.

Die Akkordstellung beschreibt den Akkordaufbau vom tiefsten Ton aus aufwärts.

Grundstellung = Grundton ist tiefster Ton
1. Umkehrung = Terzstellung - Terz ist tiefster Ton
2. Umkehrung = Quintstellung - Quinte ist tiefster Ton

Die Akkordlage beschreibt den Akkordaufbau vom höchsten Ton aus abwärts.

Grundstellung = Quintlage - Quinte ist höchster Ton
1. Umkehrung = Oktavlage - Grundton ist höchster Ton
2. Umkehrung = Terzlage - Terz ist höchster Ton

Neue Rahmenintervalle durch Akkordumstellung

Durch die Umstellung der Töne ändern sich auch die Rahmenintervalle der Akkorde.

Grundstellung = Quintakkord. Das Rahmenintervall ist eine Quinte.

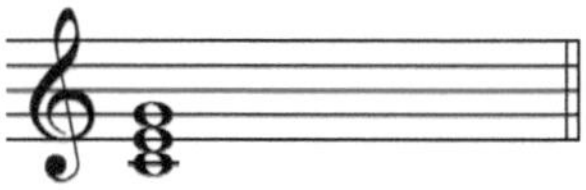

Erste Umkehrung = Sextakkord - Das Rahmenintervall ist eine Sexte

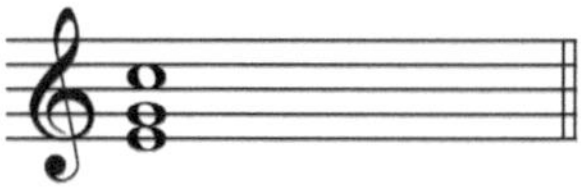

Zweite Umkehrung = Quartsextakkord - Das Rahmenintervall bleibt eine Sexte. Jedoch ändert sich der Abstand zwischen dem tiefsten und dem zweiten Ton. Hier entsteht eine Quarte. Daher der Name Quartsextakkord.

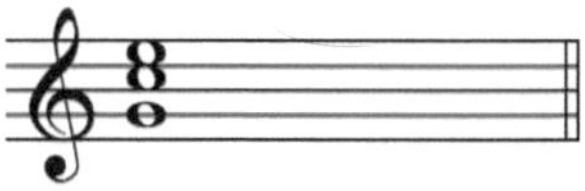

Die Regel der Akkordumkehrung gilt auch für alle weiteren Terzschichtungen wie Vierklang, Fünfklang, ... die du noch kennenlernst. Was sich ändert, ist jeweils das Rahmenintervall.

Hier sind nun alle Umkehrungen für jeden der vier Akkordtypen (Dur, Moll, Dim, Aug) in der Übersicht.

Die Umkehrungen des Dur-Dreiklangs

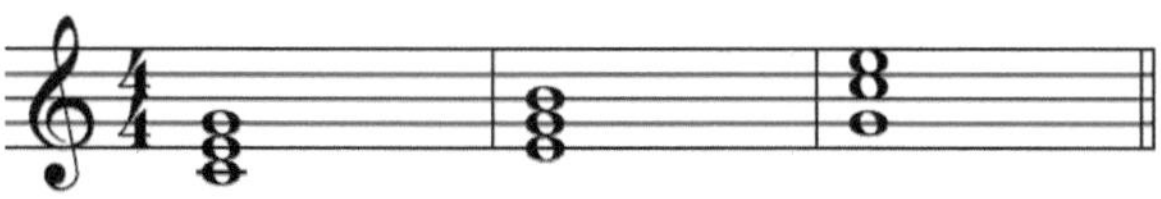

Die Umkehrungen des Moll-Dreiklangs

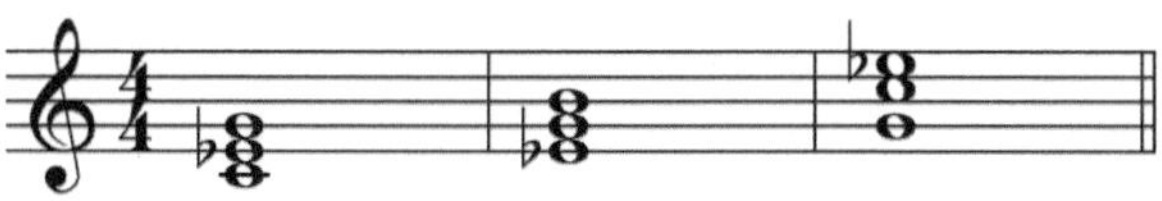

Die Umkehrungen des verminderten Dreiklangs

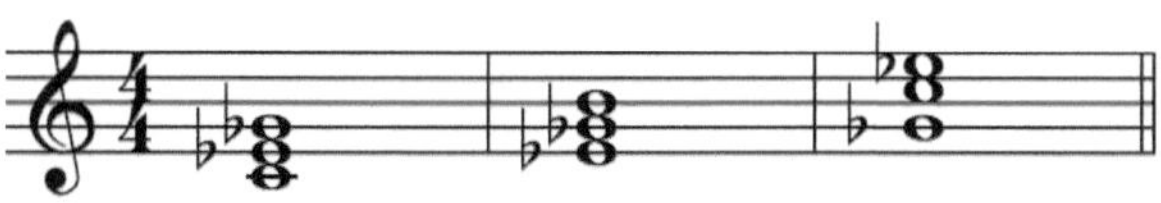

Die Umkehrungen des übermäßigen Dreiklangs

Übermäßige Dreiklänge weisen bezüglich ihrer Umkehrungen eine Besonderheit auf. Sie kehren sich immer wieder selbst um. Das heißt, dass jede Umkehrung eines übermäßigen Dreiklangs wieder einen übermäßigen Dreiklang hervorbringt. Es gibt demnach nur vier verschiedene übermäßige Dreiklänge, nämlich: C^{+}, $C\sharp^{+} = D\flat^{+}$, D^{+} und $D\flat^{+} = E\flat^{+}$. Diese vier übermäßigen Dreiklänge und ihre Umkehrungen enthalten alle zwölf übermäßigen Dreiklänge. Welcher Grundton gespielt werden soll, hängt vom harmonischen Zusammenhang der Akkorde im Song ab.

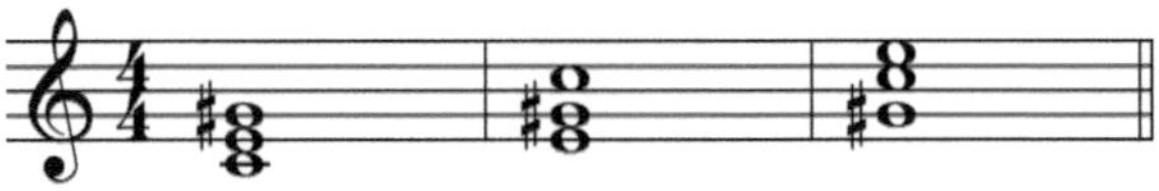

Voicings - Sonstige Akkordlagen und Stellungen

Grundsätzlich können die Positionen der Töne eines Akkordes auch frei gewählt werden. Man spricht in diesem Fall von einem Voicing (englisch für Stimmgebung, Abstimmung).

Man unterscheidet dabei lediglich zwischen weiter Lage und enger Lage.

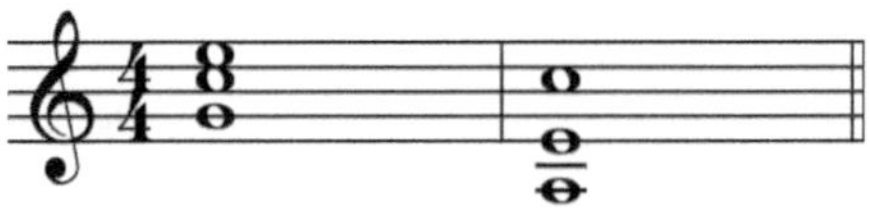

Hierzu ein paar weitere Regeln:

1. Die Töne eines Dreiklang-Akkordes können an beliebiger Stelle stehen. Es bleibt ein Dreiklang, Vierklang etc., solange nur die jeweiligen Akkordtöne vorkommen.

2. Alle Töne eines Akkordes können beliebig verdoppelt werden. Es bleibt ein Dreiklang, Vierklang etc., solange nur die Akkordtöne vorkommen.

Natürlich gelten die Regeln auch für Moll-, übermäßige und verminderte Akkorde. Diese Methode wird durch die Verwendung von Akkordsymbolen unterstützt, denn diese schreiben keine bestimmte Reihenfolge der Akkordtöne vor.

Der Vierklang

Ein Vierklang setzt sich aus vier Tönen im Terzabstand zusammen.

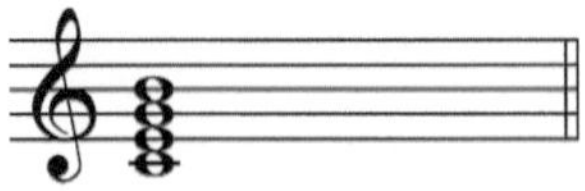

Durch das Hinzufügen einer weiteren Terz wird also aus einem Dreiklang ein Vierklang. Die „neue" Terz kann dann entweder eine große oder eine kleine Terz sein.

Rahmenintervalle der Vierklänge

Durch den neu hinzugekommenen Ton ändert sich das Rahmenintervall des Akkordes. Es ist jetzt eine Septime. Du weißt, dass es große und kleine Septimen gibt. Das exakte Rahmenintervall ist dafür verantwortlich, welche Zahl der Dreiklang als Akkordsymbol bekommt. Daraus ergeben sich folgende Kombinationen:

a. Durakkord + große Terz = maj7
-> Durakkord mit großer Septime

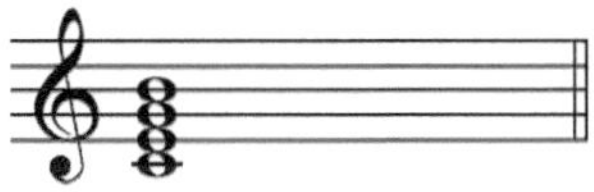

Cmaj7

b. Durakkord + kleine Terz
-> Durakkord mit kleiner Septime = 7 (Dominant Septakkord)

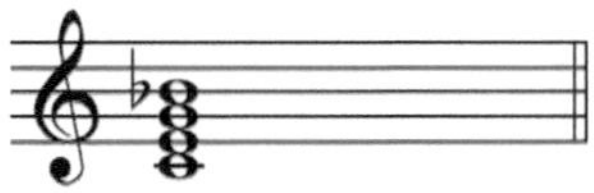

C7

c. Mollakkord + große Terz
-> Moll mit großer Septime = m (maj7)

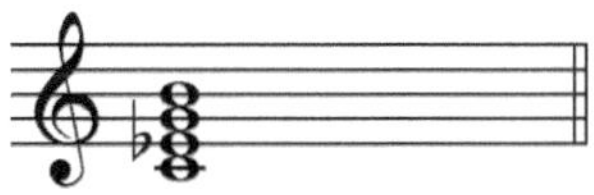

Cm(maj7)

d. Mollakkord + kleine Terz
-> Moll mit kleiner Septime = m7

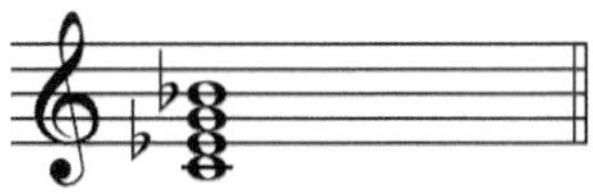

Cm7

e. Augmented + große Terz
-> kein Vierklang, da sich wieder der Grundton ergibt

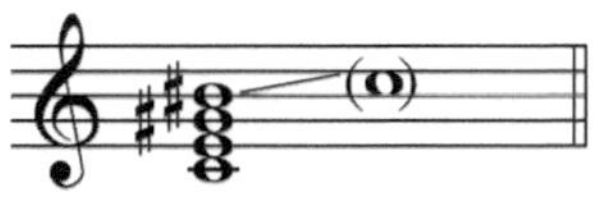

C^{+}/**Caug**

f. Augmented + kleine Terz = maj7♯5
-> Augmented mit großer Septime

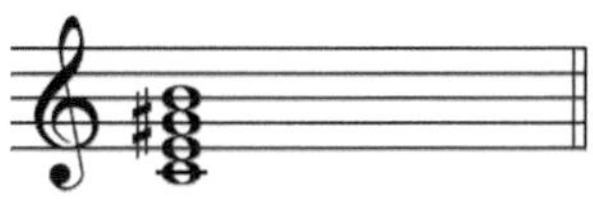

Cmaj7♯5*

g. Diminished + große Terz = m7♭5
-> Diminished mit kleiner Septime

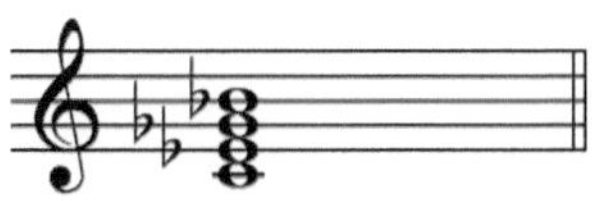

Cm7(♭5)*

h. Diminished + kleine Septime = o
-> Diminished mit verminderter kleiner Septime

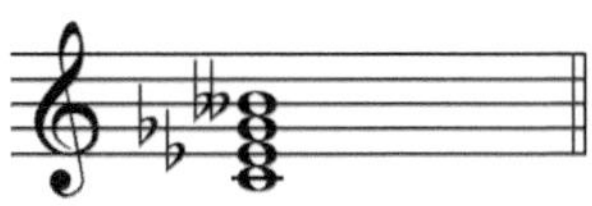

C°7

* Der Akkord **Cmaj7♯5** kann auch als C^{+}(maj7) notiert werden. Ebenso wie der Akkord **Cm7♭5 als C**ø. Außerdem gilt, dass Tensions jederzeit auch in Klammern gesetzt werden können. Zum Beispiel: Cm7(♭5) G7(♯9)

Hier noch einmal alle neuen Akkorde im Einzelnen:

Vierklang Dur-Akkorde

maj7 - Dur-Dreiklang mit zusätzlicher großer Septime

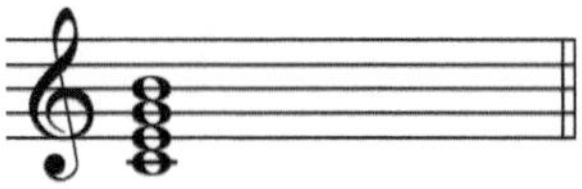

Cmaj7

Der C-Dur-Dreiklang wird durch eine große Terz zum C-Dur-Vierklang erweitert. Die Akkordbezeichnung für Dur-Akkorde mit großer Septime ist „major 7" (das „major" bezieht sich hierbei auf die Septime).

7 - Dur-Dreiklang mit zusätzlicher kleiner Septime (Dominant-Septakkord*)

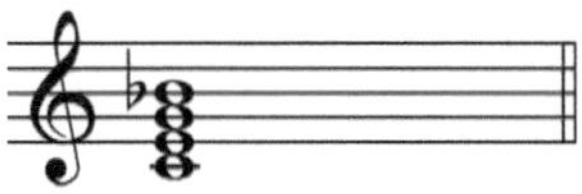

C7

Der C-Dur-Dreiklang wird durch eine kleine Terz erweitert. Die Akkordbezeichnung für Dur-Akkorde mit kleiner Septime ist „7" also C7.

***Der Dominantseptakkord**
Dieser Akkord verdient eine gesonderte Betrachtung. Man nennt ihn auch Dominantseptakkord. Er kommt innerhalb der Stammtonreihe nur einmal und nur auf der V. Stufe vor.

Dominantseptakkorde sind sehr spannungsreiche Akkorde, die nach Auflösung zu ihrer Tonika hin drängen, was auf das Intervall zwischen großer Terz und kleiner Septime zurückzuführen ist. Bei diesem Intervall handelt es sich um den Tritonus.

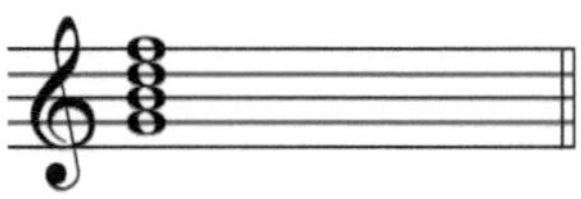

Der Dominantseptakkord enthält einen Leitton und einen Gleitton. Die große Terz ist der Leitton, der sich in einem Halbtonschritt aufwärts zum Grundton der Tonika hin auflöst. Die kleine Septime ist der Gleitton, der sich in einem Halbtonschritt abwärts zur großen Terz der Tonika hin auflöst.

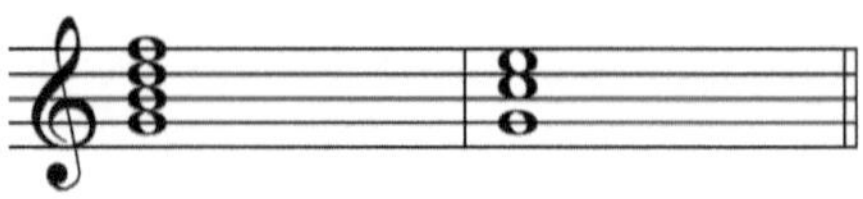

maj7♯5 - übermäßiger Dur-Dreiklang mit kleiner Terz

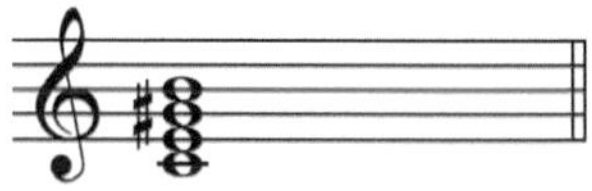

Cmaj7♯5 oder C^{+}(maj7)

Wird der übermäßige Dreiklang mit einer kleinen Terz erweitert, erhält man einen übermäßigen Vierklang mit großer Septime. Das Akkordsymbol ist maj7♯5.

Übermäßiger Dur-Dreiklang mit großer Terz

Wird ein übermäßiger Dreiklang mit einer großen Terz erweitert, entsteht kein neuer Akkord. Die große Terz von G♯ aus wäre B♯, was wiederum enharmonisch verwechselt ein C (also der Grundton) wäre.

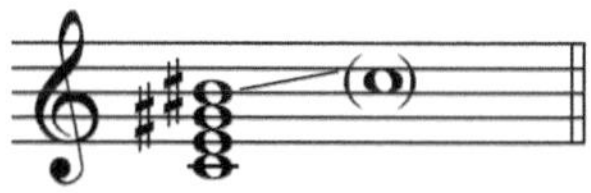

Weil immer dieselbe Akkordstruktur gilt, kann jeder Ton Grundton eines solchen Akkordes sein, da sie sich immer wieder umkehren und somit klanglich nicht verändern. Das heißt im Klartext:

C^{+} ist gleichzeitig E^{+} und $G\sharp^{+}$

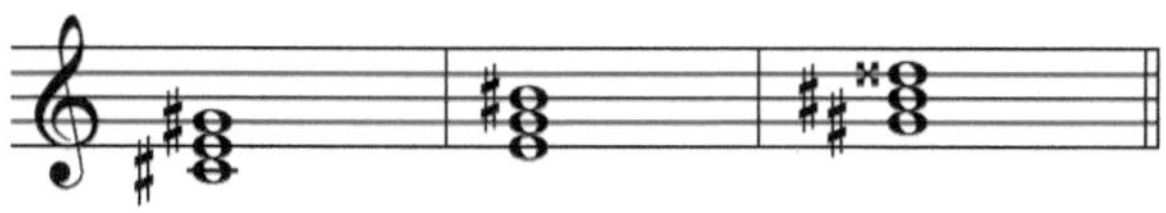

Deutet man die enharmonischen Verwechslungen um, kommt man zu folgenden Ergebnissen:

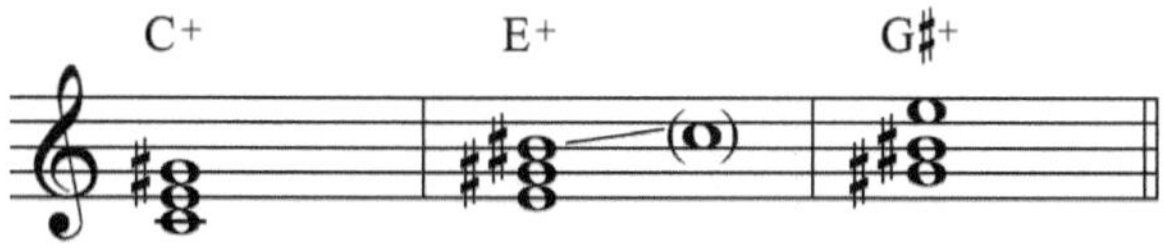

Der jeweils gewählte Grundton entscheidet über den Namen des Akkordsymbols. Welcher Grundton gewählt bzw. gespielt wird, hängt vom harmonischen Zusammenhang ab.

Vierklang Moll-Akkorde

m(maj7) - Moll-Dreiklang mit großer Terz

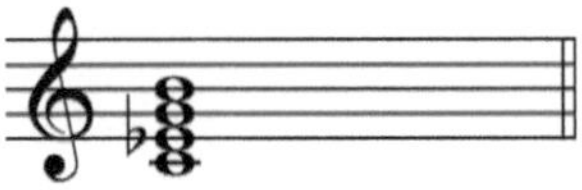

Cm(maj7)

Der C-Moll-Dreiklang wird durch eine große Terz erweitert. Es entsteht ein Moll-Vierklang mit großer Septime, abgekürzt Cm(maj7). Im Akkordsymbol sollte die große Septime als (maj7) immer in Klammer geschrieben werden, um eine Fehldeutung mit dem maj7-Akkord zu vermeiden.

m7 - Moll-Dreiklang mit kleiner Terz

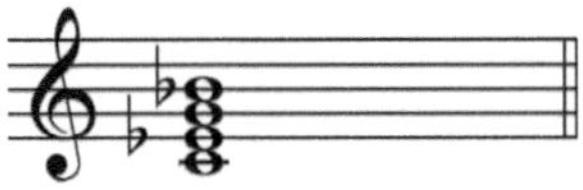

Cm7

Der C-Moll-Dreiklang wird durch eine kleine Terz erweitert. Es entsteht ein Moll-Vierklang mit kleiner Septime. Das Akkordsymbol lautet Cm7, C-7 oder Cmin7.

m7b5 - verminderter Dreiklang mit großer Terz

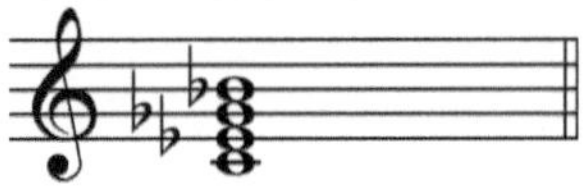

Cm7♭5 oder C$^{\varnothing}$

Der verminderte Dreiklang wird durch eine große Terz zum „halbverminderten" Mollvierklang erweitert. Halbvermindert deshalb, weil eine große Terz im Akkord vorkommt. Das Akkordsymbol lautet Cm7♭5. Üblich ist es auch stattdessen folgendes Zeichen hinter den Grundton schreiben C$^{\varnothing}$.

o7 - verminderter Dreiklang mit kleiner Terz

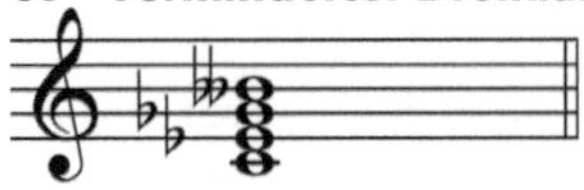

C°7

Wird ein verminderter Dreiklang mit einer kleinen Terz erweitert, entsteht der verminderte Vierklang. Sein Akkordsymbol ist C°7 oder Cdim7.

[**Fakt -** Alle relevanten Akkordfunktionen wie Tonika, Dominante, Nebenakkorde etc. entstehen oder besser gesagt ergeben sich innerhalb des Vierklangs. Die gleich folgende erweiterte Terzschichtung bringt uns zwar viele neue Klänge, aber keine neuen Funktionen. Diese Erkenntnis ist wichtig, um den Überblick über die Vielzahl an Akkordmöglichkeiten zu behalten.]

Erweiterte Terzschichtung

Wie du bestimmt schon vermutest, kannst du innerhalb einer Tonart so viele Terzen „schichten", wie du Stammtöne zur Verfügung hast. In unserer Stammtonreihe mit sieben Töne ist folglich maximal ein Siebenklang möglich. Was sich - im Vergleich zum Vierklang - ändert, ist nicht nur die Anzahl der Töne, sondern auch die Größe der Rahmenintervalle. Hier ist eine entsprechende Übersicht, ausgehend vom Dreiklang:

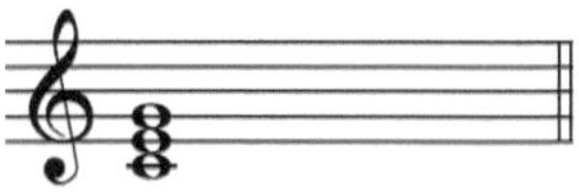

Dreiklang

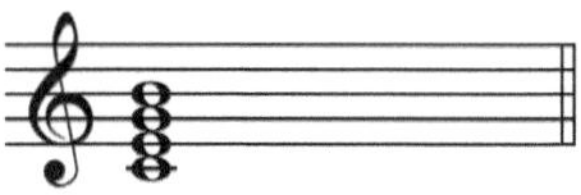

Vierklang - Rahmenintervall Septime - Septim-Akkord - 7

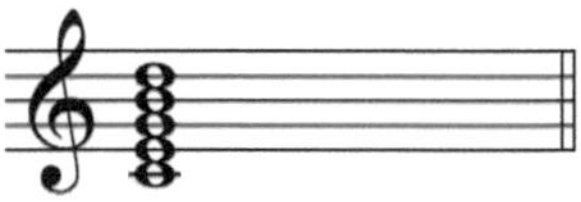

Fünfklang - Rahmenintervall None - Nonen-Akkord - 9

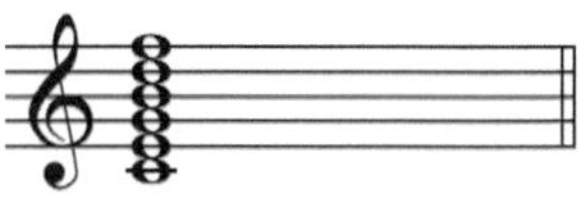

Sechsklang - Rahmenintervall Undezime - Undezimen-Akkord - 11

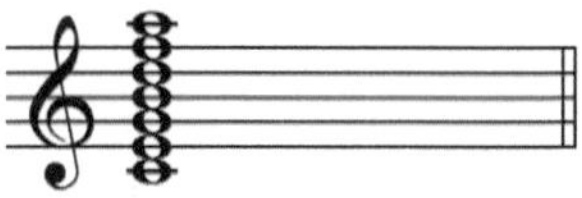

Siebenklang - Rahmenintervall Terzdezime - Terzdezimen-Akkord - 13

Wie schon bei den Vierklängen wird die neue Intervall-Ziffer dem gefundenen Akkord angehängt. Dadurch lässt sich genau identifizieren, dass es sich um einen „Mehrklang" in Dreiklangschichtung handelt und aus wie vielen Terzschichtungen er besteht. Natürlich müssen die Intervall-Größen (klein, groß, rein, übermäßig, vermindert) exakt angegeben werden. Wie? Dazu kommen wir jetzt.

Um Akkordsymbole und ihre Funktionen richtig ein- bzw. zuordnen und deuten zu können, ist es notwendig, dass du die folgenden Regeln kennst.

Regeln für Akkordsymbole der erweiterten Terzschichtung

Werden einem Dreiklang weitere Terzen hinzugefügt, wird die jeweilige neue Akkordziffer fest in das Akkordsymbol integriert. Dabei gibt es jedoch international sehr unterschiedliche Vorgehensweisen.

Alle Ziffern werden aufgenommen

C7/9/11/13 wäre dann das größtmögliche Konstrukt. Kann man machen, ist aber etwas unübersichtlich.

Nur die höchste Ziffer wird dem Akkordsymbol angefügt.

C13
13 bedeutet dann, dass die 7, die 9 und die 11 ebenfalls im Akkord vorkommen und gespielt werden können.

Die folgenden Regeln gelten für Dur- und Moll-Akkorde. Wir werden zum besseren Verständnis jeweils ein paar Beispiele machen.

1. Stehen hinter dem Dreiklang-Akkordsymbol (egal ob Dur oder Moll) die Zahlen 7, 9, 11, 13 - egal in welcher Form - maj9, ♯11, ♭13 etc. handelt es sich um einen „Mehrklang" in Terzschichtung. Das heißt, dass alle anderen Töne (mit einer niedrigeren Zahl) in der Terzschichtung enthalten sind und gespielt werden können. Welche Töne das genau sind und welche Funktion der Akkord hat, hängt von der jeweiligen Ausgangstonart ab.

Cmaj7 - I oder IV Stufe

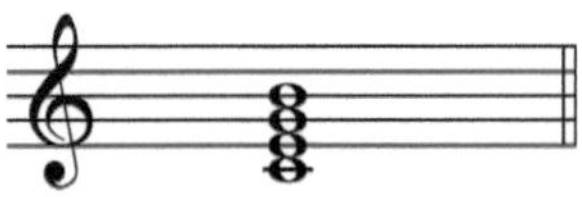

Cm11 - II, III oder VI Stufe

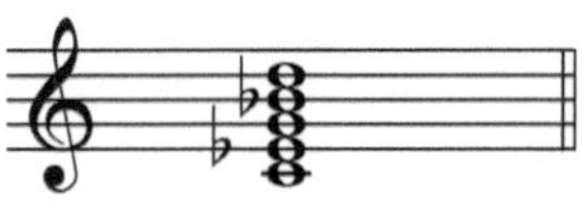

G13 - V Stufe

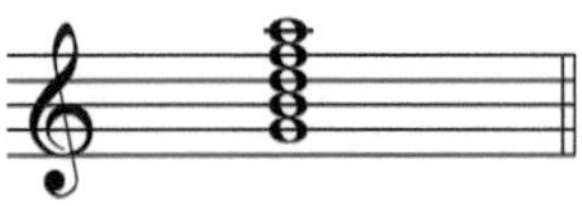

2. Stehen hinter dem Akkordsymbol eines Durdreiklangs die Zahlen 7, 9, 11, 13 mit dem Zusatz maj, handelt es sich um Tonika- oder Subdominant-Akkorde. Auch hier können alle Töne der Terzschichtung gespielt werden.

Cmaj13 - I. oder IV. Stufe

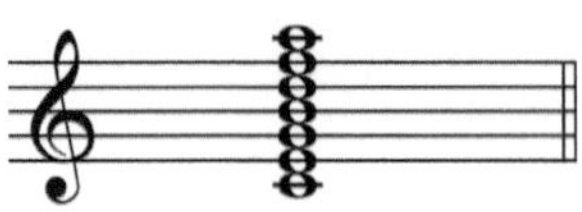

Amaj9 - I. oder IV. Stufe

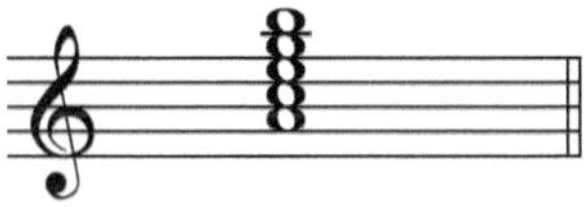

Cmaj7♯11 - IV. Stufe

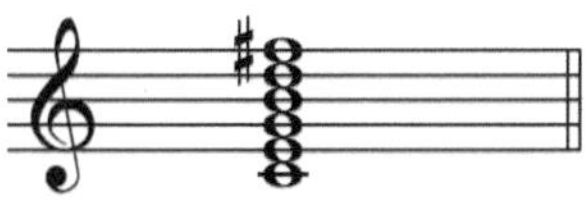

3. Stehen hinter dem Akkordsymbol eines Durdreiklangs die Zahlen 7, 9, 11, 13 ohne den Zusatz maj, handelt es sich immer um eine Dominante.
(s.S. 73 Definition Dominante)

F9 - V. Stufe

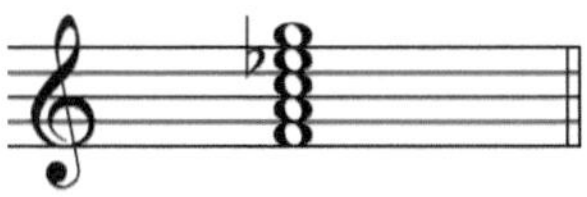

E11 - V. Stufe

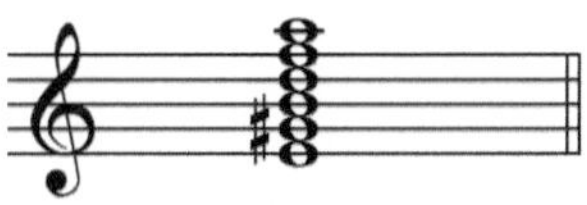

4. Steht hinter einem Akkord (Dur und Moll) die Zahl 6* handelt es sich um einen Dreiklang mit hinzugefügter Sexte, also keine erweiterte Terzschichtung. Der Ursprung dieses Akkordes liegt in der Generalbass-Schrift. Dort wurde dem Basston eine Terz und eine Sexte hinzugefügt. Später tauchte der Akkord als sogenannter Sixte Ajoutée, ein Ersatz für die Subdominante, auf. In der modernen Harmonielehre wird er als Tonika oder Subdominante gespielt, sowohl in Dur wie in Moll.

F6 - I. Stufe oder IV. Stufe

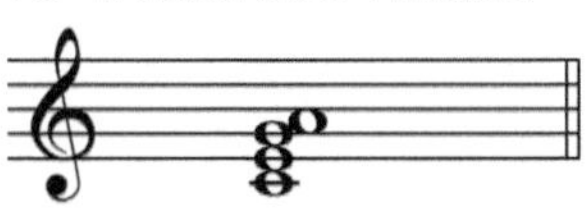

**Wird dem Akkord die kleine Sexte hinzugefügt bekommt sie den Zusatz - oder b.*

Fm6 - I. Stufe oder IV. Stufe

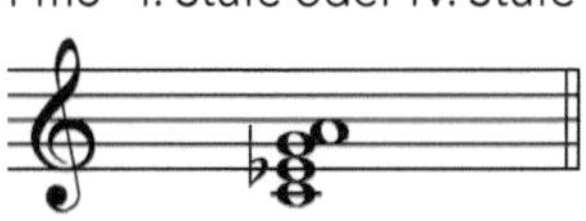

5. Stehen hinter einem Akkord (Moll und Dur) die Zahlen 2 und 4 egal in welcher Form, handelt sich um keinen erweiterten Dreiklang. Dazu kommen wir gleich.

Für die exakte Funktionsbestimmung eines Akkordes ist es wichtig, ein eindeutiges Merkmal zu haben, um den Akkord (und dessen Funktion) richtig identifizieren zu können. Bei Dur-Akkorden gibt es drei Kategorien - Tonika, Subdominante und Dominante. Die einzige eindeutig bestimmbare Funktion ist die der Dominante, sofern sie als Dominant-Septakkord vorkommt.

G7 kann nur die Dominante in C-Dur oder C-Moll sein.
Gmaj7 kann die Tonika in G-Dur sein oder die Subdominante in D-Dur.
Hat man die Dominante eines Songs also erkannt, so kann man von ihr ausgehend, die weiteren Akkorde herleiten. Das nennt man Analyse. Ab Seite 114 werden wir dir zeigen, wie solche Analysen genau ausgeführt werden.

[**Fakt** - Akkordsymbole geben keinen Aufschluss darüber, in welcher Reihenfolge die Töne gespielt werden müssen. Das ist auch vom Instrument abhängig. Pianisten haben 10 Finger zur Verfügung, Gitarristen nur 6 Saiten. Es werden also auch Töne weggelassen bzw. dazu gespielt.]

Erweiterte Dreiklänge ohne zusätzliche Terzschichtung

Dreiklänge können nicht nur durch Terzschichtung erweitert werden. Du kannst sie mit jedem beliebigen Intervall (vom Grundton aus gerechnet) ergänzen. Das heißt, dass einem Dreiklang lediglich ein Ton hinzugefügt wird, ohne erweitere Terzschichtung. Das können Intervalle innerhalb oder außerhalb des Oktavraums sein: Eine Sekunde (2), eine Quarte (4) oder eine Sexte (6) eine None (9) eine Undezime (11) oder eine Terzdezime (13). Um die auf diese Weise erweiterten Dreiklänge von Akkorden in Terzschichtung unterscheiden zu können, wird der neuen Intervallzahl entweder der Zusatz **add** oder **sus** angefügt.

Ausnahme ist die Sexte, die als 6 ohne den Zusatz add oder sus hinzugefügt wird. Wir haben diesen Fall gerade auf Seite 87 besprochen.

Add-Akkorde

Add ist die Abkürzung für den englischen Begriff added = hinzugefügt.
Der Name sagt es schon. Einem Akkord werden „fremde" Töne hinzugefügt, die nicht Bestandteil der Terzschichtung sein sollen. Meistens ist das die None bzw. die Sekunde, aber auch die Quarte wird gelegentlich „geadded". Im Gegensatz zu den sus-Akkorde soll ein add-Ton keinen Akkordton ersetzen, sondern den Akkordklang erweitern.

[**Fakt** - Aus grifftechnischen Gründen ist es bei der Gitarre nicht immer möglich. dies konsequent umzusetzen.]

Add-Akkorde können bei allen Dur- und Moll-Akkorden verwendet werden.

Cadd2 oder Cadd9
Der C-Dur-Dreiklang wird durch die hinzugefügte große Sekunde bzw. große None klanglich erweitert. Die Terz wird nicht ersetzt.

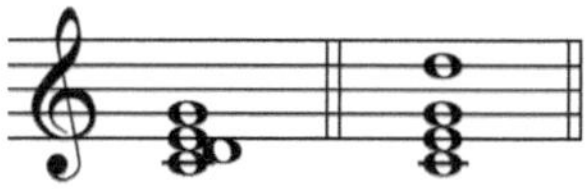

Cm(add2) oder Cm(add9)
Der Moll-Dreiklang mit hinzugefügter großer Sekunde oder None. Diese klangliche Erweiterung tritt häufig auf der II. und VI. Stufe auf. Die Terz wird nicht ersetzt.

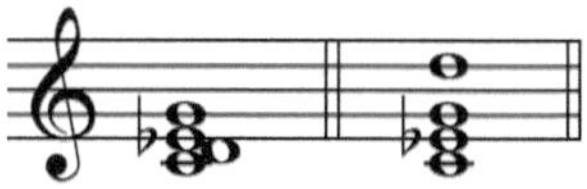

Vorhaltakkorde oder sus-Akkorde

Ein Vorhaltakkord enthält einen sogenannten Vorhaltton, der nicht zum eigentlichen Akkord gehört. Als Akkordsymbol wird die Abkürzung sus (+ Intervallzahl) an das bisherige Akkordsymbol angehängt. Man spricht deshalb auch von sus-Akkorden (engl. sus ist die Abkürzung für suspended = überhängen, aussetzen). Dieser Nebenton ersetzt (meistens vorübergehend) einen der Akkordtöne. Die traditionelle Harmonielehre kennt eine ganze Reihe solcher Situationen. In der populären Musik dagegen sind nur zwei üblich: Der sus4- und der sus2-Akkord.

Vorhalttöne können bei Dur- und Moll-Akkorden verwendet werden.

Sus4-Akkord
In einem sus4-Akkord wird die Terz durch die Quarte ersetzt. Dadurch wird der Akkord "geschlechtslos", was heißt, man kann das Akkordgeschlecht - Dur oder Moll - nicht mehr feststellen.

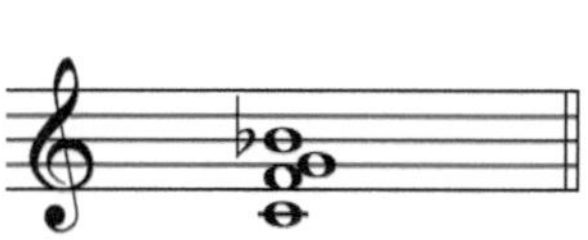

Eine typische Akkordfolge mit sus4-Akkord kann folgendermaßen aussehen:

C | Dm | G7sus4 G7 | C

Sus2-Akkord

Im sus2-Akkord wird ebenfalls die Terz des Akkords ersetzt, dieses Mal durch große Sekunde. Sus2-Akkorde können wie die sus-Akkorde, auf jeder diatonischen Stufe gebildet werden.

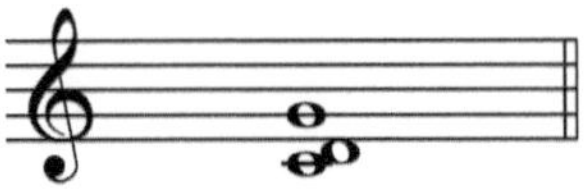

Sus2- und sus4-Akkorde können sogar im gegenseitigen Wechselspiel auf ein und derselben Akkordstufe vorkommen. Diese Kombinationen von sus2-, sus4- und Dur- oder Molldreiklang ergeben sehr interessante Akkordverbindungen, die in unzähligen Songs schon Verwendung fanden.

C | Csus2 | Csus4 | Csus2 | C

[**Fakt** - Sus-Akkorde wirken wie kleine Zwischendominanten. Sie erzeugen durch den Ersatz der Terz für den Moment das Gefühl der Spannung, die wieder nach Auflösung drängt. Für einige Bands sind diese Sus-Akkorde so etwas wie ein Markenzeichen geworden. Das wohl beste Beispiel ist die Band The Who. Aber auch Coldplay setzt dieses Mittel gerne ein.

> Sus-Akkorde können nicht nur bei Dreiklängen angewandt werden.
> Sus-Akkorde können auf allen diatonischen Stufen eingesetzt werden.
> Ihre Verwendung kann durch die Melodie bestimmt werden.

Add fügt einen neuen Ton hinzu, sus fügt ebenfalls einen neuen Ton hinzu, ersetzt aber immer die Terz des Akkordes.]

Zusammenfassung

Das mag jetzt erst mal alles ein wenig verwirrend sein. Deshalb siehst du im Folgenden einige Beispiele mit „Entschlüsselung" zum besseren Verständnis.

C7, C9, C11, C13	Dominantakkorde
Cmaj7, Cmaj9, Cmaj♯11, Cmaj13	entweder Tonika- oder Subdominant-Akkorde
Cm7, Cm9, Cm11, Cm13	Mollakkorde in erweiterter Terzschichtung
Cm6, Cm(add9)	Moll-Dreiklänge mit zusätzlichen Tönen
C9	Dominantakkord mit kleiner Septime und großer None
C6	Dur-Dreiklang mit hinzugefügter großer Sexte
Cm6	Moll-Dreiklang mit hinzugefügter großer Sexte
Cmaj9	Tonika- oder ein Subdominantakkord mit großer Septime und großer None

Cm9	Mollakkord mit kleiner Septime und großer None
Cadd9	Durdreiklang mit hinzugefügter großer None
Cm(add9)	Moll-Dreiklang mit hinzugefügter großer None
Csus2	Dur- oder Mollakkord mit großer Sekunde als Terzersatz
Csus4	Dur- oder Mollakkord mit reiner Quarte als Terzersatz
Cm(add2)	Mollakkord mit zusätzlicher großer Sekunde

Powerchords

Als Powerchord bezeichnet man Dreiklänge ohne Terz. Sie bestehen demnach nur aus dem Grundton und der Quinte und sind genau genommen gar keine richtigen Akkorde. Trotzdem werden sie so behandelt.

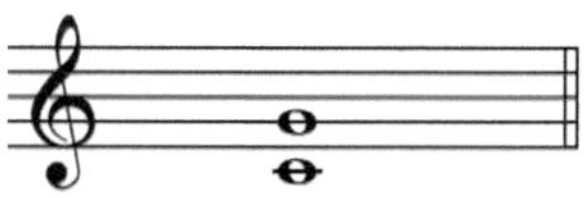

Das eigentliche Geschlecht des Akkords (Dur oder Moll) wird dadurch „verschleiert". Sie kommen hauptsächlich in Pop, Rock und Heavy Metal vor. Jeder Gitarrist wird den Powerchord kennen. Wenn nicht, dann hör dir das Intro zu „Smoke On The Water" von Deep Purple an.

Der Grundton kann zusätzlich in Oktavlage gedoppelt werden.

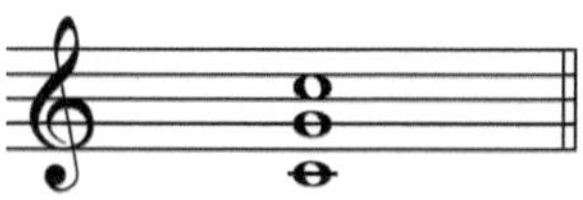

Ein Powerchord kann auch umgekehrt werden, so dass die Quinte tiefster Ton ist.

Mit Quintverdopplung

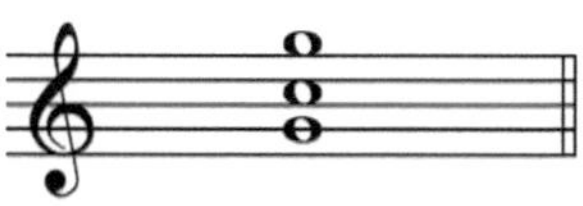

Ohne Quintverdopplung

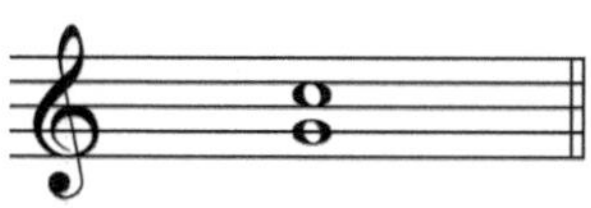

Die internationale Schreibweise für das Akkordsymbol der Powerchords ist: C (no3rd) oder C5.

[**Fakt -** Powerchords eignen sich hervorragend zum Komponieren. Vor allem dann, wenn man mit den vielen verschiedenen Akkordmöglichkeiten noch nicht vertraut ist. Man bekommt durch die Grundtonbewegung trotzdem das Gefühl für eine echte Akkordfolge. Hat man erst mal eine Idee, kann man später immer noch mit Dur und Moll experimentieren.]

Slash Chords

Slash (slash, engl. = Hieb, Schnitt, Schlitz) Chords (chord, engl. = Akkord) sind Akkorde, deren Akkordsymbole aus zwei unterschiedlichen Angaben bestehen. Diese Angaben sind entweder durch einen Schrägstrich oder durch einen Querstrich getrennt. Es handelt sich um einen Akkord, „über" einem speziellen Basston.

Links steht der Akkord bzw. das Akkordsymbol, rechts der Basston.

C/A

Ist der Basston im gegebenen Akkord nicht enthalten, ist er gleichzeitig Grundton dieses Slash Chords. Diese Akkorde nennt man auch "Upper Structure Chords".

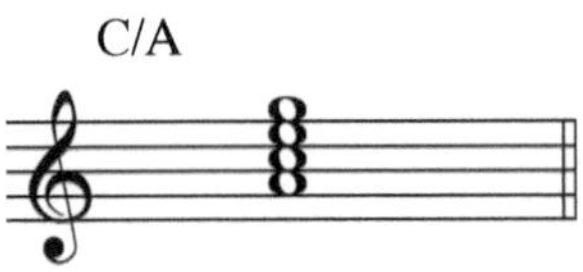

Ist der Basston dagegen im gegebenen Akkord enthalten, handelt es sich um eine Umkehrung (Siehe Seite 78). Der Ton unter dem Strich zeigt dir also an, welcher Akkordton an tiefster Stelle stehen soll.

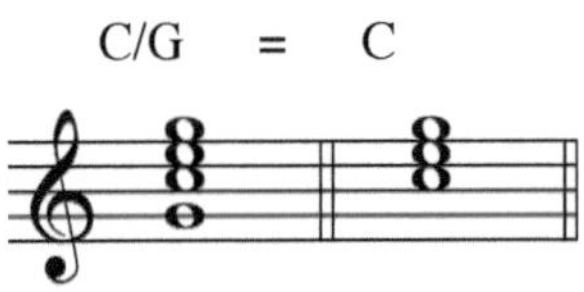

Mithilfe solcher Slashchords, lassen sich interessante Akkordfolgen mit einer speziellen Bassbewegung darstellen. Ab Seite 122 bei den Kadenzen findest du weitere Beispiele.

C | C/B | C/A | C/G | F | G7 | C

In unserem Beispiel „wandert" die Bassline vom Grundton aus in diatonischen Schritten abwärts bis zum F.

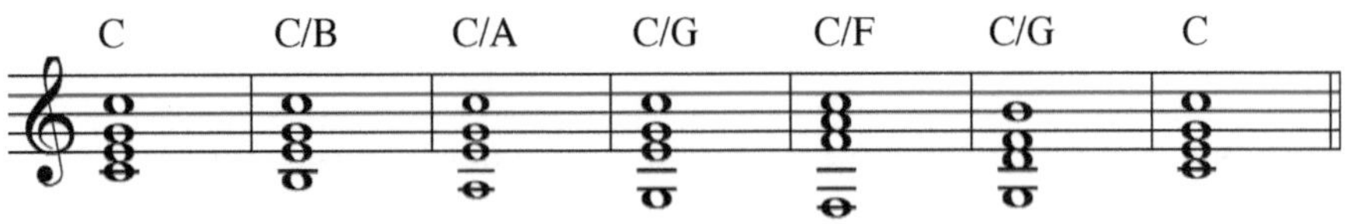

„Übersetzt" würden die Akkorde folgendermaßen heißen:

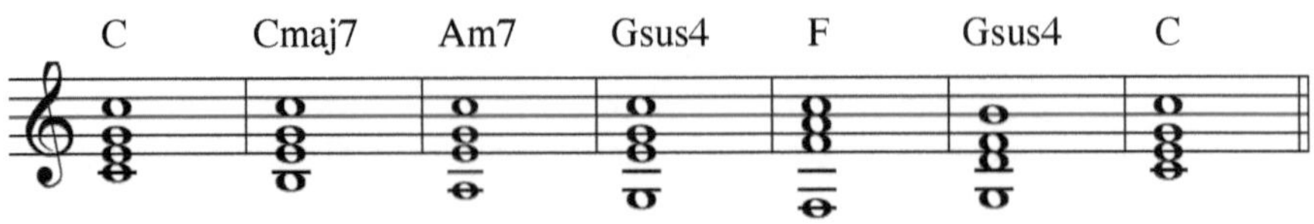

Polychords

Werden zwei Akkordsymbole durch einen Querstrich (Bruchstrich) getrennt, handelt es sich tatsächlich um zwei unterschiedliche Akkorde. Man nennt diese Akkorde Polychords. Poly ist griechisch für „mehr" oder „viele". Chord = Akkord kennst du schon.

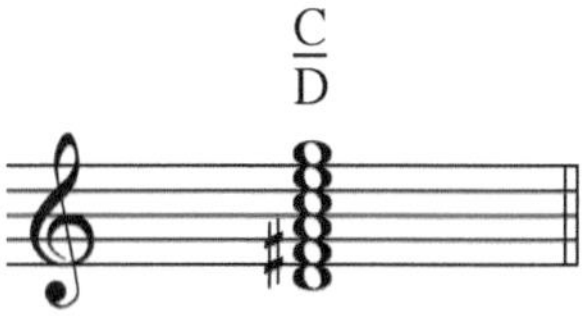

[**Fakt** - Akkordsymbole geben keinen Aufschluss darüber, in welcher Reihenfolge die Töne gespielt werden müssen. Das ist auch vom Instrument abhängig. Pianisten haben 10 Finger zur Verfügung, Gitarristen nur 6 Saiten. Es werden also auch Töne weggelassen bzw. dazu gespielt.]

Die Stufentheorie in der Populären Musik

Du hast die Stufentheorie bereits kennengelernt. Wir kommen nun zu ihrer praktischen Anwendung in der populären Musik. Falls du der Thematik nicht sofort folgen kannst, hast du jederzeit die Möglichkeit, ab Seite 70 alles noch einmal nachzulesen.
Um die Stufentheorie anwenden zu können, müssen wir zunächst Fakten schaffen. Wir müssen innerhalb der Stammtonreihe (Dur-Tonleiter) für jeden Ton einen Akkord bilden.

Leitereigene Akkorde - Dreiklänge

Jede Tonleiter hat ihre eigenen Akkorde, die sogenannten leitereigenen Akkorde. Sie entstehen, wenn du auf jeden Ton der Tonleiter einen Dreiklang (in Terzschichtung) bildest, und zwar mit diatonischen, das heißt mit leitereigenen Tönen. (siehe Seite 68 Dreiklänge). Schauen wir uns also die leitereigenen Akkorde der Tonart C-Dur einmal an:

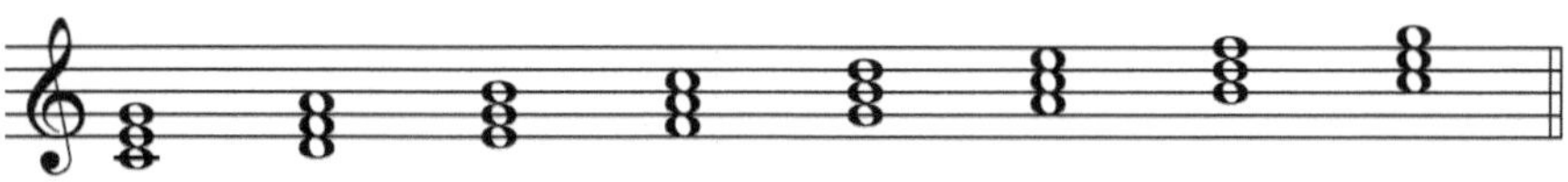

Wir untersuchen nun diese Dreiklänge auf ihr Tongeschlecht hin und finden drei verschiedene Akkordformen: drei Dur-Akkorde, drei Moll-Akkorde und einen verminderten Akkord.

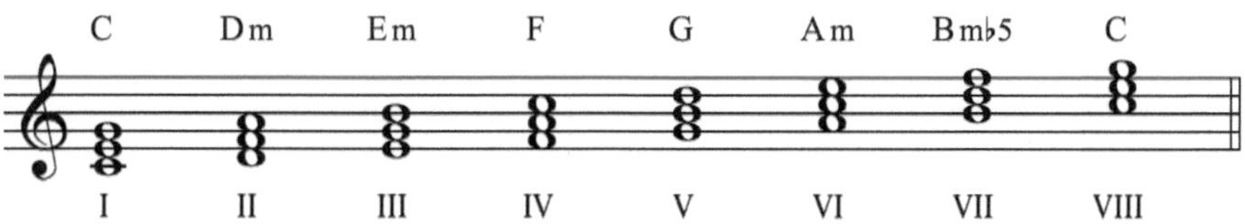

Die Dur-Akkorde werden als Hauptakkorde bezeichnet und die Moll-Akkorde als Nebenakkorde. Unter den Akkordnamen findest du als römische Ziffern, von I bis VIII, deren Stufenbezeichnung.

In der Stufentheorie der populären Musik ersetzen die römischen Ziffern den Grundton des Akkordes. Der römischen Zahl wird stattdessen die Abkürzung des Tongeschlechts bzw. des Akkordsymbols angehängt. (Außer bei Dur, da steht nur die Zahl)

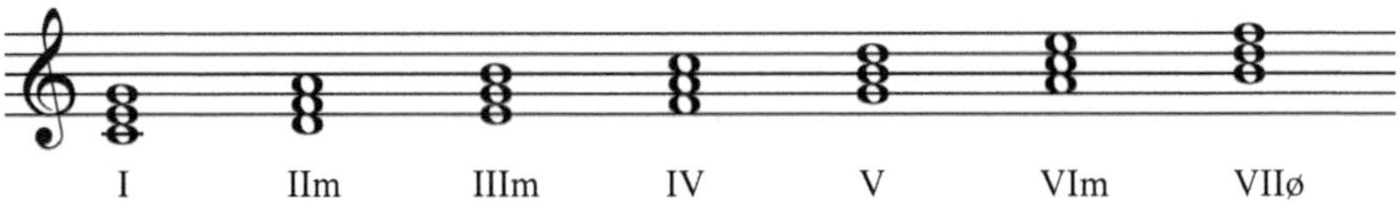

Man spricht nun von den sieben Stufenakkorden. IIIm beispielsweise bedeutet in C-Dur, dass es sich um einen Em-Dreiklang handelt.

[**Fakt -** Die Stufenbezeichnungen mit römischen Ziffern vereinfacht den Vergleich zwischen den Stufenakkorden aller zwölf Dur-Tonarten. Denn das Stufensystem

I - IIm - IIIm - IV - V - VIm - VIIm♭5 (VII°) - VIII

bleibt in allen zwölf Dur-Tonarten gleich, nur die Grundtöne ändern sich. Je nachdem, welche Tonart gewählt wird. Der Dreiklang der III. Stufe ist also in allen zwölf Dur-Tonarten ein Moll-Dreiklang.]

Die Modi der sieben Stufenakkorde

Modal

Modal ist ein lateinischer Begriff, der verschiedene Bedeutungen hat. Man könnte ihn für die Musik so übersetzen: „in einer bestimmten Art und Weise verfahrend". Wir sprechen in der Musik von modalen Tonleitern, modalen Akkordfolgen, es gibt sogar eine Stilrichtung, den Modal Jazz.

Modus

Den Begriff Modus beschreibt man am besten so: „der Zustand, in dem sich etwas befindet".

Nun stellt sich trotzdem die Frage - was hat das mit Musik zu tun?

Möglicherweise hast du die Begriffe: Modal, Modus oder Modi schon einmal gehört. Sie haben in der Musik eine lange Tradition und werden vor allem im Bereich Jazz häufig verwendet. Zuerst wollen wir dir die einzelnen Begriffe erklären.
Du kennst bisher die Stammtonreihe quasi als „Mutter" aller Tonleitern. Beginnt

man eine neue Tonleiter vom zweiten Ton der Stammtonreihe aus, bekommt man eine völlig andere Zusammensetzung der Tonschritte, wie du an den Halbtonschritten siehst. Es entsteht eine neue Tonleiter, erstellt aus dem Tonmaterial der Stammtonreihe.

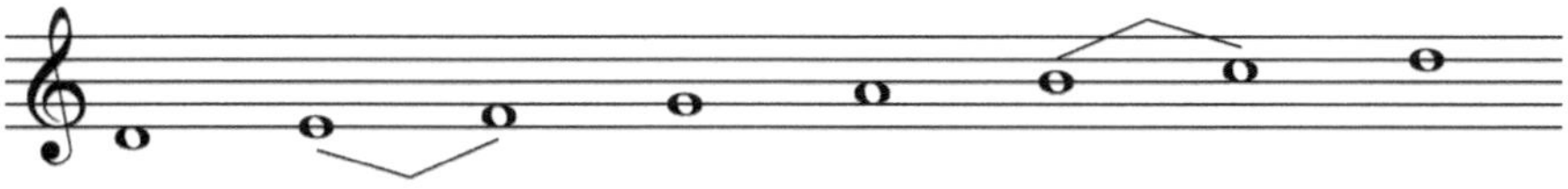

Wir untersuchen die neue Tonleiter. Es ist eine Moll-Tonleiter, so viel steht fest. Warum? Weil der Akkord auf der zweiten Stufe einer Durtonleiter ein Mollakkord ist. Der erste Halbtonschritt ist zwischen dem 2. und 3. Ton. Der zugehörige „Tonika-Akkord" ist Dm auf der jetzt neuen ersten Stufe. Wir verfahren also gerade nach einer „ganz bestimmten Art und Weise".

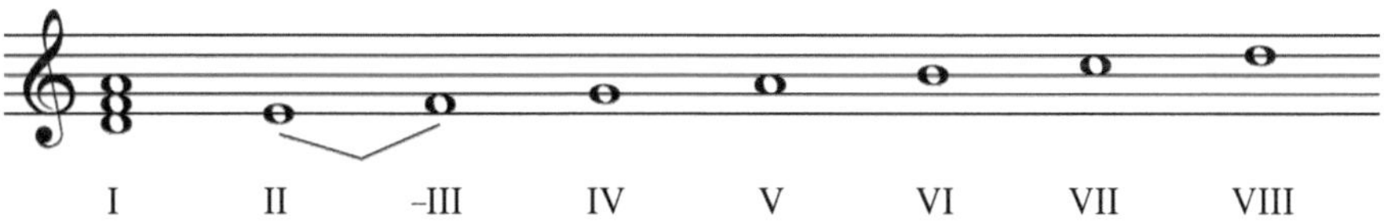

Du kannst jeden Ton der Stammtonreihe als Anfangston einer neuen Tonleiter verwenden. Alle Tonleitern, die so entstehen, nennt man modale Tonleitern oder kurz Modi (Mehrzahl von Modus).

Diese Modi haben in der Musik eine sehr lange Tradition, die bis ins Mittelalter zurückgeht. Damals (und auch heute noch) nannte man sie Kirchentonleitern oder Kirchentonarten. Warum das so war, wollen wir hier nicht weiter ausführen, weil es für unsere Verwendung nicht relevant ist. Wir begnügen uns mit der Tatsache, dass es sie gibt und wie man sie heute nennt.

Die Namen der modalen Tonleitern

Jede so entstehende Tonleiter hat einen eigenen Namen. Die alten Griechen haben diese Namen aufgrund ihrer Stimmung, die sie vermitteln, vergeben. Anhand der Stufen siehst Du, welcher Dreiklang über dem Ton stehen würde.

Ionisch - Dur-Tonleiter (Stammtonreihe)

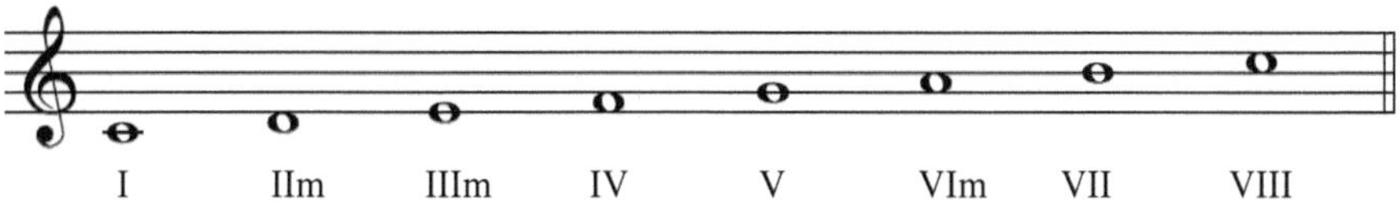

Dorisch - vom 2. Ton einer Dur-Tonleiter aus

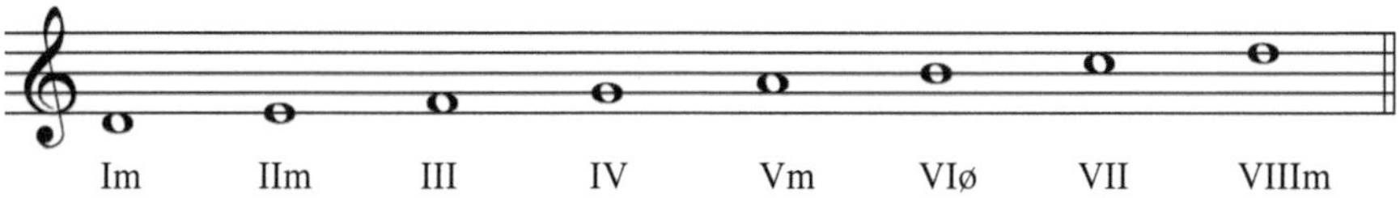

Phrygisch - vom 3. Ton einer Dur-Tonleiter aus

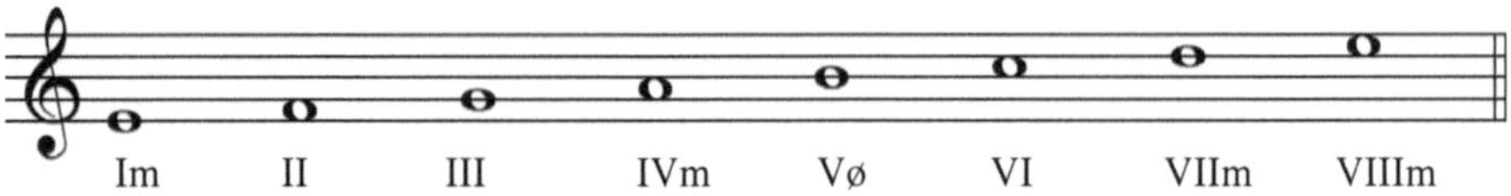

Lydisch - vom 4. Ton einer Dur-Tonleiter aus

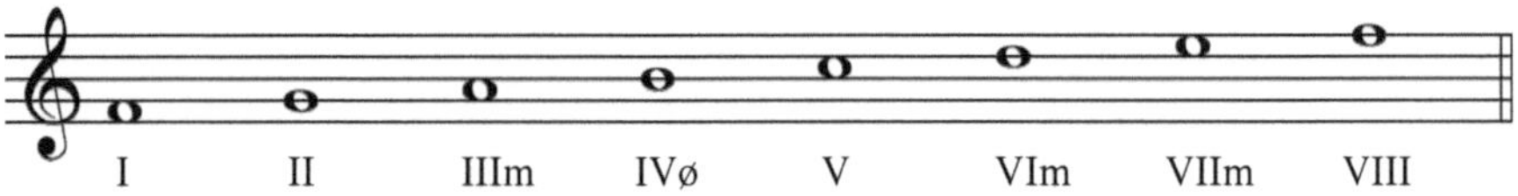

Mixolydisch - vom 5. Ton einer Dur-Tonleiter aus

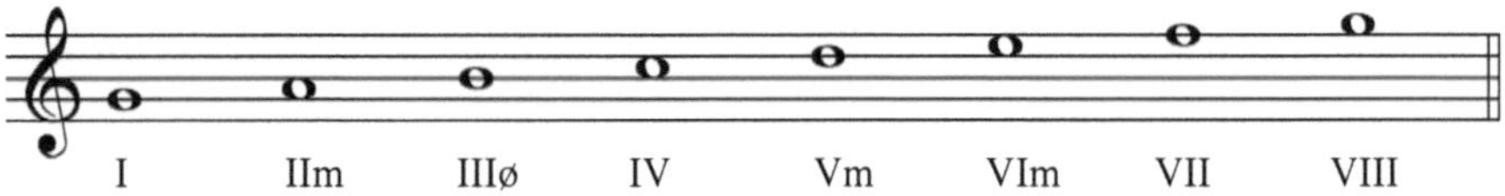

Äolisch - vom 6. Ton einer Dur-Tonleiter aus

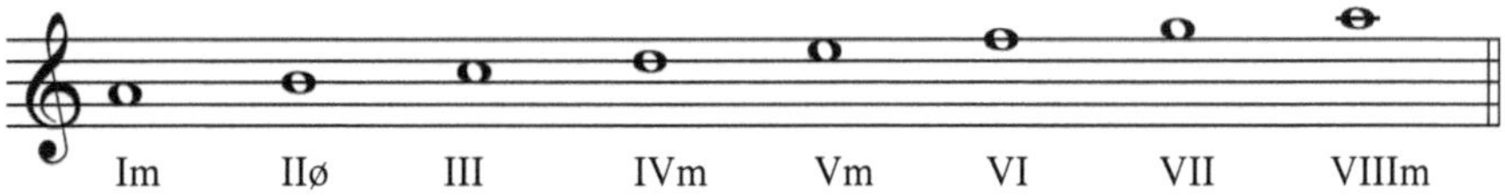

Lokrisch - vom 7. Ton einer Dur-Tonleiter aus

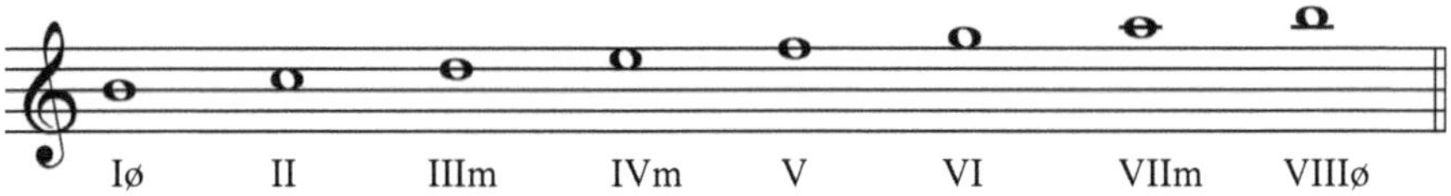

Als Nächstes werden wir den leitereigenen Dreiklängen in C-Dur die Modi aus C-Dur als Skala zuordnen.

Dreiklang	zugehörige Tonleiter
C-Dur	ionische Tonleiter
Dm	dorische Tonleiter
Em	phrygische Tonleiter
F-Dur	lydische Tonleiter
G-Dur	mixolydische Tonleiter
Am	aeolische Tonleiter
B°	lokrische Tonleiter

Leitereigene Vierklänge

Die Namen der sieben Modi gelten auch für Vierklänge und alle weiteren Akkorde in Terzschichtungen. Sie werden ebenfalls mit den römischen Ziffern I bis VIII bezeichnet und bilden folgendes Stufensystem, das wiederum für alle zwölf Dur-Tonarten gleich bleibt.

Imaj7 - IIm7 - IIIm7 - IVmaj7 - V7 - VIm7 - VIIm7♭5 (VII$^{\varnothing}$) - VIII/Imaj7

Was sind Tensions?

Tension ist englisch und heißt Spannung. In der Musik werden damit Töne bezeichnet, die nicht zum Vierklang eines Akkordes gehören, aber in der entsprechenden Tonleiter vorkommen. Wir wollen dir das am Beispiel der ionischen Skala demonstrieren.

Bezeichnungen der Tonleiterstufen

Zunächst bekommt jeder Ton einer Tonleiterstufe, ähnlich wie in der Stufentheorie, eine eigene Zahl. So lässt sich leicht und schnell der Abstand zu seinem Grundton erkennen. Die Tensions sind mit der Zahl über den Oktavraum hinaus angegeben.

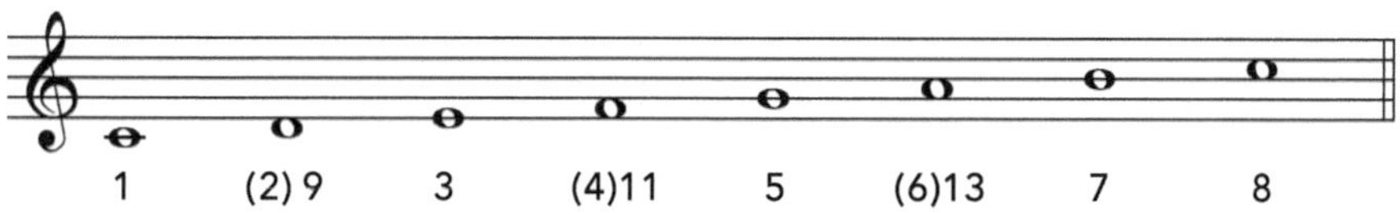

Intervalle können, wie du weißt, „groß", „klein", „vermindert", „übermäßig" oder „rein" sein. Die Regel lautet:

> Steht nur die Zahl unter der Note, ist das große oder das reine Intervall gemeint. Einzige Ausnahme ist die große Septime. Sie wird durch den Buchstaben j für Major ergänzt. Die kleine Septime dagegen bekommt die Zahl 7. Folglich wäre die richtige Darstellung der ionische Skala wie folgt:

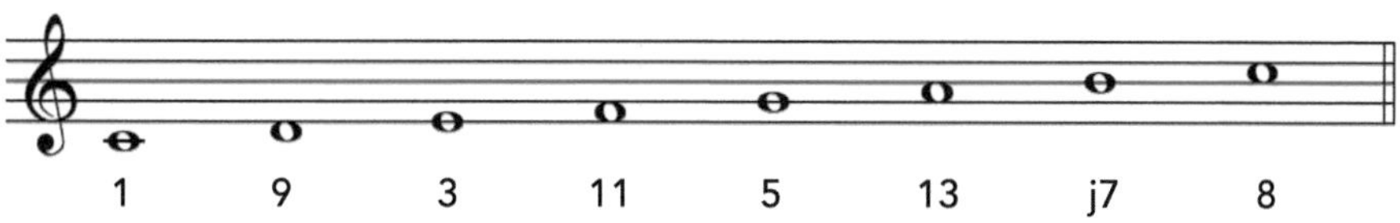

Um die Intervalle präzise angeben zu können, „versetzt" man die Zahlen mit einem ♭ und einem ♯ oder einem + und einem - Zeichen. Hier als Beispiel die dorische D-Moll-Tonleiter.

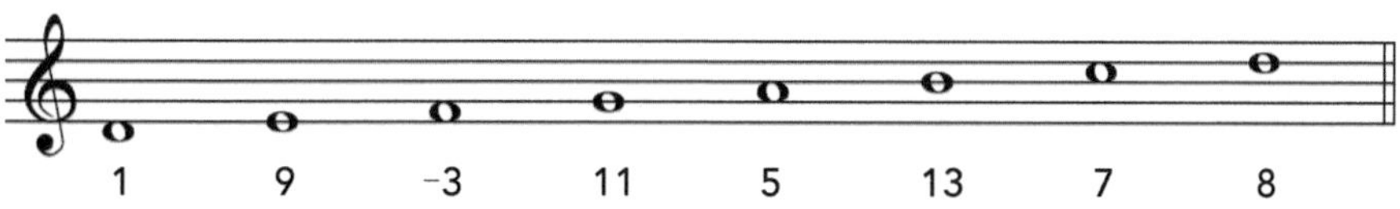

[**Fakt** - Wir verwenden für die kleine Terz die Ziffer -3, da sie ein fester Akkordbestandteil ist. Für alle anderen verwenden wir ♯ und ♭.]

Wie schon erwähnt, um die Töne, die nicht zum Vierklangs-Akkord gehören, von den Akkordtönen abzuheben, nimmt man für die Nummerierung die Intervall-Zahl. über die Oktave hinaus berechnet. Hier noch mal zum vergleichen die Tonleitern ionisch und äolisch mit korrekter Bezifferung.

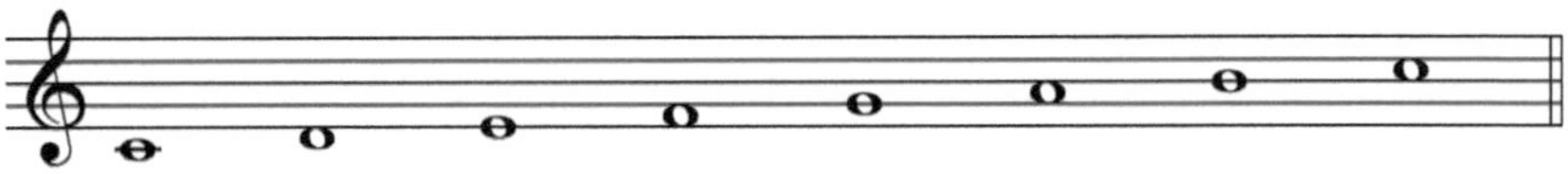

1 9 3 11 5 13 j7 8

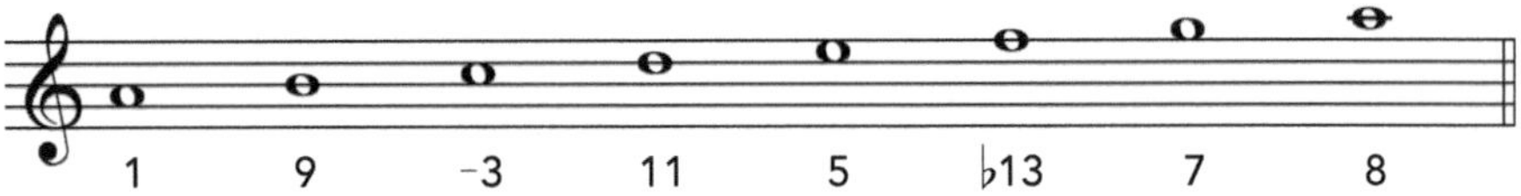

1 9 -3 11 5 ♭13 7 8

Ternsions sind: 9 = Sekunde
11 = Quarte
13 = Sexte

[**Fakt** - Mit dieser Methode können alle Akkordtöne und Tensions innerhalb einer Tonleiter präzise gekennzeichnet werden.]

Tensiontabelle

Die folgende Tabelle zeigt dir alle Tensions der sieben Modi (Kirchentonleitern) mit ihren Bezifferungen. Diese Tensions sind insofern wichtig, da sie uns den Unterschied zwischen den einzelnen Dur- und Moll-Akkorden zeigen. Auch die neuen Stufenbezeichnungen sind wichtig.

ionisch

I IIm IIIm IV V VIm VIIø VIII

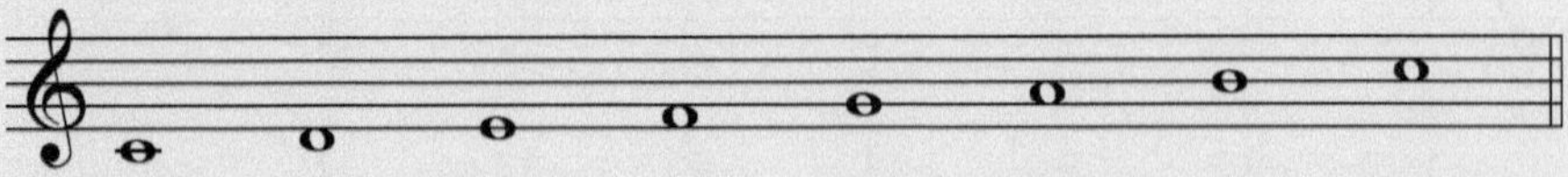

1 9 3 11 5 13 j7 8

dorisch

Im IIm III IV Vm VIø VII VIII

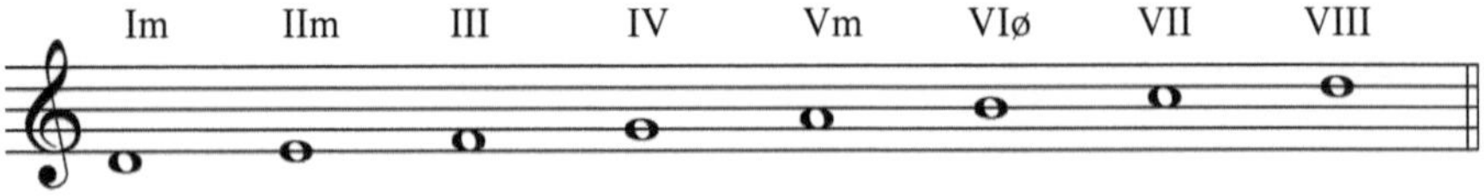

1 9 -3 11 5 13 7 8

phrygisch

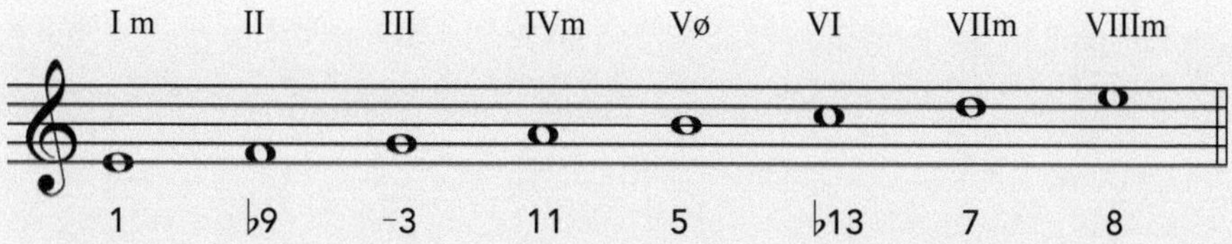

lydisch

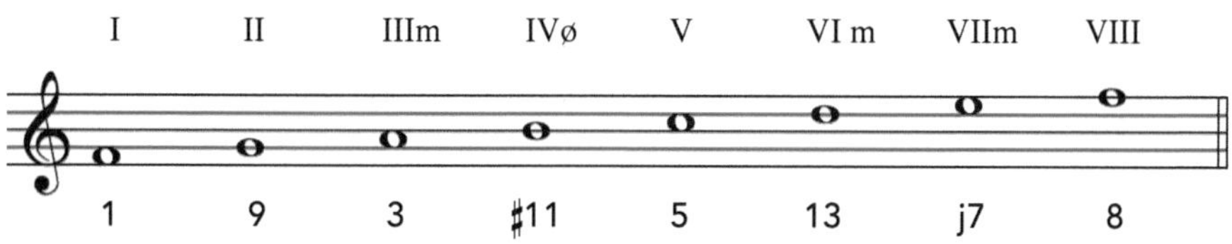

mixolydisch

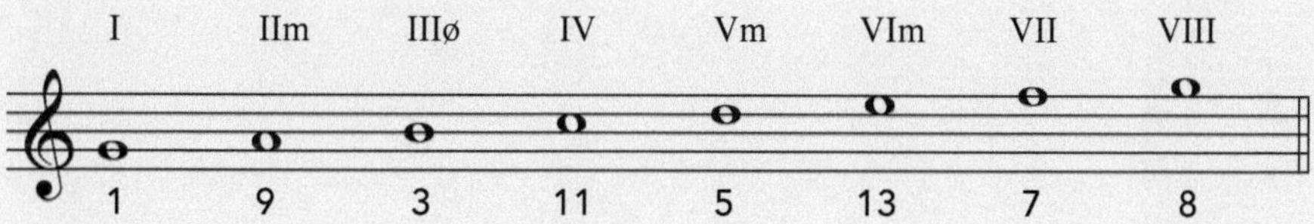

äolisch

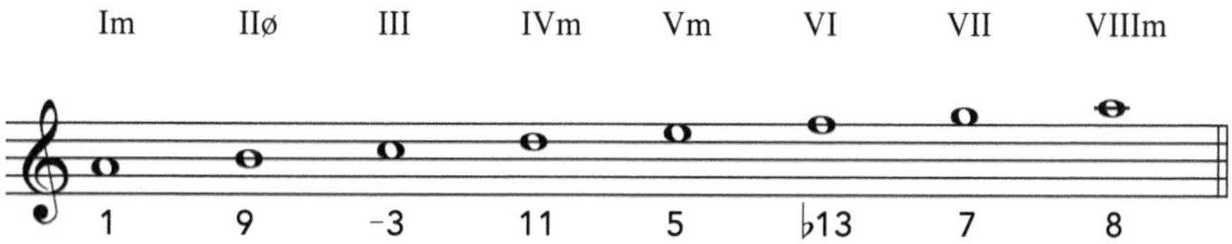

lokrisch

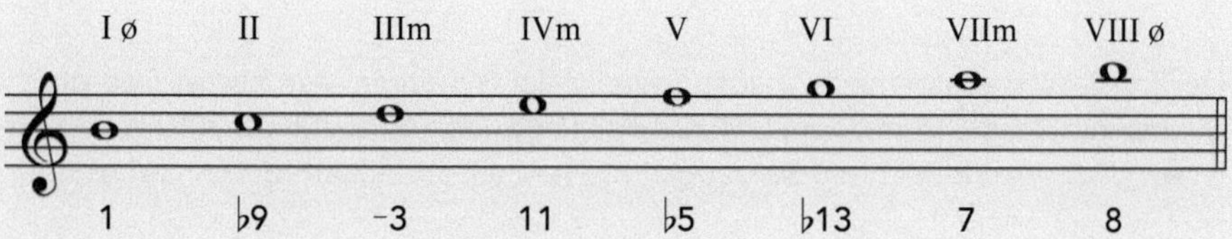

Was sind Avoid Notes?

Der Begriff „avoid note" wird oft fälschlicherweise als „verbotener Ton" übersetzt. Avoid ist englisch und heißt vermeiden. Avoid Notes sind also Töne, die unter bestimmten Umständen „vermieden" werden sollen. Dieses Gebot bezieht sich auf bestimmte Töne in: Melodien, Tonleitern und Akkorden.

Die Gründe dafür sind relativ einfach zu erklären:

1. Avoid Notes nehmen „etwas" vorweg oder besser gesagt, täuschen etwas vor, was an dieser Stelle (noch) nicht passieren sollte. Am häufigsten sind das Akkordfunktionen wie Tonika oder Dominante, die durch die Verwendung einer Avoid Note vorweggenommen werden.

Ein Beispiel: In der ionischen Skala C und im Tonika-Akkord C-Dur gilt der Ton F als Avoid Note. Schauen wir uns den C-Dur Vierklang Cmaj7 an. Er besteht aus:

C - E - G - B

Würdest du jetzt noch die Tension F dazu spielen, hätte der Tonika-Akkord zu viele Gemeinsamkeiten mit dem Dominant-Septakkord G7.

Cmaj7/11 = C - E - G - B - F   G7 = G - B - D - F

Typisch für ein Dominant-Septakkord ist das Tritonus-Intervall zwischen Terz und Septime. Beide Akkorde enthalten nun dieses Intervall.

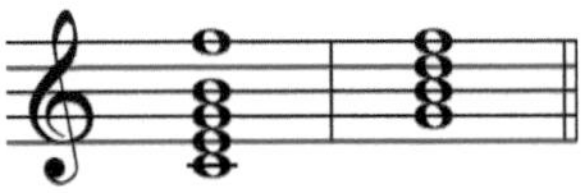

Ein Cmaj7/11 würde also die Dominant-Funktion von G7 vorwegnehmen.

Des Weiteren entsteht zwischen der Terz und der Undezime 3 - 11 ein ♭9 Intervall.

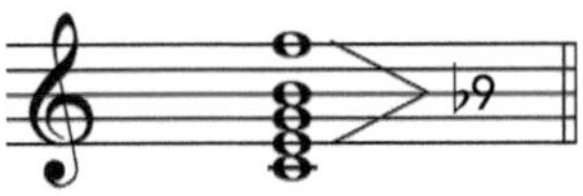

Der Ton F würde sofort nach Auflösung zu E oder G drängen. Am besten überprüfst du das selbst mit Gitarre oder Klavier. In den folgenden Abbildungen sind alle Avoid Notes (AN) gekennzeichnet. Sie haben jeweils einen andersfarbigen Hintergrund.

ionisch

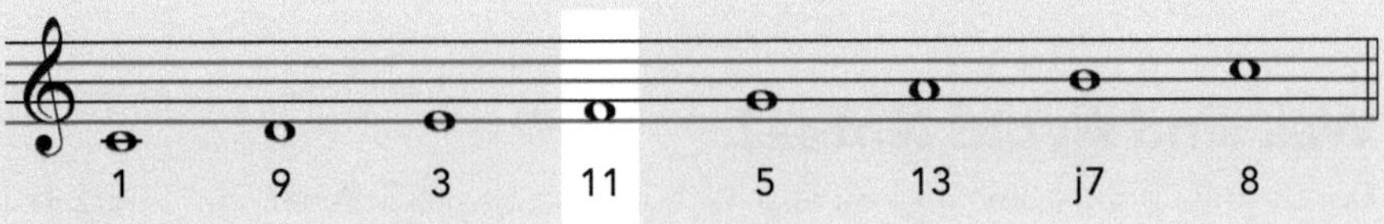

dorisch

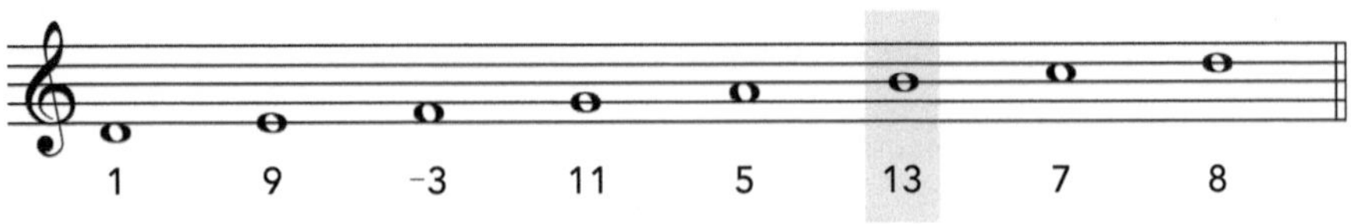

phrygisch

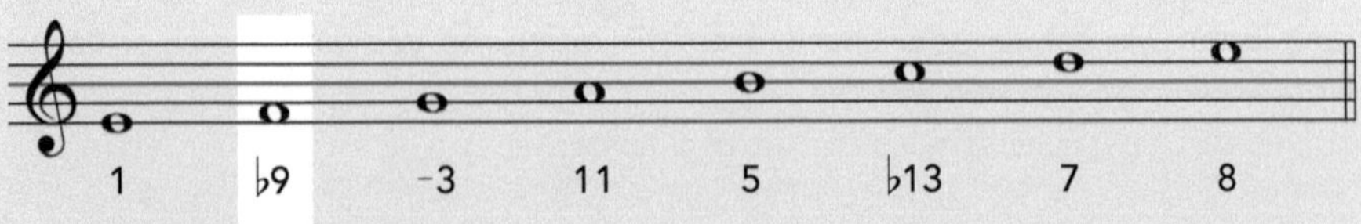

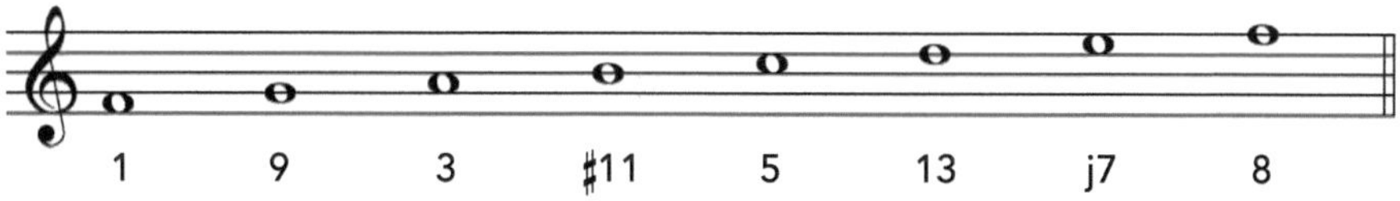

lydisch

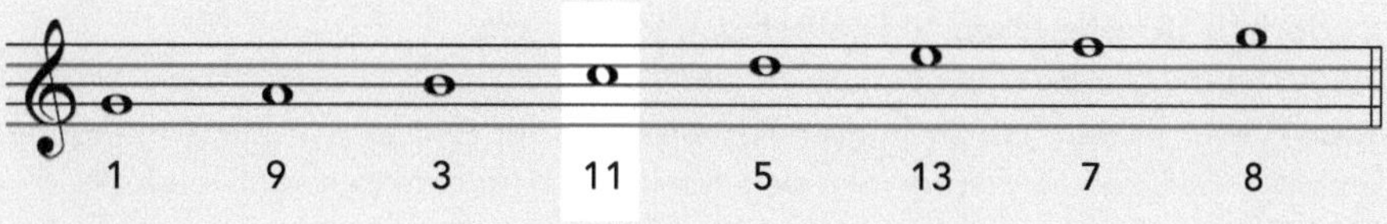

mixolydisch

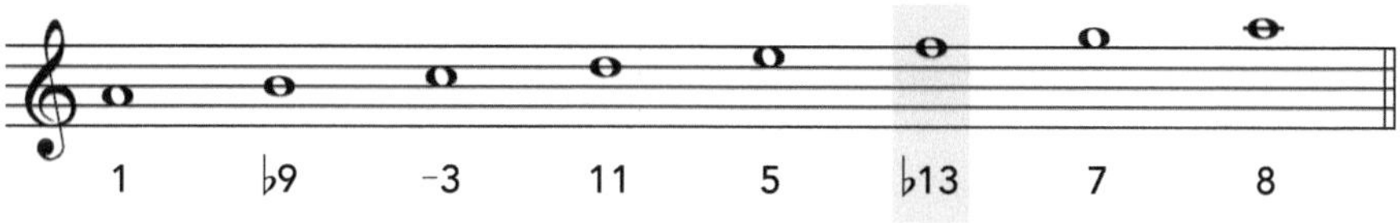

äeolisch

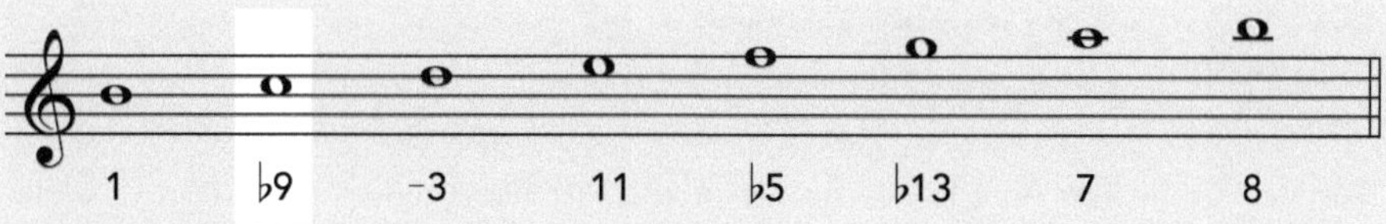

lokrisch

2. Avoid Notes bilden innerhalb eines Akkordes ein nicht erwünschtes, dissonantes Intervall. Fast jede Avoid Note ergibt ein ♭9 Intervall innerhalb eines Akkordes, welches nicht erwünscht ist.

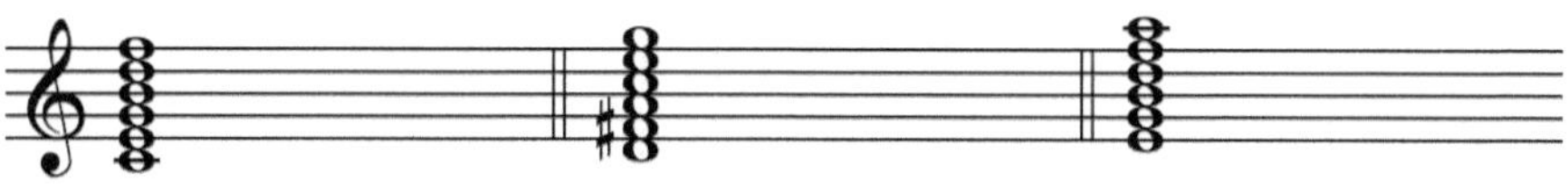

Tipp!
Spiele alle Avoid Notes zu dem jeweiligen Akkord und prüfe selbst, wie du diese empfindest. Das ist der beste Weg, diese „Verbote" zu verstehen und zu befolgen.

Was ist die Erkenntnis?

Wir sehen, dass es nicht nur einen maj7 Akkord, also den auf der Tonika, gibt, sondern einen weiteren auf der IV. Stufe. Die beiden Akkorde unterscheiden sich in der Tension 11. Der ionische Akkord hat die Tension 11, der lydische Akkord hat die Tension ♯11. Wozu ist das wichtig? Nur so kannst du Akkorde in einem Song zweifelsfrei bestimmen, wenn du darüber improvisieren willst oder wenn du eine Melodie dazu schreiben willst. Man nennt dieses Verfahren auch Analyse. (Siehe Seite 114.)

Die Molltonarten - Teil 2

Natürlich Moll - Parallele Moll-Tonart

Im Stufensystem einer Dur-Tonart (leitereigene Töne s.S 93) kennen wir vier Moll-Skalen:

II - dorisch, III - phrygisch, VI - äolisch und **VII lokrisch**

Jede dieser Skalen hat, bedingt durch die Lage der Halbtonschritte, ihre eigene melodische Qualität. Warum man sich nun letztlich für eine der vier Skalen als „die Moll-Tonart" entschieden hat, liegt vermutlich am Intervall-Abstand zwischen den Grundtönen.

Akkorde	Intervalle zwischen den Grundtönen
C zu Dm	große Sekunde bzw. kleine Septime
C zu Em	große Terz bzw. kleine Sexte
C zu Am	große Sexte bzw. kleine Terz
C zu Bm♭5	kleine Sekunde bzw. große Septime

Der Moll-Grundton A liegt eine kleine Terz unterhalb vom Dur-Grundton C. Diese „Kleinterz-Verwandtschaft" nennt man auch Parallelität. A-Moll ist also die parallele Molltonart von C-Dur.

[**Fakt -** Beginnt man eine ionische Dur-Skala auf dem Ton der VI. Stufe, erhält man die Tonleiter der parallelen Moll-Tonart. Wie schon gesagt ist diese Tonleiter identisch mit der äolischen Skala.]

Stufenakkorde und Modi in Moll

Wie du weißt, beruhen harmonische Vorgänge nicht nur auf den Akkord-Funktionen, sondern eher auf der Intervall-Bewegung zwischen den Grundtönen. Folglich gilt auch in Natürlich Moll die Regel Tonika, Subdominante, Dominante sowie deren Nebenakkorde auf den anderen Stufen. Jedoch finden wir keine neuen Akkorde, es ändert sich lediglich die Reihenfolge der Akkorde aus der Dur-Tonart.

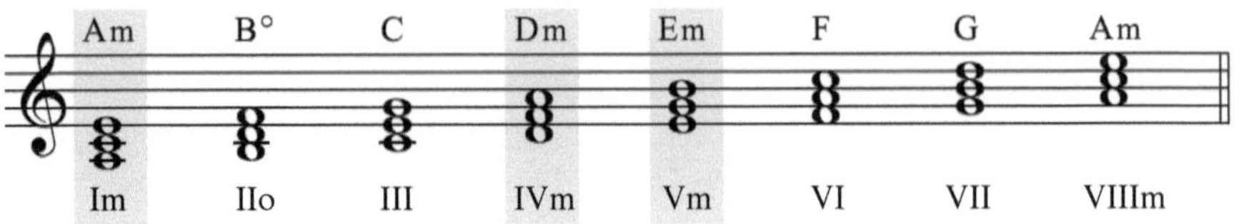

Wir sehen hier, dass die Grundtonverwandtschaft zwischen der I, IV und V Stufe wie in der parallelen Durtonart Quinten/Quarten sind.

Spielt man diese Akkordfolge stellt man fest, dass es zwar Ähnlichkeiten mit einer reinen Dur-Akkordfolge gibt, man vermisst jedoch die typische Spannung zwischen den einzelnen Akkorden. Es fehlt der Drang zurück zur Tonika.

Am	|	Dm	|	Em	|	Am
I		IV		V		I

Im Einzelnen: Die Bewegung zwischen Am und Dm geht noch einigermaßen durch.

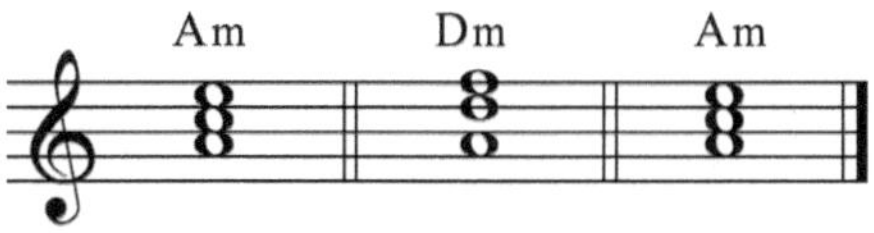

Was jedoch dem Akkord auf der V Stufe der vermeintlichen Dominante fehlt ist ein Leitton (Halbtonschritt), der zum Grundton A der Tonika zurückführt.

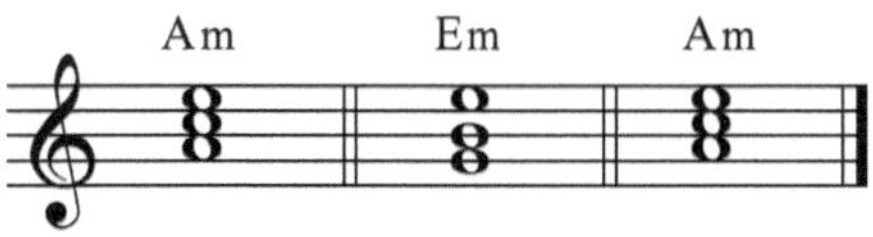

In unserem Fall wäre das der Ton G♯.

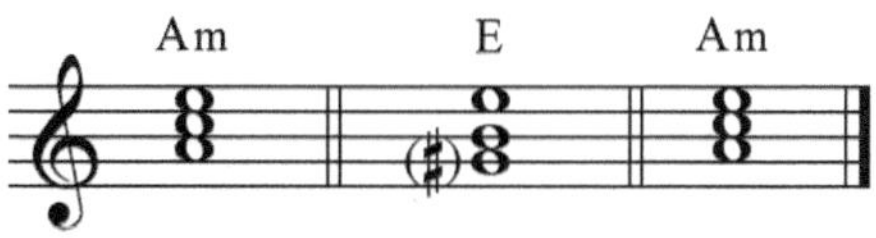

Harmonisch Moll

Aus diesem Grund hat man der natürlichen Moll-Tonleiter einen künstlichen Leitton zwischen dem 7. und 8. Ton hinzugefügt. Durch diesen Leitton wird aus dem Em-Akkord auf der V. Stufe ein E-Dur-Akkord, also eine „echte" Dominante. Vermutlich weil diese Tonleiter harmonisch besser funktionierte, nannte man sie die „harmonische" Moll-Tonleiter oder kurz harmonisch Moll (HM). Wird werden im weiteren Verlauf die Abkürzung HM verwenden.

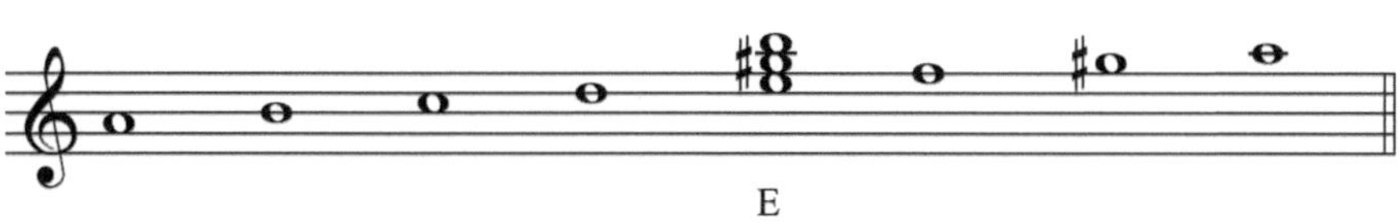

Durch die Erhöhung des Tons G zu Gis ergibt sich zwischen dem 6. und 7. Ton das Intervall einer übermäßig großen Sekunde.

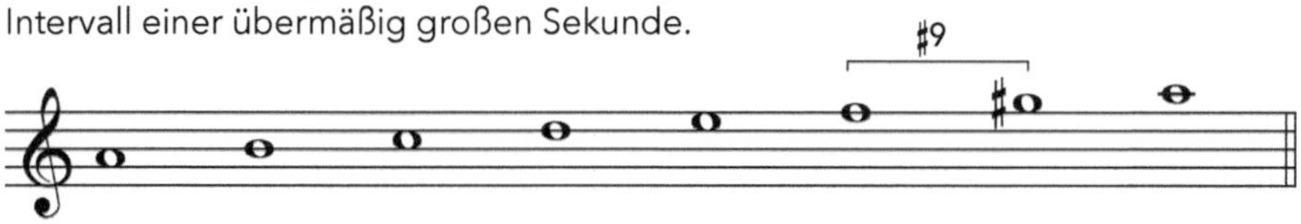

Weil dieser Tonschritt im Kontext merkwürdig klingt und außerdem schwer zu singen ist, wurde eine weitere Moll-Tonleiter „konstruiert".

Melodisch Moll

Um die übermäßig große Sekunde aufzulösen, wird zusätzlich noch die 6. Stufe um einen Halbtonschritt erhöht. Diese neue Tonleiter nannte man „melodisch" Moll (MM), weil sie im Gegensatz zu harmonisch Moll bessere melodische Eigenschaften hat.

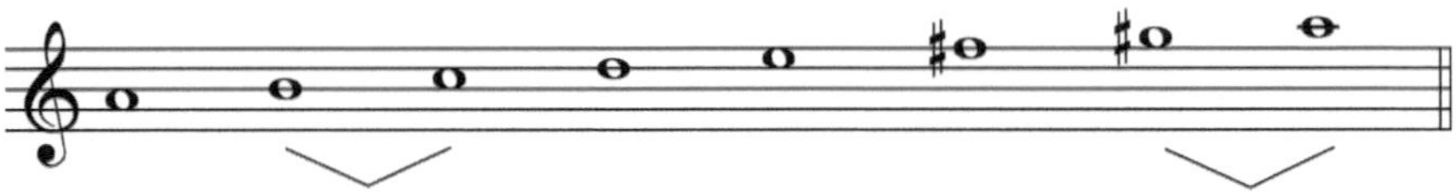

Randnotiz: Eine weitere Besonderheit von melodisch Moll sind die beiden Tetrachorde. Der 1. Tetrachord steht in Moll und der 2. Tetrachord in Dur. Somit unterscheidet sie sich A Melodisch Moll nur durch die kleine Terz von der Tonart A-Dur.

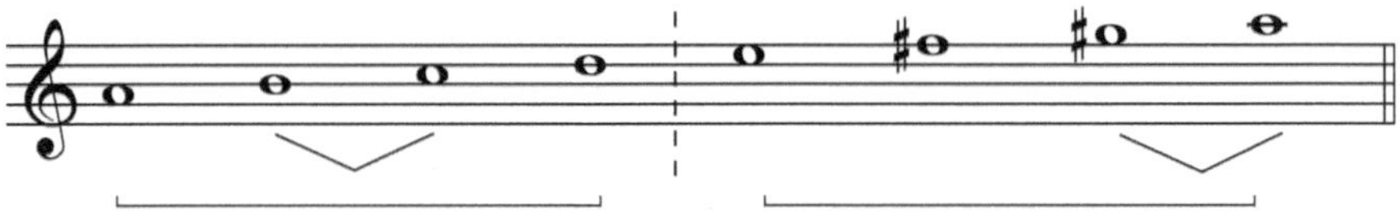

Moll Tetrachord

In der traditionellen Harmonielehre wird die Erhöhung der 6. und 7. Stufe in der Abwärtsbewegung wieder aufgelöst, eine Regel, die in der populären Musik weniger eingehalten wird. Dennoch, im Song Yesterday der Beatles ist die Anfangsmelodie nach dem Auftakt aufwärts in harmonisch Moll und abwärts in natürlich Moll.

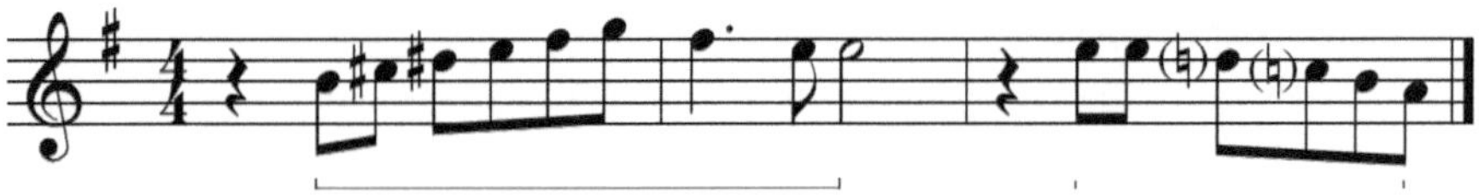

E melodisch Moll E harmonisch Moll

Leitereigene Akkorde der Moll-Tonarten

Für die leitereigenen Akkorde in Moll bilden wir diesmal direkt Vierklänge, um die Funktionen besser unterscheiden zu können. Wie du schon weißt, ergeben sich für Natürlich Moll keine neuen Akkorde, da die Töne identisch mit denen der parallelen Dur-Tonart sind.

Leitereigene Akkorde in harmonisch Moll

Interessant wird es allerdings bei der harmonisch Moll-Tonleiter. Durch den Leitton auf der 7. Stufe ergeben sich eine Reihe sehr ausgefallener Akkorde.

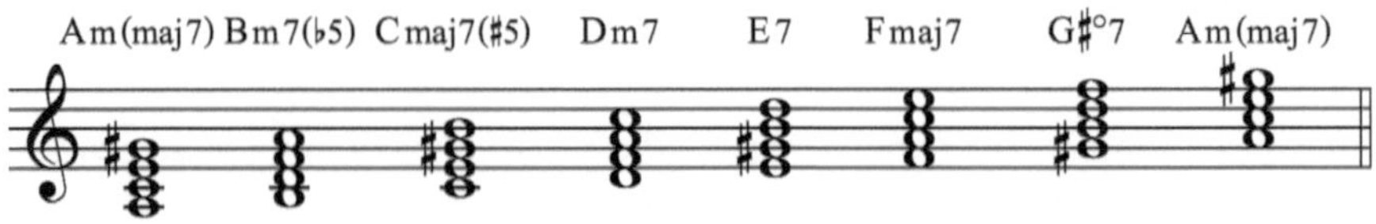

Wie du siehst, bekommen wir auf der 5. Stufe eine „echte" Dominante in Form eines Dominantseptakkordes.

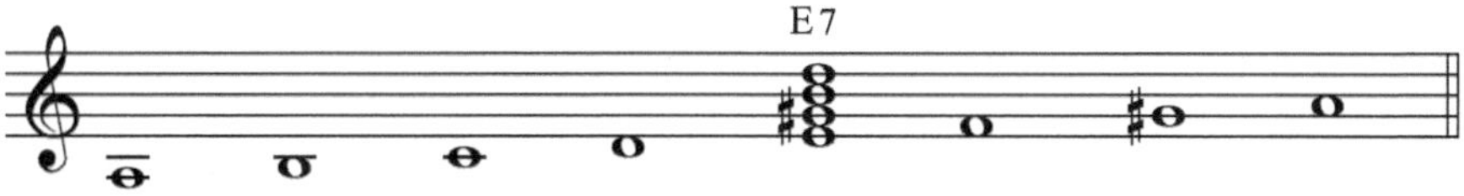

Zwei maj7 Akkorde auf der III und VI. Stufe.

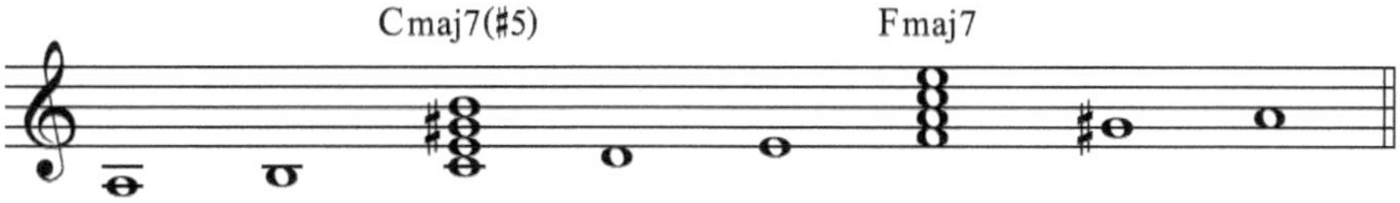

Auf der VII. Stufe erhalten wir einen Akkord, der nur aus kleinen Terzen besteht, also einen verminderten Septakkord. Denkt man sich einen Grundton unterhalb des G♯, bekommt man einen E7/9. G♯°7 ist also die Dominante ohne Grundton. Als solcher wird der Akkord G♯°7 auch eingesetzt - als Ersatz für E7. Man nennt das verkürzte Dominante.

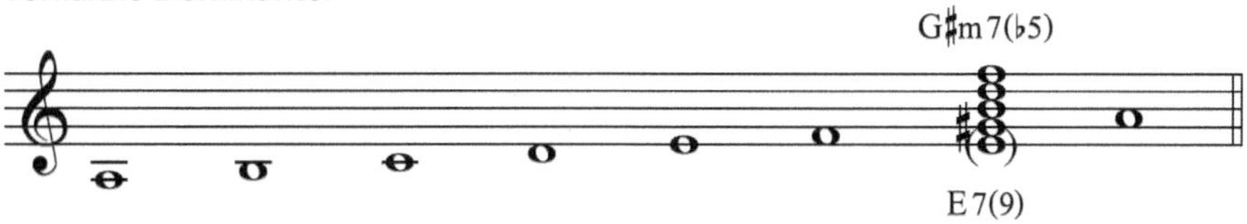

Als Tonika bekommen wir einen Moll-major7 Akkord.

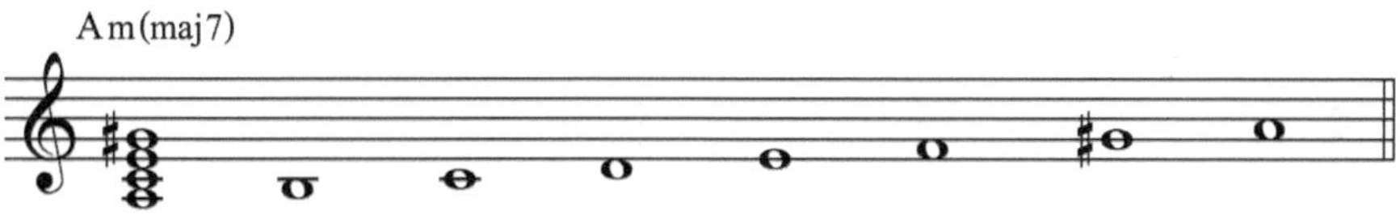

Leitereigene Akkorde in melodisch Moll

Auch in melodisch Moll entstehen durch die zusätzliche erhöhte 6.Stufe neue, sehr interessante Akkorde.

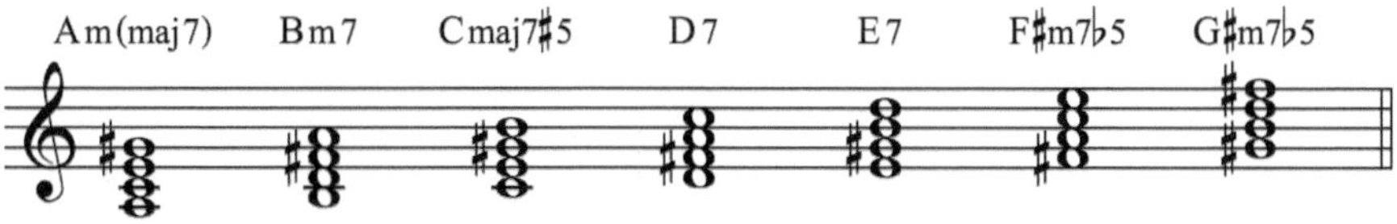

Als Tonika bekommen wir erneut einen Moll-Major7-Akkord

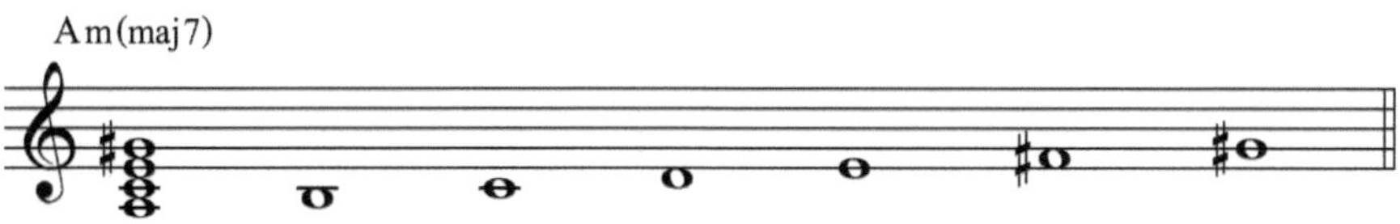

Auf der 6. und 7. Stufe entstehen zwei halbverminderte Akkorde bzw. verkürzte Dominanten D7/9 und E7/9.

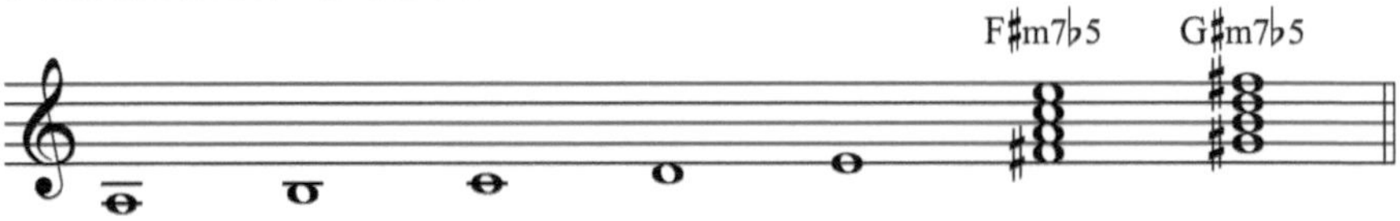

Insgesamt bekommen wir drei Durakkorde, zwei Dominantseptakkorde auf den Stufen 4 und 5 sowie den übermäßigen Majorakkord auf der 3. Stufe. Den hatten wir auch schon in Harmonisch Moll

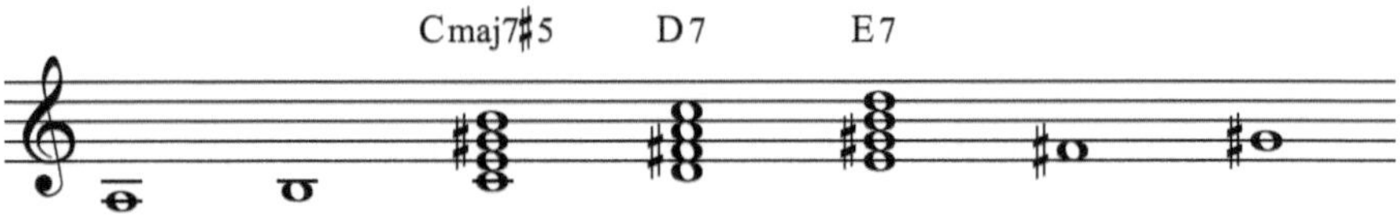

Auf der zweiten Stufe bekommen wir quasi einen dorischen Akkord in Form eines Mollseptakkordes.

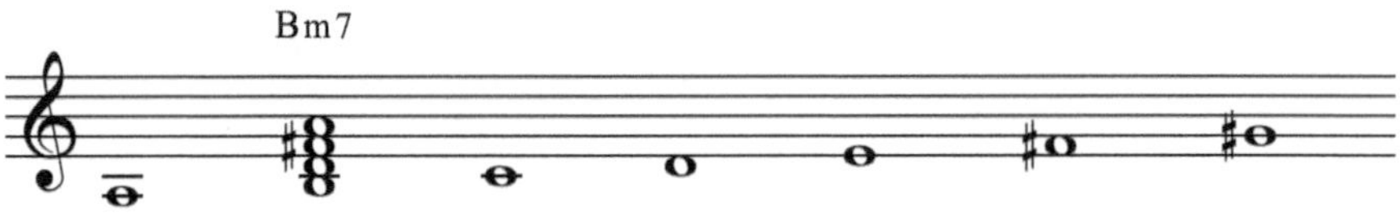

Die Modi der Molltonarten

Durch die erhöhten Stufen der Tonarten harmonisch Moll und melodisch Moll bekommen wir nicht nur neue Akkorde, sondern auch neue Akkordskalen (Modi). Am wichtigsten für uns ist die jeweilige Dominantskala auf der V. Stufe. Wir werden aber auch die anderen Modi genau anschauen.

Für die Namensgebung der Modi einer Molltonart orientiert man sich im internationalen Sprachgebrauch an den Namen bekannten Kirchentonarten sofern dies möglich bzw. sinnvoll ist.

Die Abweichung, die sich ergeben, werden dem jeweiligen Namen als Intervallzahlen hinzugefügt. Zum Beispiel: dorisch ♭13

Im deutschen Sprachgebrauch neigt man dazu die Skalen der Reihe nach durchzunummerieren und dann mit den Abkürzungen MM (melodisch Moll) und HM (harmonisch Moll) zu versehen. Zum Beispiel: MM 1, MM2 etc.

[**Fakt -** Beide Methoden sind in Ordnung. Wir raten dir aber dennoch, die internationale Methode zu lernen.]

Die Modi von harmonisch Moll

HM 1 - Harmonisch Moll

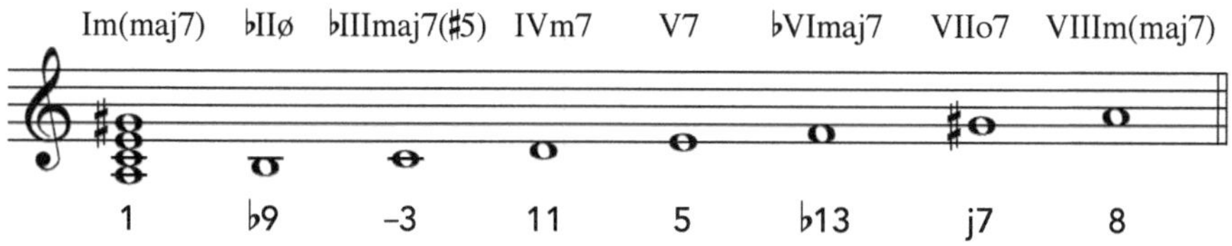

HM 2 - Lokrisch 13

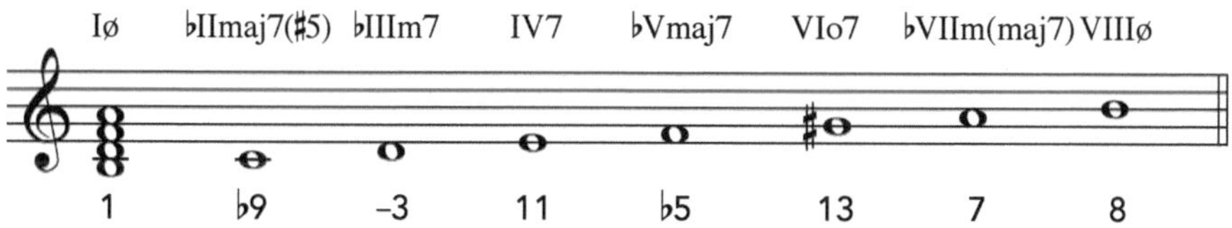

HM 3 - Ionisch ♯5

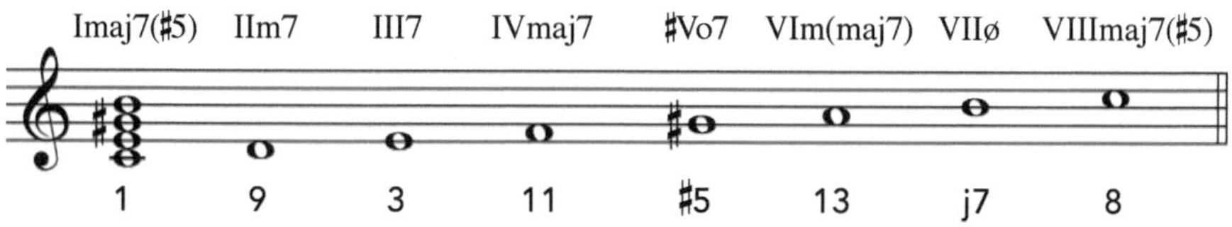

HM 4 - Dorisch ♯11

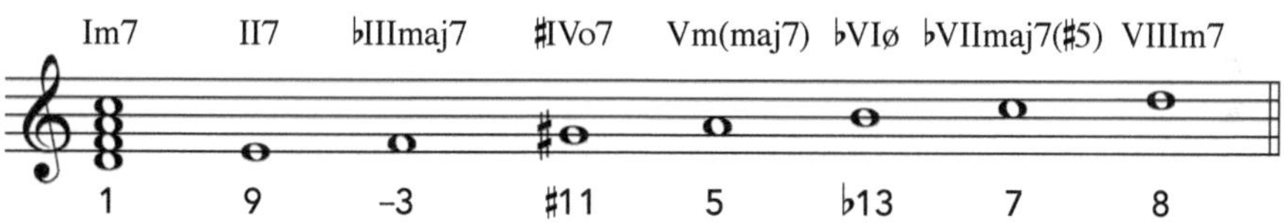

HM 5 - Mixolydisch ♭9 ♭13

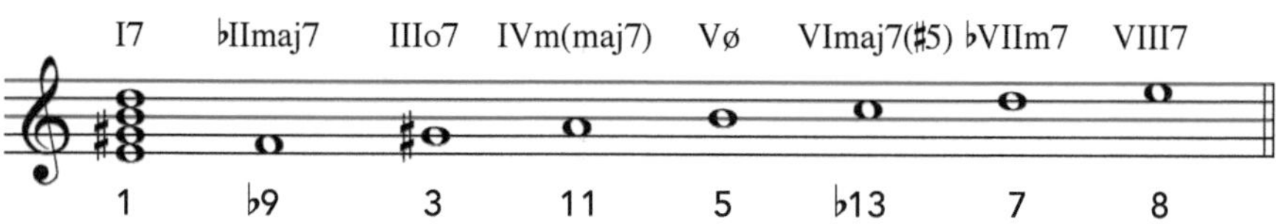

HM 6 - Lydisch ♯9

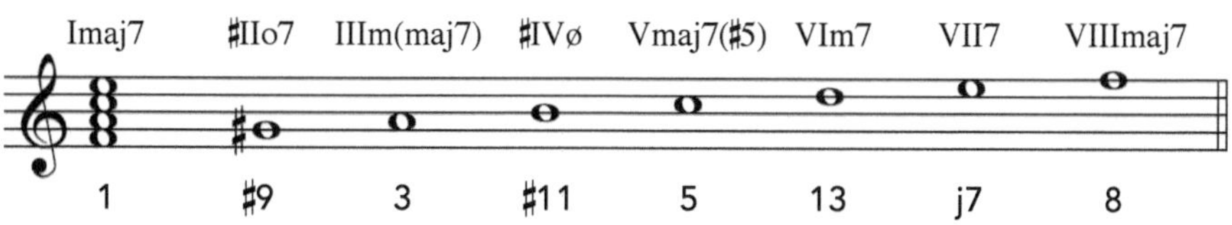

HM 7 - Diminished ♭9 ♭11 ♭13

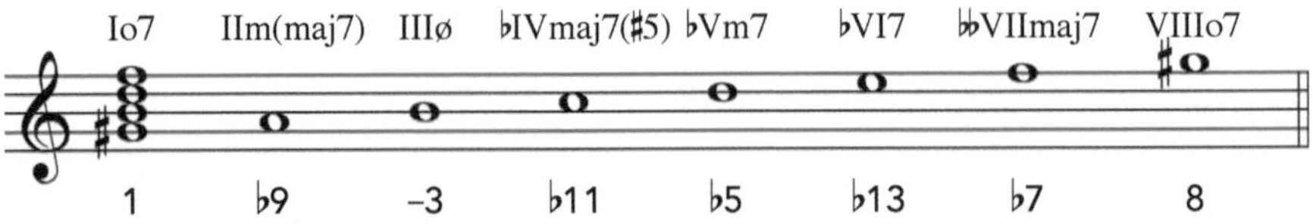

Modi von melodisch Moll

MM 1 - Melodisch Moll

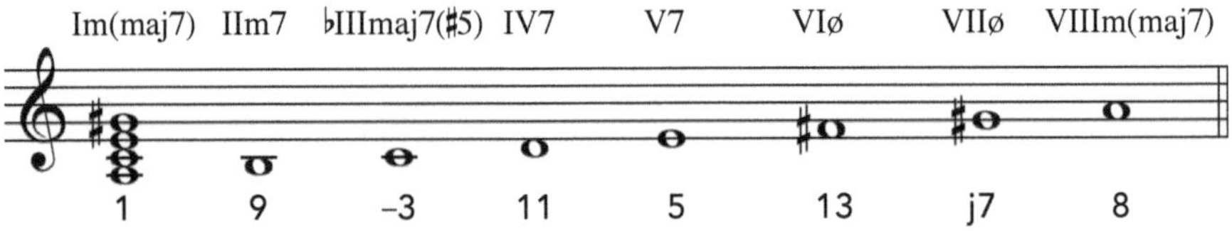

MM 2 - Dorisch ♭9

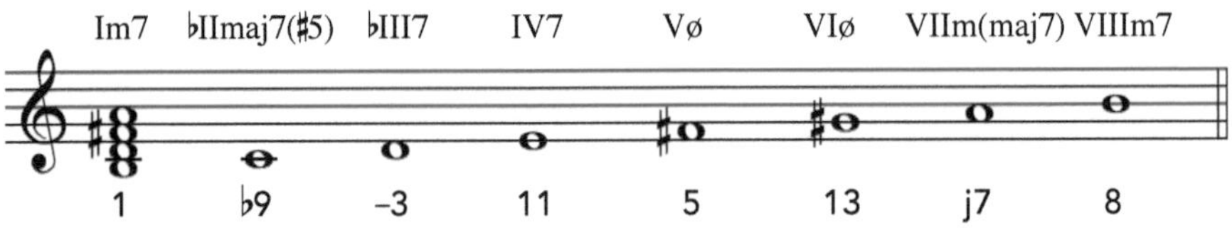

MM 3 - Lydisch ♯5

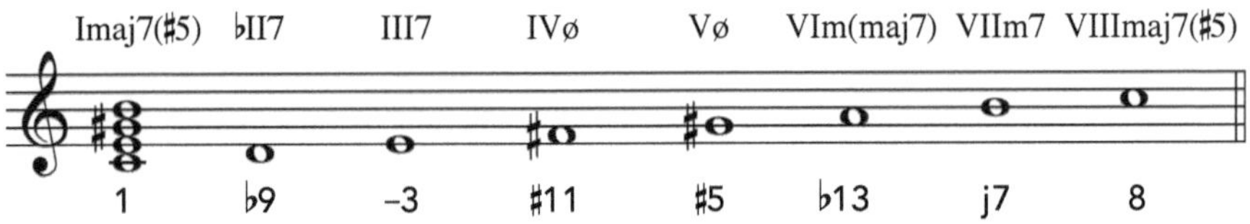

MM 4 - Mixolydisch ♯11 oder Lydisch ♭7

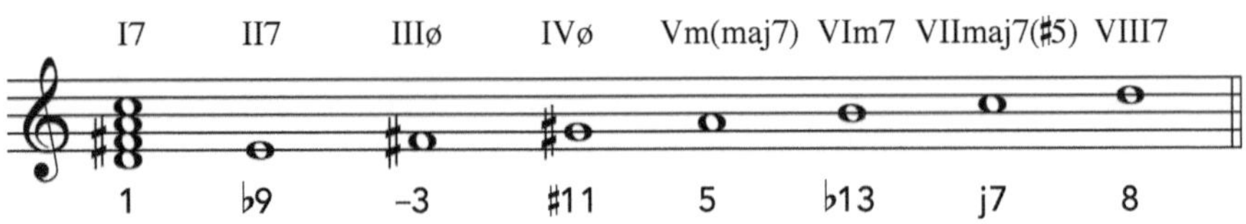

MM 5 - Mixolydisch ♭13

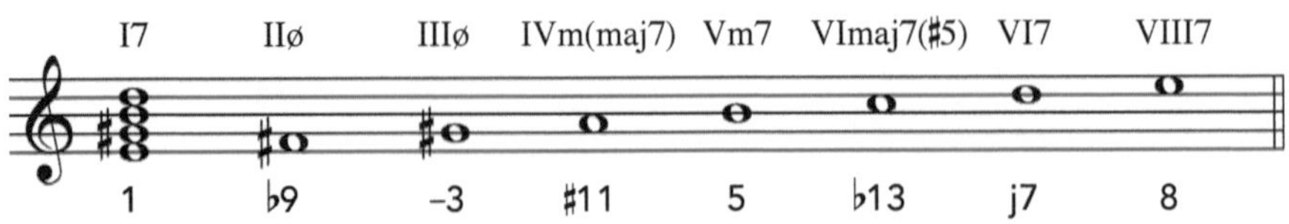

MM 6 - Superlokrisch 9

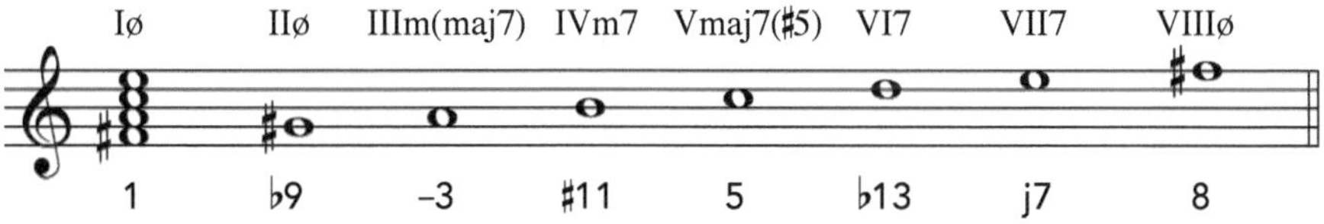

MM 7 - Alteriert

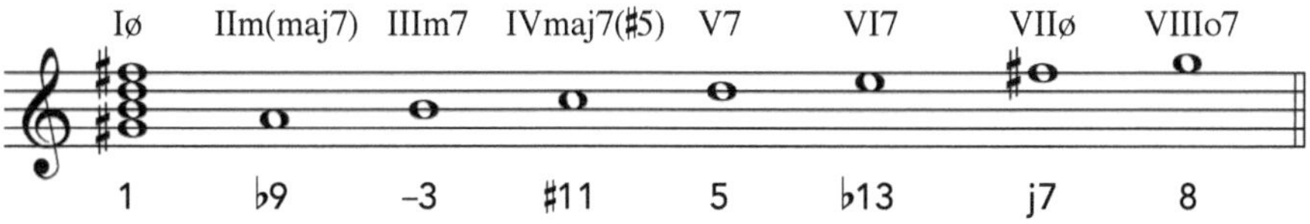

Interessant ist der Akkord auf der 7. Stufe. Er kann sowohl als Moll- wie auch als Dur-Akkord gesehen werden. In Terzschichtung ergibt sich der Moll-Akkord:

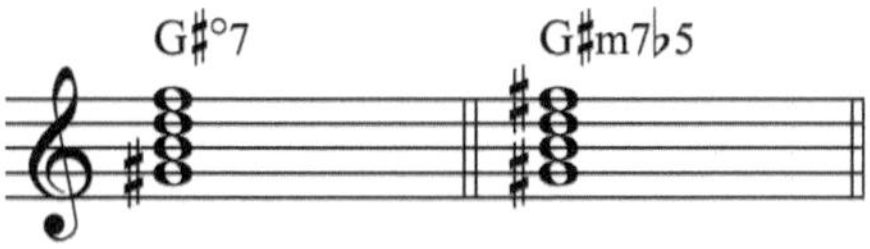

Deutet man den Ton C enharmonisch um in B♯ bekommt man die folgenden Akkorde:

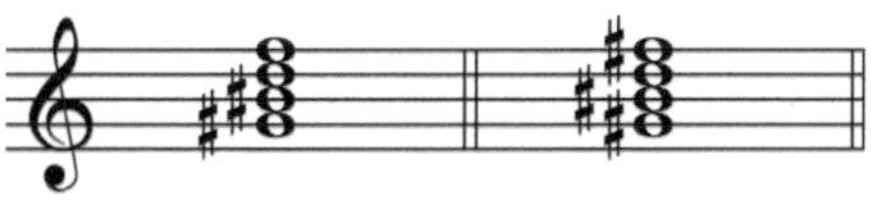

Fakt: Auch wenn die Akkorde und die zugehörigen Tonleitern auf den ersten Blick interessant und ausgefallen scheinen, finden sie in der Praxis der Rock- und Popmusik doch eher selten Anwendung.

Eine typische Mollkadenz besteht in der Regel aus einer Mischung dieser drei Akkorde:

Dm7♭5	G7♭9	Cm7
Lokrisch	HM5	Äolisch

In Musikstilen wie Jazz, Fusion, Funk und auch in modernen Bluesstilen finden sich dennoch einige der Moll Modi wieder. Besonders die Skala MM 7 wird als sogenannte alterierte Skala für verschiedene Dominantakkorde verwendet.
Da sich eine eindeutige Moll-Tonart nur selten identifizieren lässt, können die Modi je nach Tonart und Situation variieren. Hier hilft nur eine Analyse des jeweiligen Songs.

Secondary Dominants - Zwischendominanten

Secondary Dominants oder zu deutsch Zwischendominanten sind Dominant-Septakkorde, die nicht zur ursprünglichen Tonart gehören, sich aber zu einer diatonischen Tonstufe hin auflösen.

Beispiel: **Cmaj7 | Am7 | D7 | G7 || Cmaj7**

Hinweis: Eine Zwischendominante oder Secondary Dominant muss nicht unbedingt ein Septakkord sein. In der Populären Musik werden auch Dreiklänge als Secondary Dominants verwendet, obwohl ein Dreiklang keine „echte" Dominante ist, weil ihm der charakteristische Tritonus des Dominantseptakkordes fehlt. Die Spannung resultiert hier aus dem Quintfall zwischen den Grundtönen.

Hier ist eine Tabelle mit allen Zwischendominanten, die zu einer der sieben Tonstufen in C-Dur hinführen.

Tonstufen	I	II	III	IV	V	VI	VII
Zwischendominanten	F7	A7	H7	C7	D7	E7	F♯7
Akkorde von C-Dur	C	Dm	Em	F	G	Am	Bm♭5

Ausnahme ist der Akkord auf der VII. Stufe. Den Grund verstehst du, wenn du dir die Regeln für Zwischendominanten (Secondary Dominants) ansiehst:

> Der Grundton einer Zwischendominante muss diatonisch sein, also in der ursprünglichen Tonart vorkommen. Das ist beim Akkord F♯7 nicht der Fall.

> Die Akkordfunktion der Zwischendominanten (Secondary Dominants) dagegen ist nicht diatonisch.

> Zwischendominanten (Secondary Dominants) lösen sich durch Quintfall zu einer diatonischen Stufe der Tonart hin auf. Diese Stufe kann für einen kurzen Moment als eine Art Tonika betrachtet werden. Man nennt das „Key of the moment".

Zwischendominanten und ihre Moll-Verwandtschaft

Zwischendominanten können auch gemeinsam mit ihren verwandten Akkorden vorkommen. Sie bringen diese gewissermaßen aus ihren Primärtonarten mit. Am häufigsten ist das die II. Stufe. Hier ein paar Beispiele.

C		D7	G7	C			
C	Am	D7	G7	C			
C		E7	Am	D7	G7	C	
C	Bm7	E7	Am	D7	G7	C	
C		Em	A7	D7	G	C	

Löst sich die Zwischendominante zu einem diatonischen Moll-Akkord hin auf, kannst du auch (den für Moll-Tonarten üblichen) IIm7♭5 (IIm^ø) Akkord als II. Stufe verwenden.

C	Bm7♭5	E7	Am	Dm	G	C
C		Em7♭5	A7	Dm	G	C

[**Fakt** - Grundvoraussetzung für das Verwendung von Zwischendominanten ist es, dass die Akkordtöne mit den Tönen der Melodie übereinstimmen oder zumindest nicht in Konflikt kommen.]

Bezeichnungen für Zwischendominanten
Da eine Zwischendominante nicht zur ursprünglichen Tonart gehört, greift keine der bekannte Bezeichnungen wie Subdominante oder Tonika. Sicher ist aber, dass es sich um eine Dominante handelt, aber eben nicht um die Diatonische.
Es hat sich bewährt, die Dinge beim Namen zu nennen.

Beispiel: Cmaj7 | A7 | D7 | G7 || Cmaj7

Wir sind in C-Dur. Der Akkord A7 ist also eine Zwischendominante, die zur zweiten Stufe Dm führt. Eine fünfte Stufe löst sich zu einer zweiten Stufe hin auf.
Man schreibt also V/II und spricht es „Fünf von der Zwei". Diese Methode verwendet man für alle Zwischendominanten und ihren Zielakkorden. Ab Seite 114 beim Thema Analysen lernst du weitere Bezeichnungen kennen.

Die Skalen der Zwischendominanten

Zwischendominanten verwendest du in der Regel, um Akkordfolgen zusätzliche Spannung zu geben, manchmal um eine neue stilistische Richtung einzuschlagen oder um einzelne Melodietöne mit einem „fremden Akkorden" reizvoll zu harmonisieren. Um das optimal und fehlerfrei auszuführen musst du über die Tonleitern der Zwischendominanten bescheid wissen. Wir zeigen dir jetzt, wie du diese Tonleitern findest bzw. herleiten kannst. Am einfachsten wäre es natürlich jedem Dominant Akkord eine mixolydische Skala zuzuweisen. In der Praxis funktioniert das aber nicht. Der Grund ist folgender:

Eine nichtdiatonische Dominante würde mit ihrer mixolydischen Skala zu viel „fremdes" Tonmaterial in die Tonart mitbringen. Nehmen wir als Beispiel die V/VI (Fünf von der Sechs) in C-Dur, also E7 der zu Am führt. Vergleichen wir E7-mixolydisch mit Am-äolisch stellen wir fest, dass E7 insgesamt drei fremde Töne mitbringt.

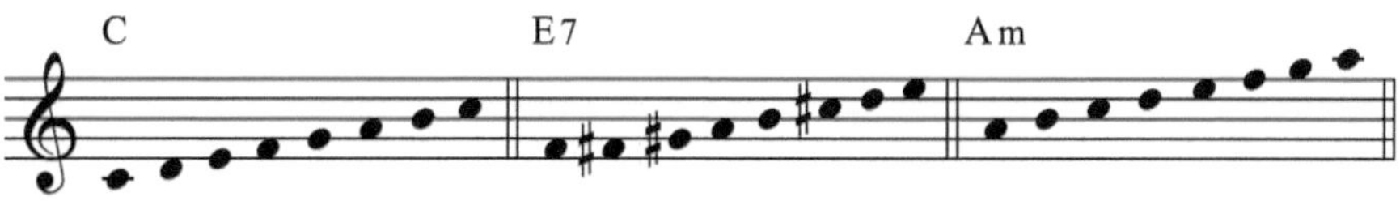

Am-äolisch	A	B	C	D	E	F	G	A
E7-mixolydisch	E	F♯	G♯	A	B	C♯	D	E

Der einzige akzeptable, weil notwendige Fremd-Ton wäre das G♯. Er ist die große Terz in E7, muss also gespielt werden.

Die folgenden Schritte zeigen Dir, wie du die richtige Dominantskala für eine Zwischendominante findest. Wir bleiben in der Tonart C-Dur und wählen A7 als V/ II - A7 -> Dm.

1. Als Erstes bestimmst du die vier Akkordtöne des Akkordes, den du verwenden möchtest. Diese Töne müssen in der künftigen Skala in jedem Fall vorkommen.

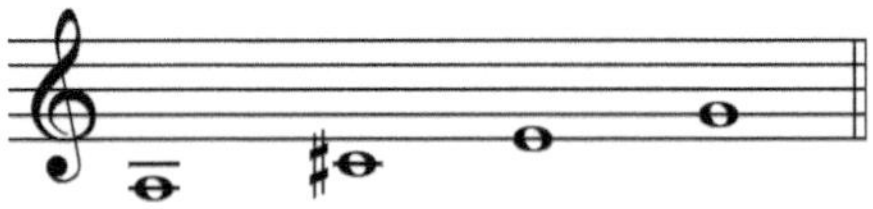

2. Um nun die Tonleiter zu vervollständigen „füllst" du die Lücken zwischen den Akkordtönen mit Tonmaterial aus der Ausgangs-Tonart (also C-Dur) auf.

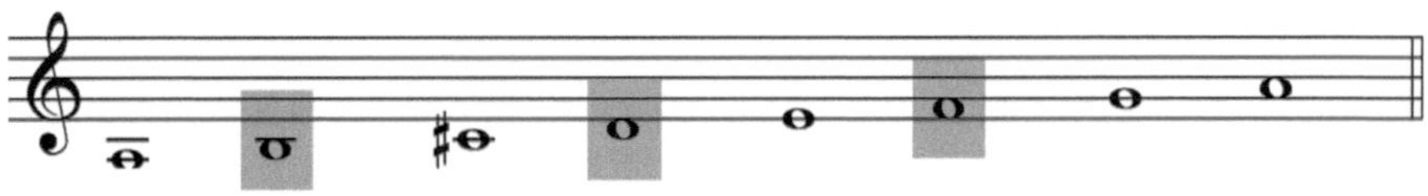

Die Tonleiter bekommt acht Töne. Um sie exakt benennen zu können, untersuchen wir die „neuen" Tensions B C D F auf ihren Intervall-Abstand zum Grundton A.

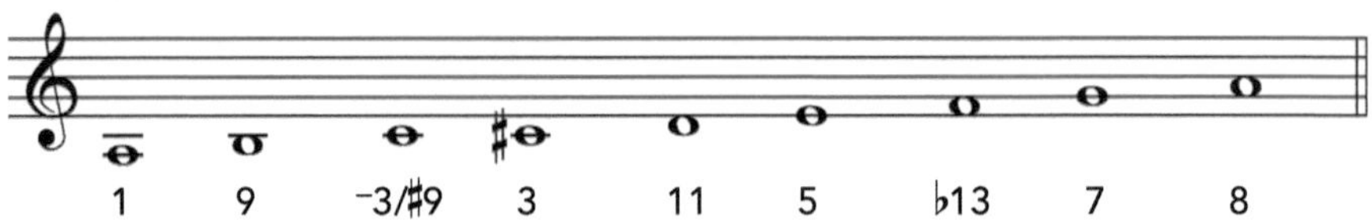

Wie du siehst, ergeben sich zwischen Grundton und Terz zwei Möglichkeiten. Einmal ist da die None B und einmal die kleine Terz C, die wir hier politisch unkorrekt,als ♯9 bezeichnen wollen.
Wir werden uns aber an die diatonischen Regeln halten und die None als Tension wählen. Dennoch kannst du die kleine Terz/übermäßige Sekunde auch spielen. Dadurch ergibt sich allerdings eine chromatische Reihe zwischen b und d.
Der Name dieser neuen Tonleiter leitet sich aus ihrem Modus-Namen mixolydisch und der davon abweichenden Tensions ab und lautet:

Mixolydisch ♭13 oder abgekürzt Mixo ♭13

[**Fakt -** Bei einer Skala für eine Zwischendominante handelt es sich in jedem Fall um eine Dominant-Skala auf Basis der mixolydischen Skala.]

Schauen wir uns nun diese Skala unter dem Aspekt an, dass sie eine Dominantskala mit Ziel-Akkord Dm ist, ergibt sich ein neues Bild.
Wir sehen, dass die Intervallstruktur dieselbe wie die von D Melodisch Moll ist. Folglich ist Mixo ♭13 nichts anderes als MM5.

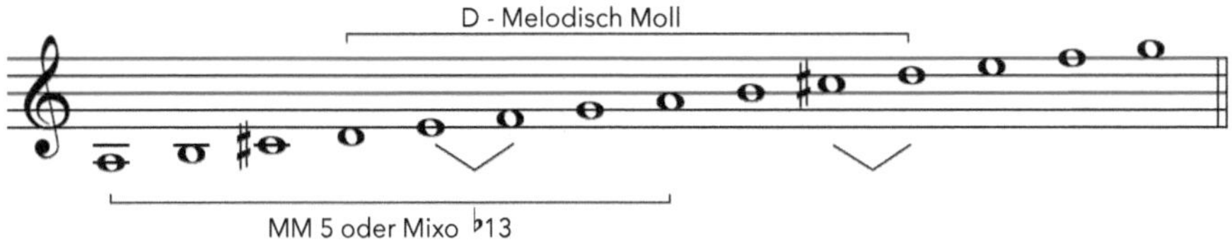

Skalenübersicht der Zwischendominanten

Die folgende Übersicht zeigt dir alle weiteren Skalen der Zwischendominaten in C-Dur, nach dieser Methode gefunden.

V/II A7 -> Dm Mixo ♭13 oder MM5

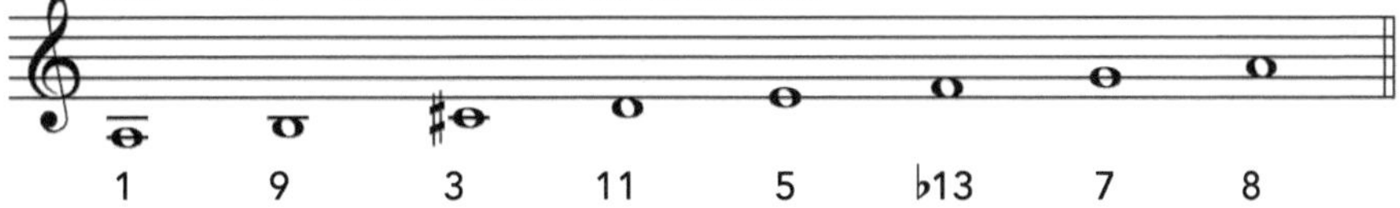

V/III H7 -> Em Mixo ♭9/♭13 oder Alteriert

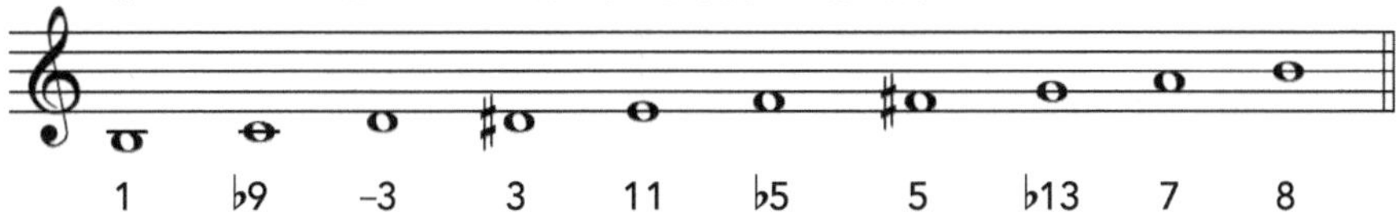

V/IV C7 -> F Mixolydisch

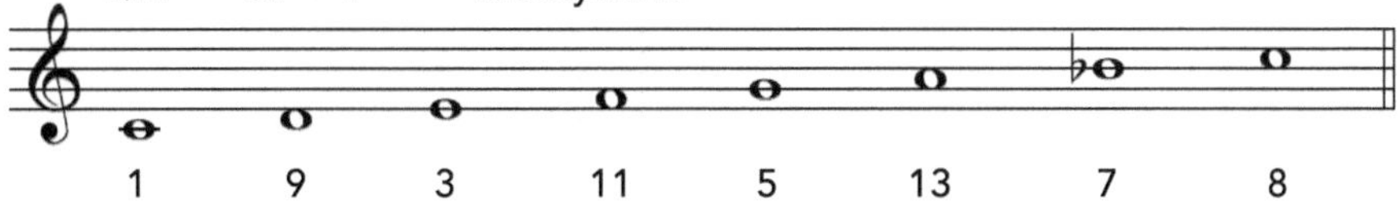

V/V D7 -> G Mixolydisch

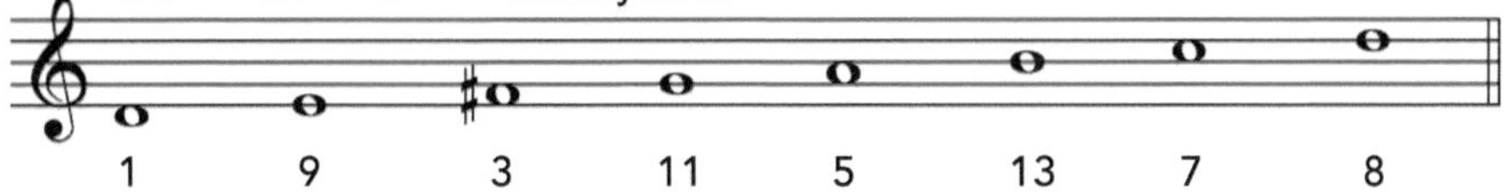

V/VI E7 -> Am Mixo ♭9/♭13 oder HM5

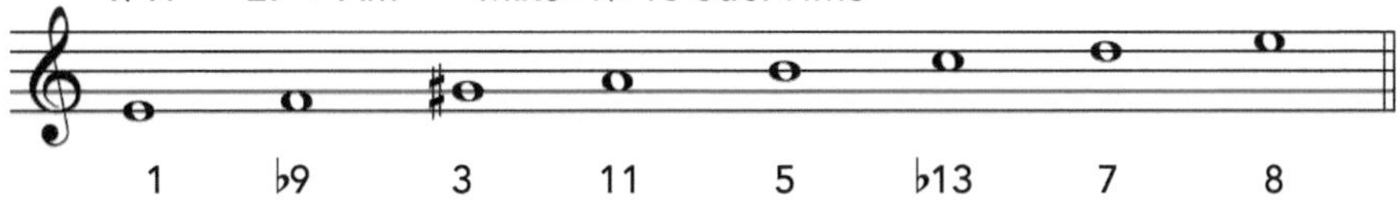

[**Fakt** - Um diese Tonleitern auf alle weiteren Tonarten übertragen zu können, fügt man den Funktionsbezeichnungen der Zwischendominanten bzw. deren Tonleitern allgemeingültige Intervallabkürzungen oder Akkordbezeichnungen hinzu.]

Die Skalen der II. Stufe einer Zwischendominante

Für die Tonleitern der II.Stufen einer Zwischendominante gibt es pauschale Regeln:

> Sie sind „immer" dorisch.

> Ist die II Stufe ein m7♭5-Akkord, so ist die Akkordskala „immer" lokrisch.

[**Fakt** - Auch bei der Verwendung der II. Stufe einer Zwischendominante müssen die Melodietöne mit den Akkord- bzw. Tonleitertönen des Akkordes übereinstimmen.]

Fassen wir zusammen: Sekundärdominanten können diatonische Stufen ersetzen oder sie können durch ihre Dominantfunktion eine solche vorbereiten.

Was ist eine Analyse?

Der Begriff Analyse kommt aus dem Griechischen und bedeutet „Auflösung." Dabei wird „Etwas" in seine erkennbaren Bestandteile zerlegt. Diese Bestandteile werden dann geordnet, um (eventuell) eine Systematik zu erkennen. Diese Systematik kann dann auf andere Systeme angewendet werden um „Etwas" nachzubauen. Bekanntestes Beispiel ist wahrscheinlich die DNA-Analyse.

In der Musik-Analyse werden Akkorde-Funktionen identifiziert, deren Zuordnung zu einem tonalen oder nicht tonalen System (Tonart), sowie ihr Zusammenhang zu anderen Akkorden eines Musikstücks (Songs). Es geht dabei um folgende Fragen:

> Gehören alle vorkommenden Akkorde zur selben Tonart?

> Welche Funktion (Tonika, Dominante etc.) hat ein Akkord innerhalb der Tonart?

> Findet in einem Musikstück eine Modulation statt?

> Sind „fremde" Akkordsequenzen eingebaut sogenannte „Keys of the Moment"?

> Welche Skala kannst du zu welchem Akkord spielen?

> Welche Tension passt in welchen Akkord?

Beispiel: Kommt ein Cmaj7 Akkord in einem Song vor, ist dieser nicht automatisch als Tonika zu erkennen. Er könnte auch eine Subdominante sein. Das ist abhängig von der Tonart, in der er vorkommt. Um ihn zu identifizieren, musst du die restlichen Akkorde in die Betrachtung mit einbeziehen. Hier zwei Beispiele:

Cmaj7 in C-Dur

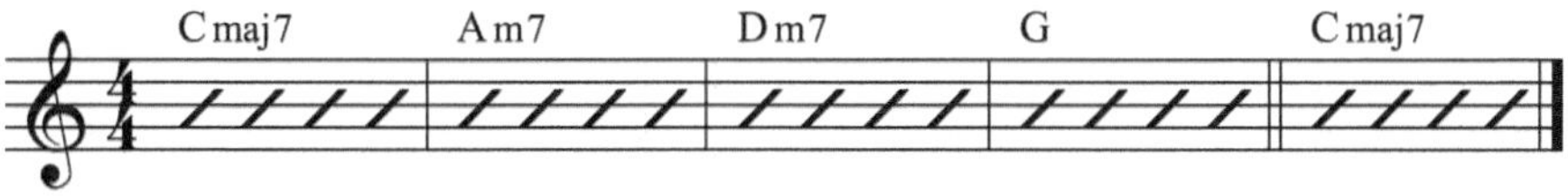

Cmaj7 in G-Dur

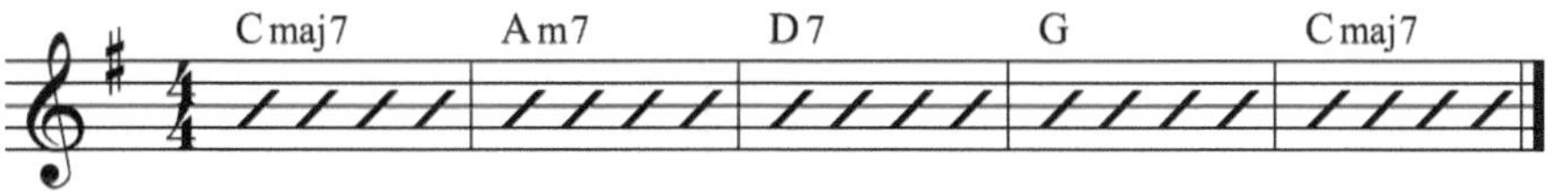

Das Tonmaterial der Cmaj7-Akkorde würde sich in der Tension 11 unterscheiden.

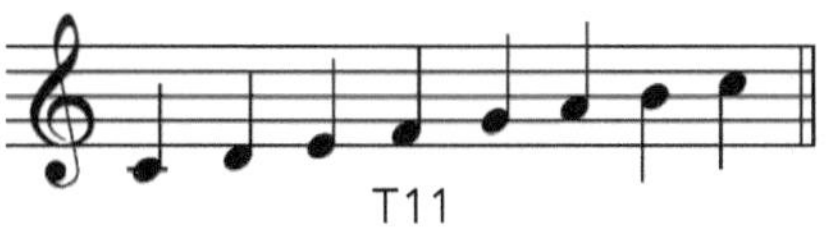

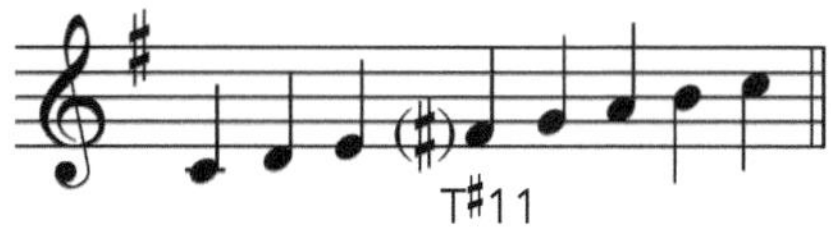

Fakt - Das heißt, wir sind bei der Analyse auf der Suche nach den korrekten Akkordfunktionen, versuchen die Tonarten zu bestimmen und die Akkorde den entsprechenden Tonarten zuzuordnen.

Versuche eigene Analysen zu machen. Am besten mit Songs, die du gut kennst.

Funktions- und Stufentheorie in der Analyse

Song-Analysen und die Anwendung der Stufen- und Funktionsbezeichnungen sind einfach, solange alle Akkorde zu einer Tonart gehören. Kommen jedoch „fremde" Akkorde vor, muss ein Weg gefunden werden, wie diese gekennzeichnet werden.
Anhand der nun folgenden Beispiele wollen wir dir zeigen, wie die Funktions- und die Stufentheorie heute in der Populären Musik verwendet werden.

Ausgegangen wird immer von den Ton(leiter)stufen der ursprünglichen Tonart.

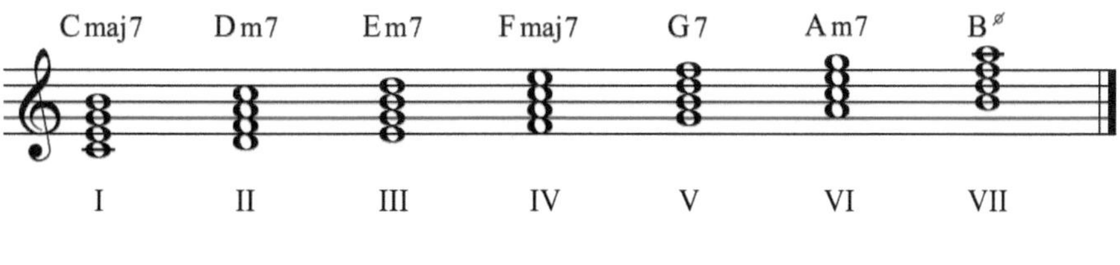

Akkordfunktionen die nicht in der Tonart vorkommen wie Zwischendominanten aber einen Bezug zu einem der Akkorde haben, werden durch einen Querstrich getrennt.

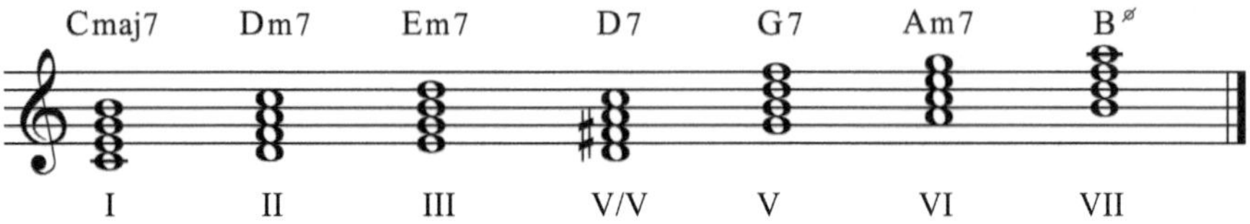

Die abgebildete Funktion V/V spricht man „Fünf von der Fünf". Es zeigt dir, dass es die Zwischendominante D7 der V. Stufe G7 ist.
Zur deutlicheren Kennzeichnung werden die Endungen der Akkordsymbole mit eingetragen. Somit lassen sich die Funktionen noch besser erkennen bzw. bestimmen.

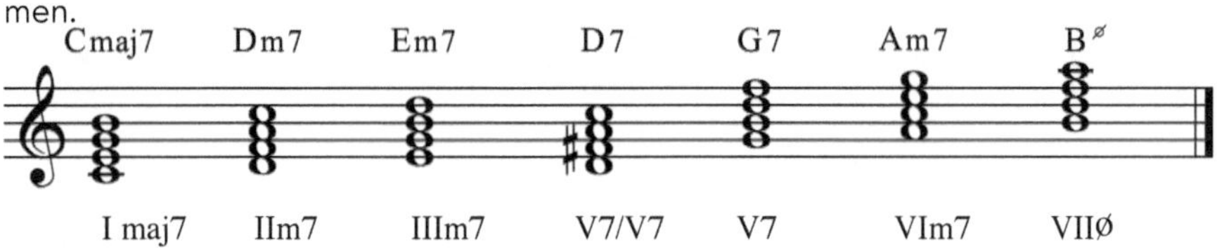

Abweichungen wie „vermollte" Dur-Akkorde (und umgekehrt) werden einfach als solche gekennzeichnet, indem der römischen Ziffer ein m hinzugefügt oder gestrichen wird.

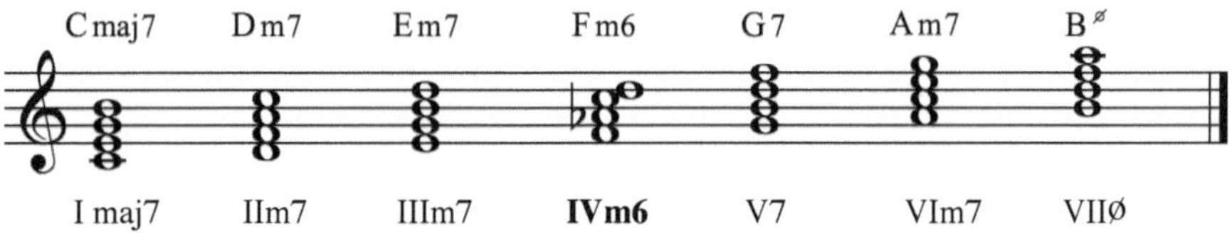

Folgende Sonderzeichen wie Klammern und gebogene Pfeile weisen in einer Analyse auf bestimmte Zusammenhänge hin.

Klammer und Pfeil

Die Klammer zeigt uns eine Dominante oder Zwischendominante mit ihrer zugehörigen II. Stufe, der Pfeil zeigt uns die Auflösung hin zu einer Tonika oder einem Grundton im Quintfallabstand.

Sind Klammer und Pfeil gestrichelt, beziehen sie sich auf eine Substitut Dominante mit ihrer zugehörigen II. Stufe. Was eine Substitut Dominante ist, erfährst du auf Seite 138:

IIm V7 I (z.B. Dm - G7 - C) IIm subV7 I (z.B. A♭m - D♭7 - C)

Analyse der Zwischendominanten

Analysen von Zwischendominanten (Secondary Dominants) werden auf dieselbe Weise durchgeführt.

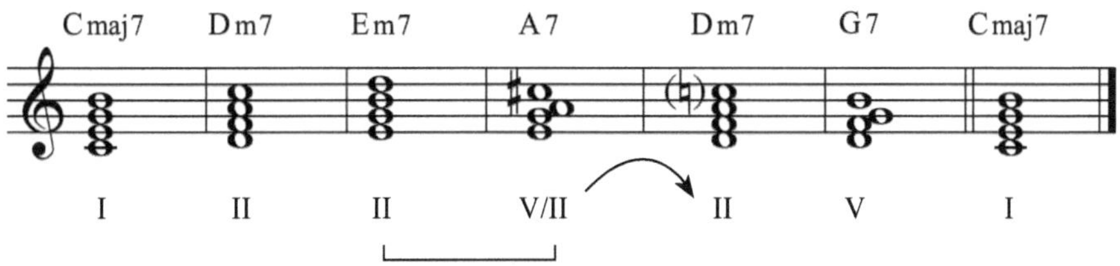

Erklärung

Em7 ist eigentlich die III. Stufe in C-Dur und hat die Skala Phrygisch. In unserem Fall wird er aber zur mitgebrachten II. Stufe der Zwischendominante A7. Folglich ist seine Skala Em-dorisch. A7 ist die Zwischendominante von Dm also die V/II (fünf von der zwei). Die Skala ist MM5 bzw. Mixo ♭13.

Analyse einer Modulation

Modulationen werden getrennt analysiert und wie eine eigene Tonart behandelt und nicht speziell gekennzeichnet. Man sollte aber auf die neue Tonart hinweisen.

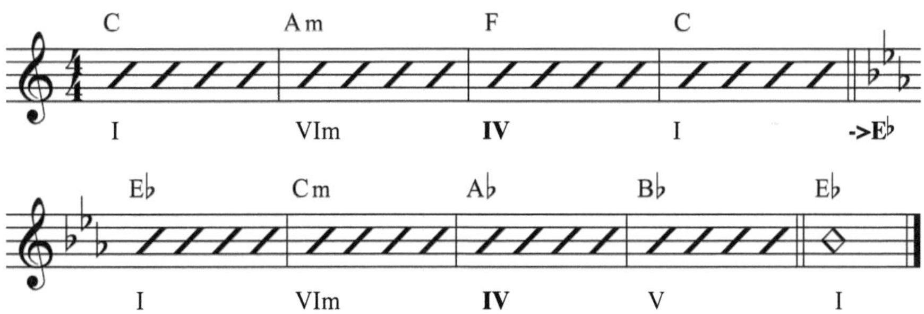

[**Fakt -** Auch Zwischendominanten (S. 110), die nach der Regel keine sind, werden als V/?? Fünf von (II, III, V...) bezeichnet.]

Fazit

Die Stufentheorie wird laufend von Musikern erweitert und verbessert. Sie hilft uns vor allem bei der Analyse eines Songs. Die Akkordfunktion lässt sich relativ gut bestimmen und so kann das geeignete Tonmaterial z.B. für eine Improvisation ausgewählt werden.

5 Der Blues
Die wichtigsten Regeln

An dieser Stelle wollen wir uns kurz mit der Keimzelle der Populären Musik auseinandersetzen - dem Blues. Er liefert uns die gesamte harmonische, melodische und rhythmisch Grundlage sämtlicher Musikstile, wie wir sie heute unter dem Sammelbegriff Populäre Musik kennen.

History Of Blues

„The blues are the roots and the other musics are the fruits. It's better keeping the roots alive, because it means better fruits from now on." Willie Dixon

Die Geschichte des Blues ist gleichzeitig die Geschichte der Populären Musik, wie du sie heute kennst. Kurz: Ohne den Blues hätte sich die Musik der vergangenen 100 Jahren komplett anders entwickelt. Grund genug, ihm etwas Zeit zu widmen und zu lernen, was ihn ausmacht und welchen Einfluss er auf „unsere" Musik hat.

Blues, wie wir in heute kennen, entwickelte sich zwischen ca. 1870 und 1900 hauptsächlich in den US Staaten Louisiana und Mississippi. Genauer gesagt im ländlichen Großraum um Großstädte wie New Orleans. Warum gerade dort?
Weil Kolonialmächte wie Spanien schon im 16. Jahrhundert Menschen aus Westafrika nach Amerika verschleppt und versklavt haben. Sie mussten auf Baumwollfeldern, Zuckerrohr und Tabakplantagen arbeiten. Nach Ende des amerikanischen Bürgerkriegs 1865 und dem Sieg des Nordens gegen den Süden erhielten die Sklaven formal ihre Bürgerrechte zurück und die Sklaverei wurde abgeschafft.

Viele von ihnen verließen danach die Gegend um New Orleans, reisten den Mississippi flussaufwärts und siedelten sich in und um große Städte wie Memphis, St. Louis und Chicago an. Entlang des Flusses und des berühmten Highway 61 (aka Blues-Highway) entstanden die großen „neuen" Blues Metropolen, die es heute noch sind.

Entwicklung
Wie genau sich der Blues entwickelt hat oder wo er entstanden ist, kann man heute nicht mehr mit Sicherheit sagen. Aus Überlieferungen ist bekannt, dass Arbeiter auf den Feldern sogenannte Worksongs und Field Hollers sangen. Die Worksongs wurden im Kollektiv gesungen, die Hollers waren Sologesänge. Beides half den Sklaven ihrem Leid Ausdruck zu verschaffen und von der Arbeit abzulenken. Einige dieser Songs hatten ihre musikalischen Wurzeln in religiösen Spirituals. Der

Begriff Blues wurde erstmals Anfang des 20. Jahrhunderts verwendet.
Blues, wie wir ihn kennen, muss als eigenständige Folklore Afroamerikaner angesehen werden. Er enthält außer den erwähnten Einflüssen Elemente afrikanischer, europäischer und karibischer Musik. In den Jahren vor 1900 entstanden verschiedene weitere Musikstile wie etwa der Ragtime, der später den Jazz beeinflusste. Die Verlage der damaligen Zeit jedenfalls haben den Umbruch bemerkt und viele der Songs der afroamerikanischer Sänger, Gitarristen und Pianisten veröffentlicht.

Eine wichtige Schlüsselfigur ist der Musiker und Komponist William Christopher „W. C." Handy (* 16. November 1873 in Florence, Alabama; † 28. März 1958 in New York City) besser bekannt als W.C. Handy. Die „Legende" besagt, dass er 1903 an einem Bahnhof einen Gitarristen sah, der sein Messer als Slide benutzte. Er begann damit, Blues Songs für andere Musiker zu schreiben. Am bekanntesten wurden sein „Memphis Blues" und der „St. Louis Blues". Für viele Künstler und Journalisten gilt er deshalb als „Vater des Blues".

Timeline

Blues	Rhythm & Blues	Soul	Rock n' Roll	Rock/Pop	Rap/HipHop
|	|	|	|	|	|
1865	1940	1953	1956	1962	1970

Kommen wir aber nun zu den Harmonielehre-relevanten Details.

Die Bluesform

Ein unverkennbares Merkmal des Blues ist seine typische, zwölftaktige Form ohne „echte" Strophe und ohne Refrain. Allerdings tauchen diese Teile als sogenanntes „Call und Response" innerhalb der 12 Takte auf. Hier ist ein typischer Bluestext, der nach diesem Prinzip funktioniert.

Call - I'm longingly waiting for the sun's coming back, had enough Blues in my life.

Call - I'm longingly waiting for the clouds disappear, had enough rain in my life.

Response - And when my tears have dried, my smile will cover the strife.

Obwohl es auch andere Formen mit weniger oder mehr Takten gibt, ist die zwölf- taktige Form die heutige „Standard Bluesform" und findet selbst in der heutigen Popmusik Anwendung in Songs wie Dear Marie oder Queen of California von John Mayer.

[**Fakt -** Die zwölftaktige Form kann auch Teil einer komplexeren Songform mit Intro, Soloteil oder Bridge sein. Im Song Can't buy me Love von den Beatles ist die Strophe ein 12-bar Blues.]

Bluesharmonik

Ein anderes, unverkennbares Merkmal ist die Verwendung von Dominantseptakkorden für alle Akkordstufen. Der „Urblues" ist eine vollständige I IV V I Kadenz (siehe Seite 130), allerdings ausschließlich mit Dominantseptakkorden gespielt.

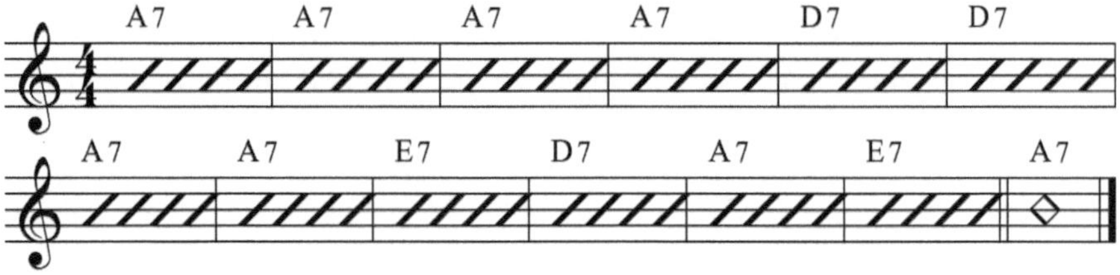

Dadurch findet keine richtige Auflösung zur Tonika hin statt. Dass wir es dennoch so empfinden, liegt an der Tatsache, dass unser Ohr die Bewegung der Grundtöne bereits als Kadenz akzeptiert (siehe Seite 132). Ein Blues mit den Akkorden **A7, D7 und E7** wie in unserer Abbildung, kann deshalb nicht als A-Dur Blues bezeichnet werden. Man nennt ihn einfach - aber treffend - den „A-Blues".

Bluesmelodik - Die Bluenotes

Ein wichtiges und authentisches Merkmal des Blues sind die Bluenotes. „Echte" Bluenotes sind Töne, die zwischen zwei Halbtonschritten liegen, also nicht in unserem diatonischen Tonsystem vorkommen. Ihre exakte Tonhöhe ist nicht genau festgelegt, weshalb sie auch nicht notiert werden können.
Nicht jedes Instrument ist in der Lage, echte Bluenotes zu spielen. Es eignen sich nur solche, bei denen man die Höhe des gespielten Tones - während er klingt - verändern kann. Der Gitarrist kann das, indem er die Saite leicht verzieht. Auch Bläser können es mittels spezieller Luft- und Lippentechniken. Und natürlich die Sänger/innen, sie haben schließlich die Bluenotes erfunden. Die folgende Abbildung zeigt dir die ungefähre Position der Bluenotes in unserem Tonsystem.

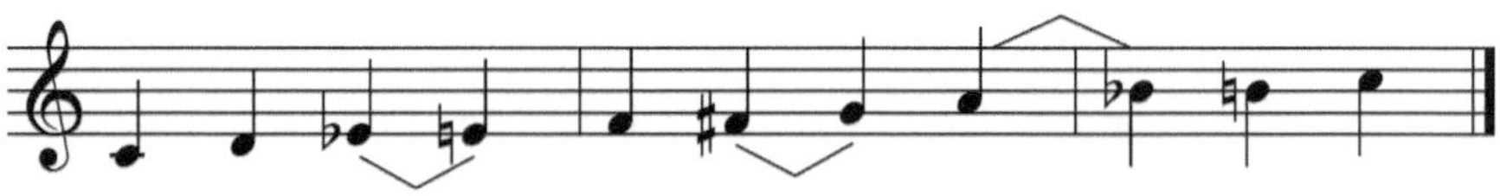

Pianisten behelfen sich, indem sie den nächst tieferen Ton spielen, also die −3, ♭5 und die 7 um einer Melodie einen bluesigen Touch zu geben.

Pentatonik und Bluesskala

Wie in keinem anderen Stil ist die Melodik des Blues von der Pentatonik (links) geprägt. Du findest alle Erklärungen zu dieser Tonleiter auf Seite 174.

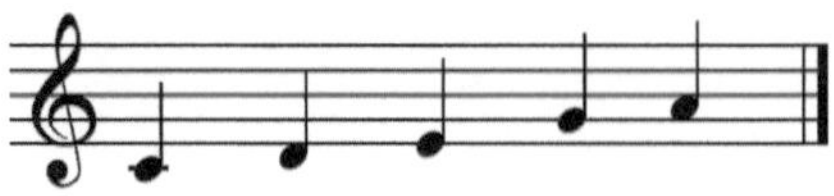

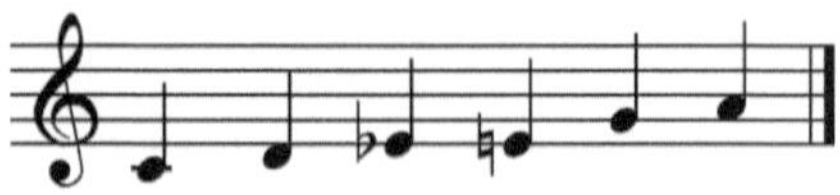

Wie du siehst, hat sie keine Halbtonschritte und besteht aus nur fünf Tönen. Durch Hinzufügen eines chromatischen Durchgangs-Tons wird aus der fünftönigen Pentatonik die sechstönige Bluesskala.

Der Blues und seine Stilistiken

Obwohl sich die Grundmerkmale des Blues nicht sehr veränderten entstanden im Laufe der Jahre verschiedene Stilistiken, meistens nach ihrer Herkunft benannt.

Delta Blues

Delta- oder Mississippi-Blues war wohl die erste Form des Blues. Die akustische Gitarre war das dominierende Instrument. Zu den bekanntesten Vertretern gehörten unter anderem: Charlie Patton, Robert Johnson und Sun House.

Louisiana Blues - Cajun und Zydeko

Regional geprägt, flossen in den Ur-Blues Elemente der französischen Musik ein. Stile wie Cajun oder Zydeco wurden mit Blueselementen gespielt. Häufig mit Akkordeon und Geige. Lousiana Red und Lightnin' Slim waren wichtige Vertreter.

Chicago Blues

Musiker wie Muddy Waters oder Elmor James begannen den Delta Blues mit der E-Gitarre zu spielen, begleitet von einer Band aus Drums, Bass, Gitarre und Mundharmonika. Entstanden ist diese Spielweise hauptsächlich in Chicago. Wichtige Vertreter sind: Buddy Guy, Bo Diddley, Willie Dixon, Junior Wells, Muddy Waters, Freddie King, Elmore James, Howlin' Wolf, Luther Allison.

Memphis Blues / Memphis Funk

Der Blues wird rhythmischer. Diese Spielweise, ein Vorläufer des Rhythm & Blues, entstand in Memphis in den Stax Studios der gleichnamigen Plattenfirma.

Rhythm and Blues

Immer noch Blues, aber rhythmisch anders akzentuiert. Schneller und geradliniger (binär). Hat seine Wurzeln in den schon erwähnten Stax Studios. Der Rhythm & Blues darf ohne Weiteres als Ur-Vater der Rock- und Popmusik bezeichnet werden. Wichtige Vertreter waren: Otis Redding, Wilson Pickett, T Bone Walker, B B King

Soul

Rhythm & Blues gepaart mit Gospel. Musiker wie Ray Charles, Sam Cook, Stevie Wonder oder Marvin Gaye entwickelten diesen Stil. Zentrum waren die Studios der Plattenfirma Mowtown Records aus Detroit. Die Popularität dieser Musikrichtung hält bis heute an. Künstler wie Michael Jackson, Prince, Rihanna, Ed Sheeran oder John Mayer erhalten das Erbe und verwenden Soul-Elemente in ihren Songs.

Rock n' Roll

Mit dem Rock n' Roll fand eine musikalische Zeitenwende statt. Chuck Berry begann den Blues schnell zu spielen und mit Elementen wie Polka oder Marsch versuchte er die weiße Bevölkerung zu erreichen.
Rock n' Roll ist der legitime Begründer der Rockmusik der 1960er Jahre, gespielt von Bands wie: The Beatles, Rolling Stones, The Who u.a
Wichtige Vertreter: Bo Diddley, Chuck Berry, Fats Domino, Little Richard, Elvis Presley, Jerry Lee Lewis, Gene Vincent, Buddy Holly, Carl Perkins, Roy Orbison.

6 Kadenzen - Akkordfolgen
Chord Progressions - Changes

Musik, egal ob klassisch, traditionell, modern oder populär, basiert auf einer harmonischen Vorwärtsbewegung. Selbst dann, wenn man nur die Melodie hört, kann man manchmal auch den harmonischen Verlauf „hören" oder besser gesagt erahnen. Wir kennen dieses „harmonische vorwärts bewegen" als Akkordfolge, als Kadenz oder als Akkordverbindung.

Am besten beschreibt es aber der englische Begriff „Chord Progression", was übersetzt „Akkord Fortschreitung" heißt. Egal wie du es nennen möchtest, es handelt sich immer um eine Folge von Akkorden. Dennoch gibt es einen kleinen Unterschied zwischen einer Akkordfolge und einer Kadenz.

Akkordfolgen **vs.** **Kadenzen**

> Eine Akkordfolge ist eine beliebige Aneinanderreihung von Akkorden, ohne Regeln oder Vorschriften. Entscheidend ist nur der Klang.

> Eine Kadenz ist eine Akkordfolge, die auf bestimmten Regeln beruht. Man bezeichnet Kadenzen deshalb auch als musikalische Formeln.

[**Fakt -** Eine Kadenz ist immer eine Akkordfolge, eine Akkordfolge aber nicht unbedingt eine Kadenz.]

Letztendlich ist dieser Unterschied aber nicht wichtig für dich. Das Regelwerk der Kadenzen liefert uns zahlreiche funktionierende Akkordfolgen, die gut klingen und sich in vielen musikalischen Werken „bewährt" haben. Eine erfundene Akkordfolge dagegen gibt uns die Möglichkeit, neue musikalische Ausdrucksformen zu finden. Es ist also mehr ein kreativer Prozess. Wir wollen daher nicht näher auf diesen Unterschied eingehen.

Im Folgenden werden wir dir erklären, was eine Kadenz ist und welche Regeln es gibt. Du weißt jetzt, dass du frei und kreativ mit diesem Wissen umgehen und eigene Akkordfolgen erfinden kannst. Noch ein kleiner Tipp: Fast alle Akkordfolgen lassen sich letztendlich als eine Kadenz analysieren.

Was ist eine Kadenz?

Eine Kadenz ist eine Abfolge von Akkorden, die bestimmten Regeln unterliegt. Innerhalb einer solchen „Akkordfolge" entwickeln die einzelnen Akkorde eine gewisse Eigendynamik. Es entstehen Spannungen, die nach Auflösung oder nach Fortsetzung der Akkordfolge verlangen. Hier sind drei Möglichkeiten, wie sich Akkorde verhalten können:

> Sie wirken stabil und drängen nicht nach Fortsetzung oder Auflösung.
> Sie wirken instabil und drängen nach Auflösung oder Fortsetzung.
> Sie wirken neutral.

Ein alleinstehender Akkord hat noch keine dieser Eigenschaften.

Zum besseren Verständnis stellen wir dir zunächst weitere gängige Erklärungen des Begriffs Kadenz vor, die letztlich alle auf irgendeine Weise stimmen:

> Eine Kadenz ist eine Akkordfolge.
> Im Jazz spricht man auch von Changes.
> Eine Kadenz ist die harmonische Bewegung innerhalb eines Musikstückes.
> Eine Kadenz bekommt ihre Wirkung durch die unterschiedlichen Spannungsgrade der Akkorde.
> Eine Kadenz ist eine Akkordfolge, die Spannung erzeugt und diese (meistens) wieder auflöst.
> Eine Kadenz ist verantwortlich für den „Sound" eines Songs.

Die offizielle Definition lautet: Eine Kadenz (cadere, lat. = fallen) ist eine Akkordfolge mit Schlusswirkung.

[**Fakt -** Schlusswirkung bedeutet also, dass ein bestimmter Akkord den „Spannungsbogen" abschließt. Diese Sichtweise ist heutzutage jedoch überholt.]

Kadenzen müssen nicht den gesamten Song umfassen. Häufig sind sie Teile einer längeren Akkordfolge oder sind unterschiedlich gestaltet in den verschiedenen Formteilen.

Warum klingen einige Akkordfolgen gut und vertraut, andere aber nicht?

Und warum funktioniert letztendlich trotzdem jede beliebige Kombination?

Um das im Einzelnen zu klären, zeigen wir dir jetzt, wie es überhaupt zu Spannungen zwischen den Akkorden kommen kann.

Akkordverwandtschaft

Die Beziehungen oder Spannungsverhältnisse, die zwischen den einzelnen Akkorden bestehen und der daraus resultierende Drang nach Fortführung oder Auflösung wird unter anderem durch den Verwandtschaftsgrad zum Grundton des nachfolgenden Akkordes begründet. Die engsten Verwandtschaften, die wir kennen sind die Terz- und die Quint-Verwandtschaft (siehe S. 62).

Unsere drei Hauptakkorde auf der I., IV. und V. Stufe einer Tonart (Dur und Moll) sind für den Verlauf einer Kadenz von großer Bedeutung. Im Beispiel siehst du eine solche Akkordfolge in der Tonart C-Dur.

C-Dur	F-Dur	G-Dur	C-Dur
I	IV	V	I

Die I. Stufe, also die Tonika, ist das tonale Zentrum einer Akkordverbindung und somit der Ruhe-, Ausgangs- und Zielpunkt innerhalb einer Tonart (Akkordfolge) bzw. eines Musikstücks.

Die beiden anderen Akkorde auf der IV. und V. Stufe sind mit der Tonika über ihre Grundtöne quintverwandt.

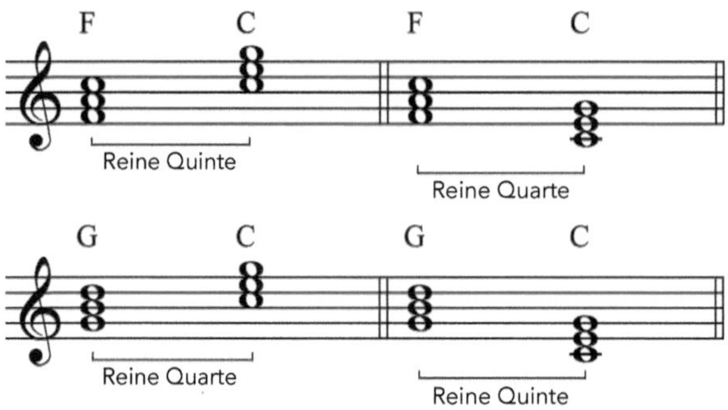

Außerdem haben beide, die IV. und die V. Stufe je einen gemeinsamen Ton mit der Tonika.

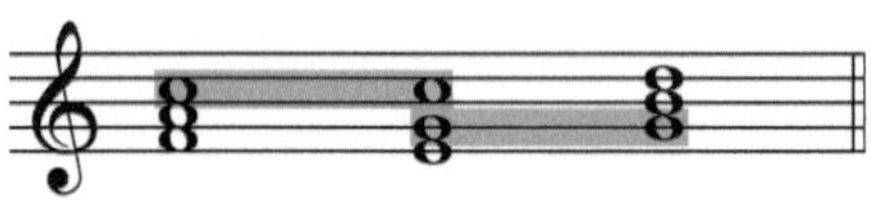

Fazit/Zusammenfassung
Subdominante und Dominante sind quasi die „Gegenpole" zur Tonika und suchen/drängen nach Auflösung zu/in ihr. Die Schlusswirkung einer Akkordverbindung liegt also bei der Tonika.

Der Ton macht die Kadenz - Warum ist das so?

Der Grund für dieses „Verhalten" der Akkorde sind die beteiligten Töne. Du weißt ja schon, dass in einem tonalen System, also einer Tonalität oder einer Tonart, durch die Anordnung (Abstände) der Tonschritte eine gewisse Hierarchie herrscht. Es gibt stabile und aktive Töne.

[**Fakt** - Die Bedeutung des folgenden Abschnitts und die Erklärung, was stabile und aktive Töne sind, kann nicht genug hervorgehoben werden. Man kann sagen, dass ein Großteil der musikalischen (also auch der klanglichen) Ereignisse damit begründet werden können.]

Wir verwenden für die folgenden Erklärungen die Buchstaben der Akkordnamen.

Stabile Töne

Hier noch einmal zur Erinnerung die Stammtonreihe bzw. Dur-Tonleiter.

C D **E** F **G** A B **C**

Die Töne C, E und G sind innerhalb dieser Tonleiter die **stabilen Töne** und bilden gleichzeitig den Dur-Dreiklang der Tonika C-Dur.

Aktive Töne

C **D** E **F** G **A** **B** C

Die restlichen Töne D, F, A und B sind die **aktiven Töne**.
Schauen wir uns dazu die anderen zwei Dur-Akkorde F-Dur und G-Dur an.

F-Dur

F A **C**

F-Dur als Subdominante enthält den stabilen Ton C und die aktiven Töne A und F.

G-Dur

G B D

G-Dur als Dominante enthält den stabilen Ton G und die aktiven Töne B und D.

Die Eigenschaft der aktiven Töne liegt also darin, sich einen nahe liegenden stabilen Ton zu suchen.

1. Halbtonschritte suchen immer den kürzesten Weg zum nächstmöglichen Ton.
2. Ganztonschritte haben die Wahl, zu welchem Ton sie tendieren möchten.

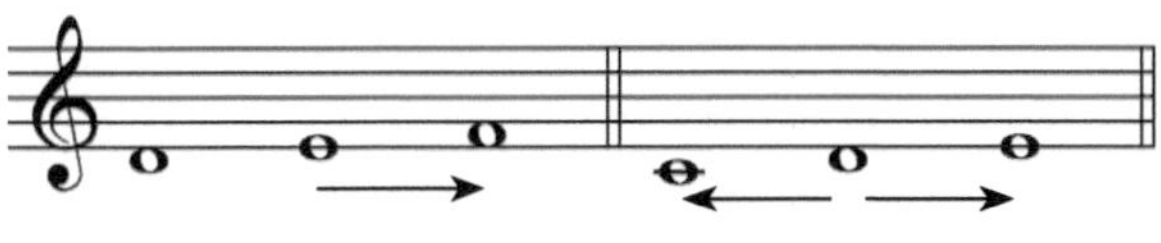

Dieser Umstand führt zu den folgenden Ergebnissen. Man könnte es auch das Kadenzverhalten der Akkorde nennen. Schauen wir uns alle Akkorde der C-Dur Tonart an und betrachten nach dieser „Aussage" ihr Kadenzverhalten.

1. Dm - 2.Stufe - Subdominant-Parallele

A → **G**
F → **E**
D → **C**

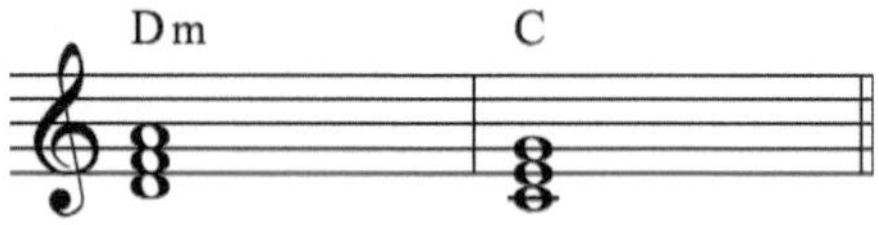

Der Akkord Dm löst sich nach C auf.

A → B
F → **G**
D → **E**

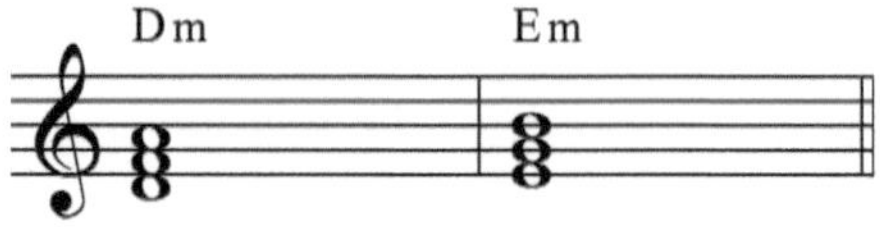

In der zweiten Abbildung hat sich der Ton A anders entschieden und bewegt sich zu einem aktiven Ton in diesem Fall zum B hin. Dm bewegt sich zu Em.

2. Em - 3. Stufe - Dominant-Parallele

B → **C**
G → **G**
E → **E**

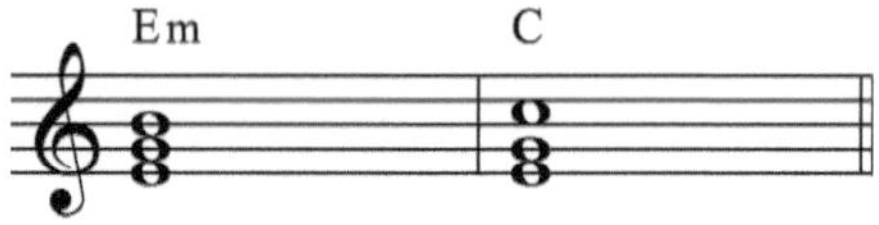

Auch für Em ist C Dur die erste Wahl. Es reicht sogar, dass sich der Ton B zum C auflöst. Die restlichen Töne sind gemeinsame Töne beider Akkorde.

Hier ist eine zweite Möglichkeit, wie sich die Töne fortbewegen könnten.

B → **C**
G → A
E → F

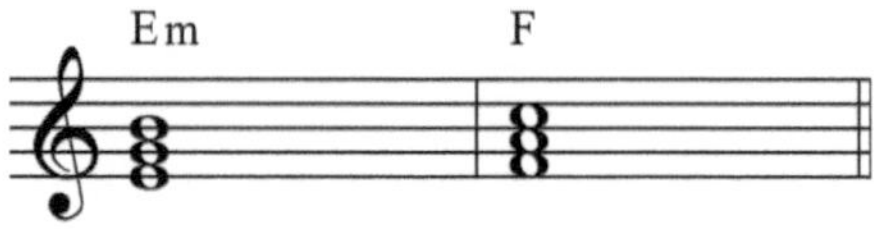

3. F - 4.Stufe - Subdominante

C → **C**
A → **G**
F → **E**

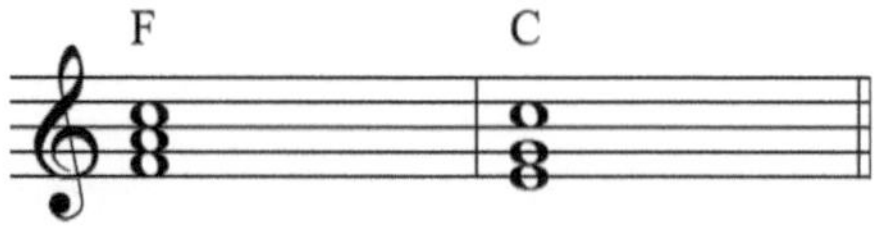

C → D
A → B
F → **G**

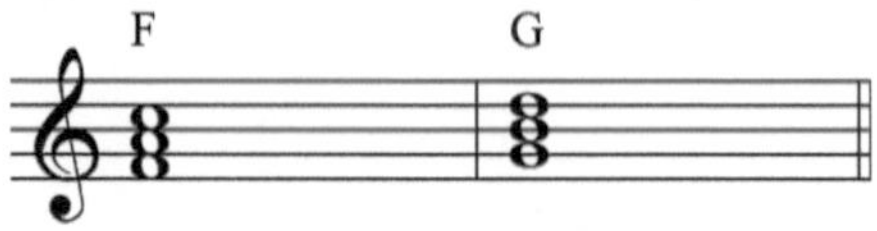

4. G - 5. Stufe - Dominante

D → E
B → C
G → G

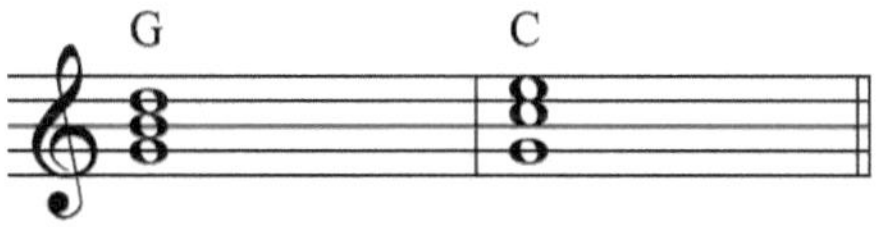

D → E
B → C
G → A

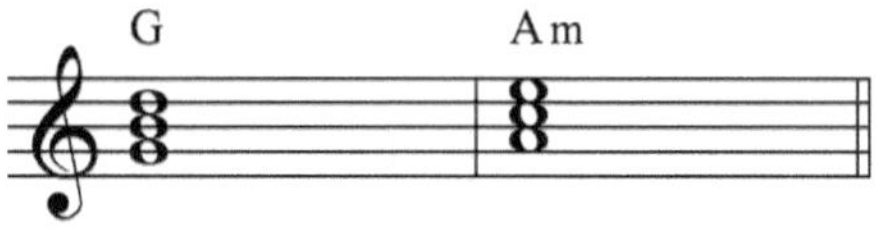

5. Am - 6.Stufe Tonika-Parallele

E → E
C → C
A → C

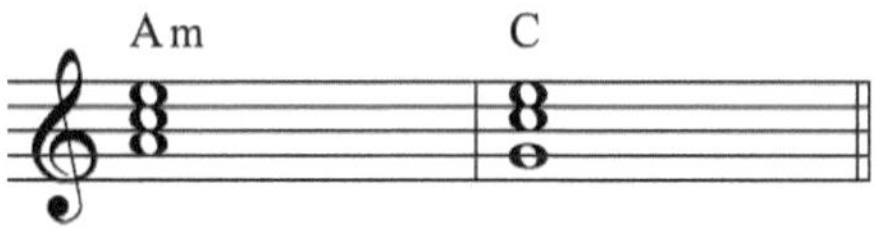

E → F
C → C
A → A

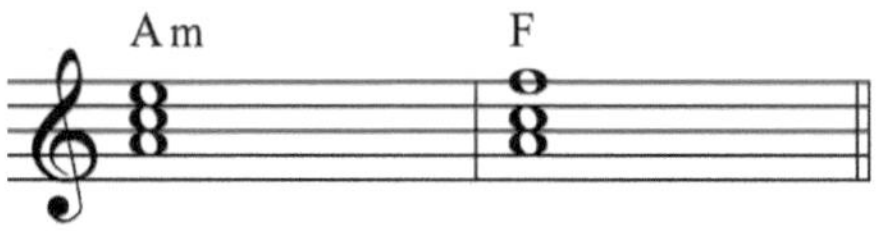

6. Bm♭5 - 7. Stufe

F → G
D → E
B → C

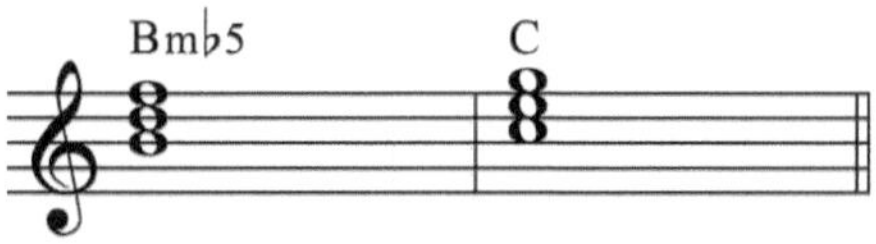

Wie du gesehen hast, führt zunächst für keinen Akkord der Weg an der Tonika vorbei. Jeder Akkord der Stammtonreihe möchte als erste „Reaktion" zurück zur Tonika C. Die Logik hinter den Bewegungsrichtungen ist gut nachvollziehbar. Durch die Tatsache, Töne als aktiv und stabil zu betrachten, kann man hervorragend sehen, wie Kadenzen funktionieren. Das heißt also, dass eine Kadenz eigentlich nur eine logische Entwicklung nehmen kann. Eine Stimmführung, weg von der Tonika, ist folglich (mehr oder weniger) immer „erzwungen". Stellen wir also eine Regel (oder Vermutung) auf:

[**Fakt** - Je mehr stabile Töne ein Akkord enthält, desto weniger drängt er nach Auflösung oder nach Weiterführung.]

In der populären Musik spielt es keine große Rolle, ob eine Kadenz eine Schlusswirkung hat oder nicht. Auch im Jazz haben sich Modelle entwickelt, die nicht notwendigerweise den strengen Regeln Spannung -> Auflösung folgen. Es geht hier primär um den Sound, den eine Akkordfolge erzeugt. Der Begriff Kadenz kann in solchen Zusammenhängen aber trotzdem verwendet werden.

Die Dominanten einer Tonart

Zur Erinnerung: Dominanten und vor allem die Dominantseptakkorde haben einen sehr starken Drang, sich zu einer Tonika (Dur oder Moll) hin aufzulösen. Das liegt unter anderem in ihrer Intervallstruktur begründet:

Das Intervall zwischen Terz und Septime eines Dominantseptakkordes ist ein Tritonus. Beide Töne sind aktive Leittöne und ihre Auflösung führt zu Grundton und Terz der Zieltonika.

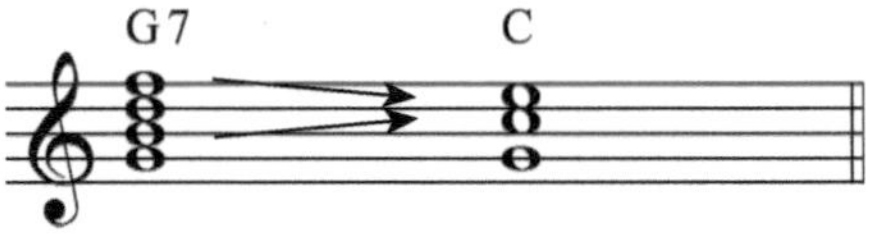

In Moll sieht das etwas anders aus. Hier sind Terz und Quinte der Dominante „leittönig" zu Grundton und Terz der Molltonika.

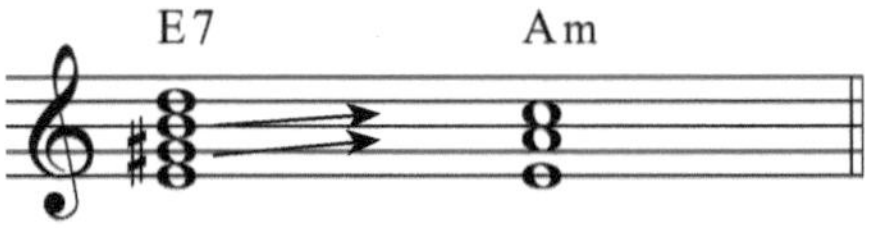

Da stellt sich die Frage: Muss die Dominante auf der V. Stufe immer vorkommen bzw. letzter Akkord vor der Tonika sein, um einen Auflösungseffekt zu bekommen?

Die Antwort lautet: Nein. Wie es der Name „Subdominante" sagt, handelt es sich auch hier um einen Dominantakkord. Sub (unter) bezieht sich dabei auf die Tatsache, dass sie eine Quinte unterhalb der Tonika steht:

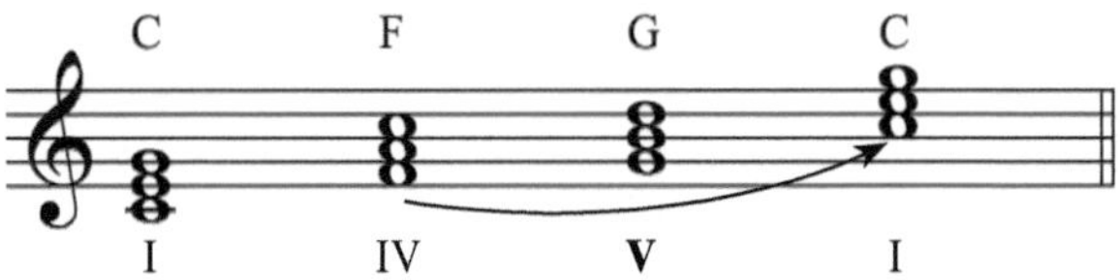

Sie hat jedoch weniger Spannungsgehalt als die Dominante der V. Stufe. Das liegt am Auflösungsverhalten der einzelnen Töne zueinander.

[**Fakt** - Ein Leitton aufwärts hat immer mehr Auflösungsdrang als ein Leitton abwärts.]

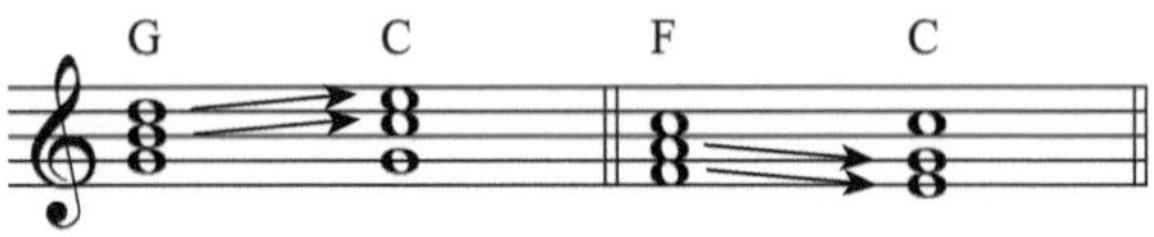

Es gibt noch weitere Schlussmöglichkeiten für eine Kadenz als die über eine der Dominanten. Diese findest du etwas weiter hinten in diesem Kapitel.

Eine wichtige Konstante!
Akkordfolgen, die aus Tonika, Subdominante und Dominante bestehen, sind eine wichtige Basis für nahezu alle Songs der populären Musik, wie wir sie heute kennen. Das hat seinen Ursprung in der Akkordfolge des Blues ebenso wie in den Akkordfolgen traditioneller Lieder und Volkslieder.

In der Urform T S D T ist vielleicht sogar die am häufigsten verwendete. Vor allem die Singer/Songwriter der 1960er Jahre wie Bob Dylan, Joan Baez oder Leonhard Cohen griffen immer wieder auf Akkordfolgen aus traditionellem Liedgut zurück.

Sehen wir also diese „Konstante" grundsätzlich als Ausgangskadenz, selbst dann, wenn sie in der Form nicht vorkommt. Letztendlich sind diese harmonischen „Stationen" in den meisten Fällen jedenfalls immer spürbar, auch dann, wenn sie ersetzt oder durch Modulation und andere Methoden verlängert werden. Es hilft dir dabei einen Spannungsverlauf zu verfolgen.

Kadenzschlüsse

Es gibt verschiedene Methoden, eine Kadenz abzuschließen.
Hier sind die Wichtigsten:

Der Ganzschluss

Endet eine Kadenz mit der Tonika, spricht man von einem Ganzschluss.

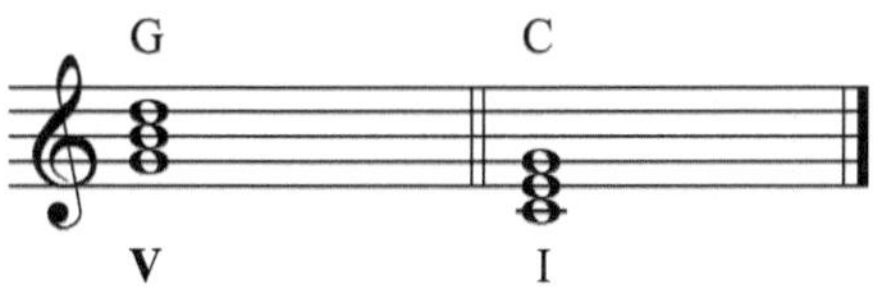

Der Halbschluss

Endet eine Kadenz auf der Dominante, spricht man von einem Halbschluss.

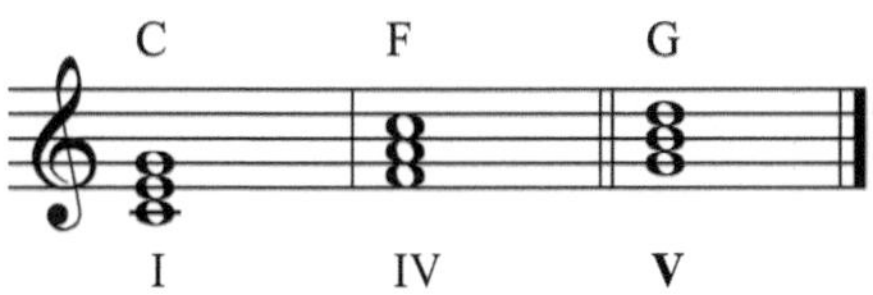

Der Trugschluss

Endet eine Kadenz mit der Tonika Parallele, spricht man von einem Trugschluss.

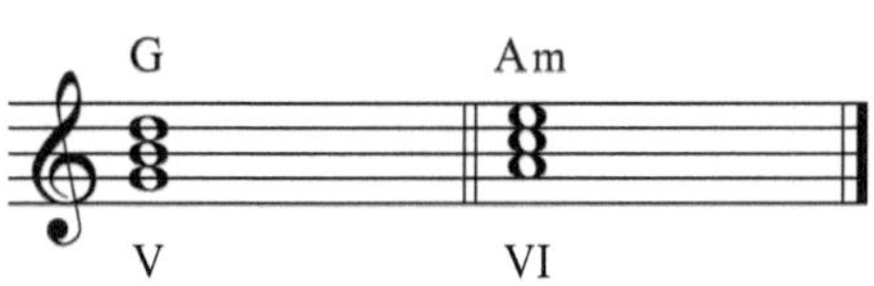

Diese drei Schlüsse sind natürlich nicht alles, was möglich ist. Viele Songwriter und Komponisten haben immer wieder auf andere Art und Weise eine Akkordfolge beendet.

Kadenzverläufe

Aus den eben gezeigten Schlussmöglichkeiten hat die traditionelle Harmonielehre folgende drei Kadenzenverläufe als Standards festgelegt.

Die vollständige Kadenz

Die vollständige Kadenz besteht aus den drei Durakkorden einer Tonart. Auf die Tonika (I. Stufe) folgt die Subdominante (IV. Stufe), auf die Subdominante (IV. Stufe) folgt die Dominante (V. Stufe), die sich dann zurück zur Tonika (I. Stufe) auflöst.

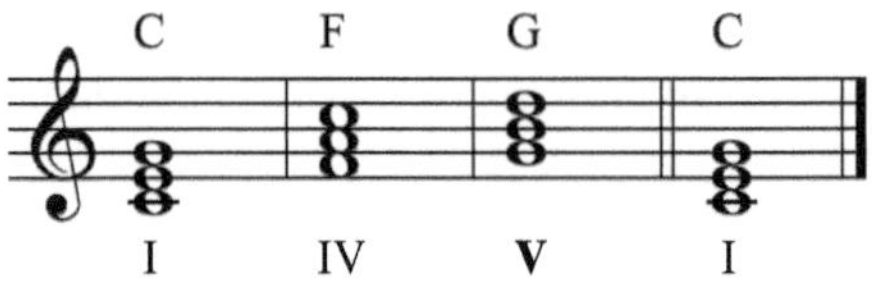

Für die vollständige Kadenz in Moll werden ebenfalls die Stufen I, IV und V mit entsprechenden Akkorden gespielt.

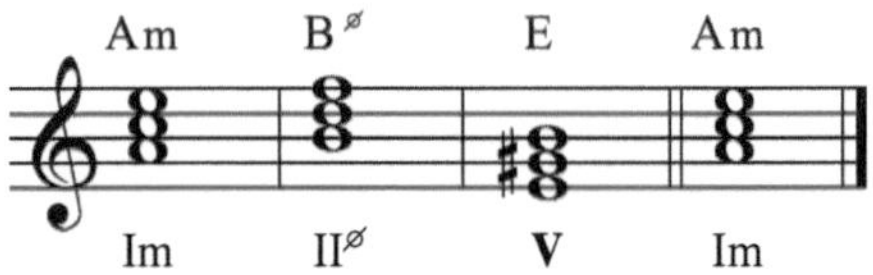

Änderungen in der Akkord-Reihenfolge ändern nichts an den Bezeichnungen. Wichtig ist nur, dass die drei Hauptakkorde vorkommen.

Die authentische Kadenz

Löst sich die Dominante auf der V. Stufe als letzter Akkord am Ende einer Akkordfolge zur Tonika hin auf, spricht man von der authentischen Kadenz. Anders als bei der vollständigen Kadenz können vor dieser Dominante auch andere Stufenakkorde stehen.

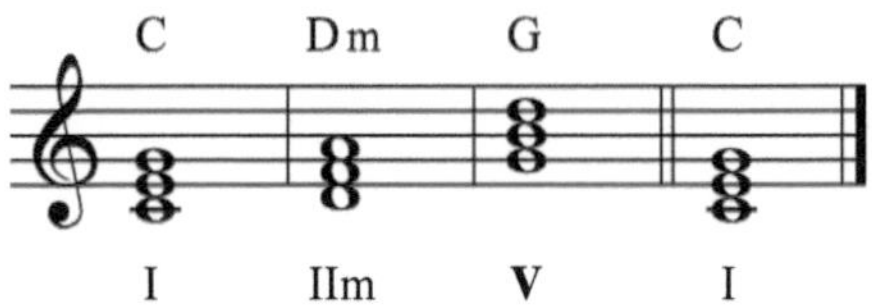

Die plagale Kadenz

Löst sich die Subdominante (IV. Stufe) als letzter Akkord in die Tonika (I. Stufe) auf, spricht man von der plagalen Kadenz. (plagal, griech. = seitlich)

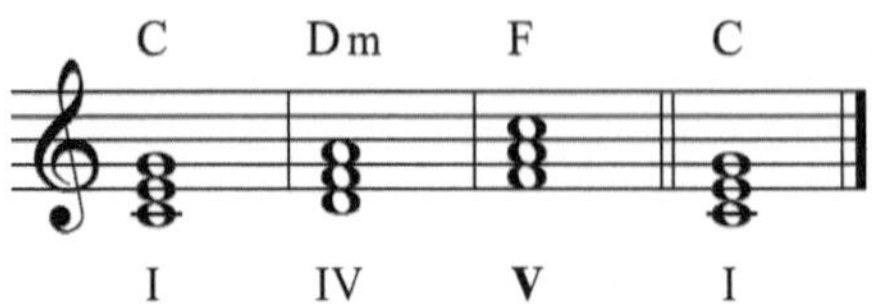

Die Subdominante kann sich auch als Mollakkord zur Tonika hin auflösen. Auch das ist eine plagale Kadenz.

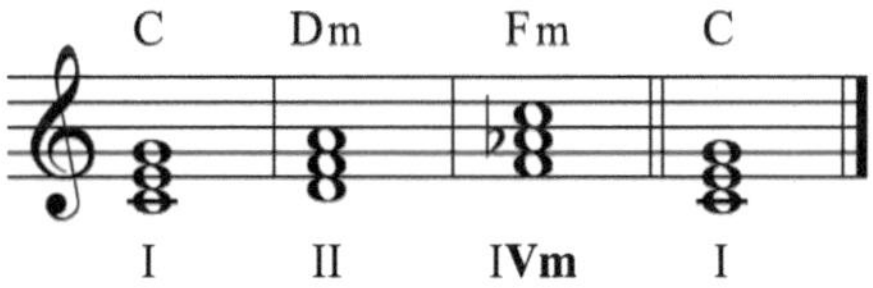

Die plagale Kadenz in der Populären Musik

Einen besonderen Stellenwert nimmt tatsächlich die plagale Kadenz in der Popmusik ein. Immer mehr Songwriter entscheiden sich für die Subdominante (in Dur oder Moll) als letzten Akkord vor der Tonika. Dafür mag es mehrere Gründe geben:

1. Der Auflösungsdrang ist nicht so ausgeprägt und klingt auch nicht so „endgültig". Daraus ergibt sich interessanter Spielraum für Fortsetzungen.

2. Ohne die V. Stufe beginnt eine Kadenz gefühlt immer wieder „von vorne".

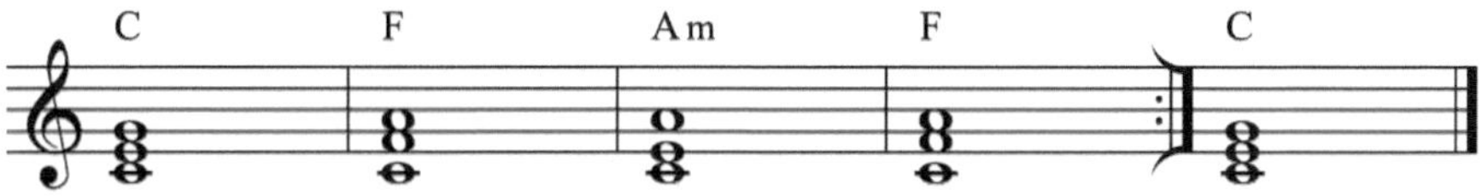

Ein gutes Beispiel ist der Song „Waiting On The World To Change" von John Mayer. Die Tonart ist A-Dur. Im Kern besteht der 8-taktige Vers aus zwei verschiedenen Kadenzen.

ǁ	D	Bm	G	D	|	A	Bm	G	D	ǁ
	I	VI	IV	I		V	VI	IV	I	

Die eigentliche Dominante A-Dur ist gut „versteckt" mitten im Vers zu finden. Somit entsteht der Eindruck, dass der Song nicht wirklich endet. Die Tonika wird ausschließlich über die Subdominante angespielt. Es handelt sich also um eine plagale Kadenz.

Hier sind weitere Songbeispiele mit einer plagalen Kadenz:

I Guess I Just Feel Like - John Mayer
Imagine - John Lennon
Baby You're A Rich Man - The Beatles
Satisfaction - The Rolling Stones
For What It's Worth - Buffalo Springfield
Lay Down Sally - Eric Clapton
Glory Days - Bruce Springsteen
In The Midnight Hour - Wilson Pickett

Die „Kraft" der Grundtöne

Egal welchen Akkord du spielst, solange er in keinem direkten Zusammenhang zu einem nachfolgenden oder einem vorhergehenden Akkord steht, wirkt er zunächst auf dich wie eine Tonika. Wenn alle Akkorde dann auch noch die gleiche Akkordstruktur haben (nur Dur-Dreiklänge, nur Moll-Dreiklänge etc.), ändert sich dieses „Gefühl" zunächst nicht. Man nennt das Constant Structure.

Du hast diesen harmonischen „Effekt" bereits beim Thema Blues kennengelernt. Alle Akkorde sind dort „theoretisch" Dominanten, weil nur Dominant-Septakkorde vorkommen. Trotzdem werden die Tonstufen I, IV und V angespielt wie bei einer normalen Kadenz und sie wird auch wie eine normale Kadenz wahrgenommen. Die eigentliche „Wirkung" oder besser gesagt Aufgabe der Dominante spielt hier also keine Rolle und hat auch keinen direkten Einfluss auf den weiteren Verlauf der Akkordfolge. Dennoch bekommen wir den Eindruck einer kadenziellen Spannung. Wie kommt das?

Die folgenden Beispiele mit Constant Structure Modellen sollen dies veranschaulichen. Spiel sie durch und entscheide selbst:

E A | G C | D | D || G

A7 | D7 | E7 || A7 ||

A7 | F♯7 | B7 | E7 || A7

Dmaj7 | Bmaj7 | Gmaj7 | Amaj7 | Dmaj7

Obwohl die Akkorde keine Kadenz im traditionellen Sinn ergeben und die Funktionen eben so wenig, empfindest du diese Akkordfolgen als „logisch".
Das liegt am Bewegungs-Abstand zwischen den einzelnen Akkord-Grundtönen, welche die kadenzielle Wirkung hervorruft. Wir haben beim Thema Verwandtschaft schon einmal darüber geredet. Was heißt das im Klartext:

Es sind nicht nur die Akkordfunktionen, die den Verlauf einer Kadenz bestimmen. Es sind die Grundtöne, deren Bewegung wir als Kadenz wahrnehmen. Diese Tatsache bietet uns enorme Möglichkeiten bei der Ausgestaltung neuer Akkordfolgen. Die frühe Rockmusik hat das schon vorgemacht. Hier wurde fast nur mit Konstantstructer-Akkordfolgen gespielt. Meistens mit Dur-Dreiklängen oder mit Powerchords.

Kadenzen mit Powerchords

Powerchords bieten uns einen enormen Vorteil, ,,wenn es darum geht, Kadenzen zu spielen oder zu „erfinden". Sie haben kein Tongeschlecht. Dadurch ergeben sich auch keine Spannungen zwischen den Akkorden. Die Spannung geht ausschließlich vom Grundton aus. Jede Kombination ist möglich. Vor allem Rock- und Heavy Metal Bands haben sich diesen Umstand zunutze gemacht.

Der Quintfall

Quintfall und Quintstieg, kurz die Quintverwandtschaften, sind die tatsächlichen „Antreiber" einer kadenziellen Wirkung bzw. Spannung. Der Begriff Quintfall ist hergeleitet aus der Intervall-Bewegung der Grundtöne zwischen der Dominante und der Tonika einer Tonart.

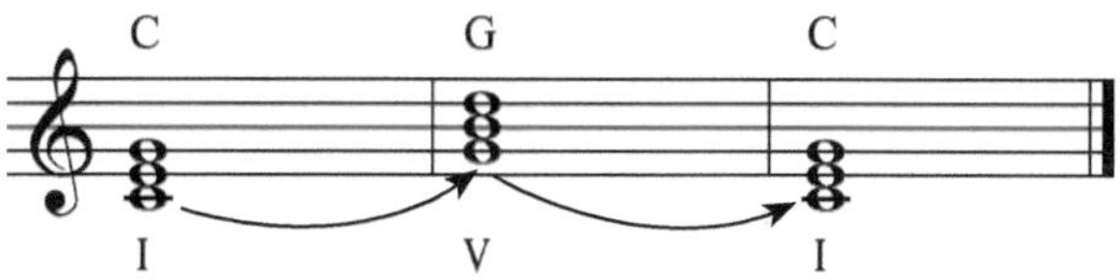

Dieser Eindruck entsteht auch dann, wenn man nur die Grundtöne einer Kadenz spielt. Versuch es selbst.

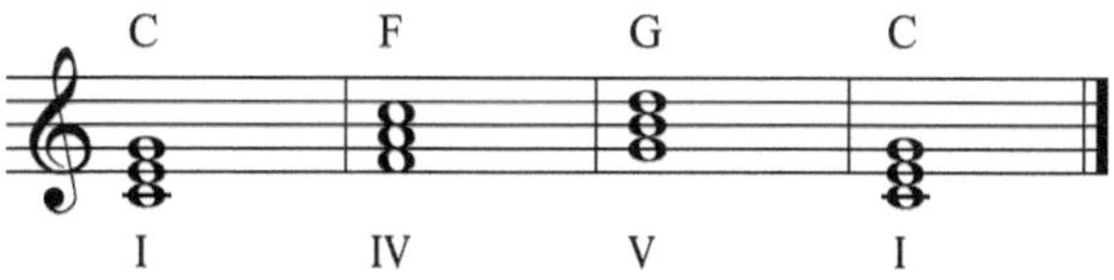

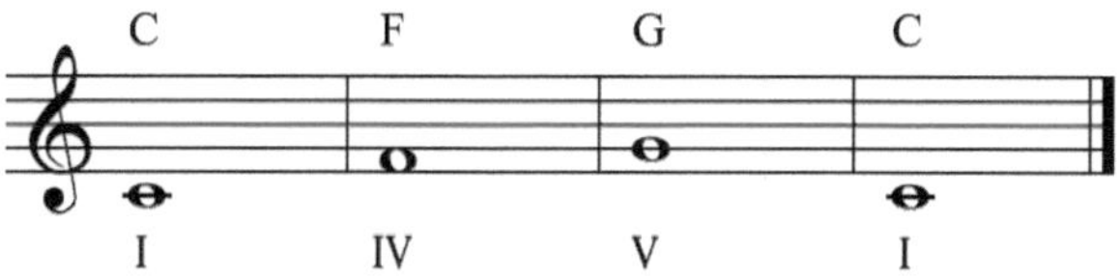

Hier ein weiteres Beispiel:

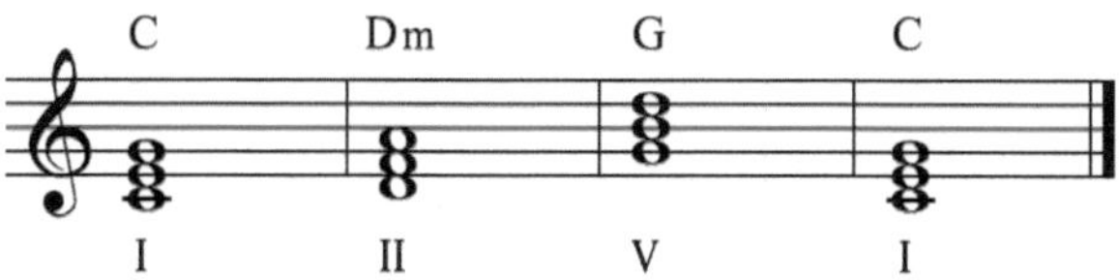

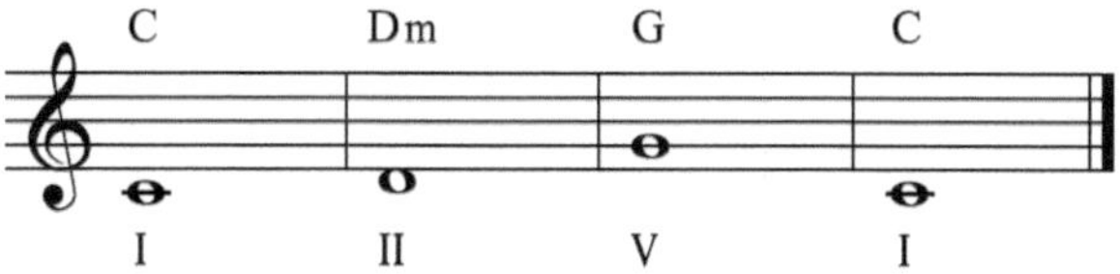

Es würde auch funktionieren, wenn D nicht diatonisch wäre, also eine V/V.

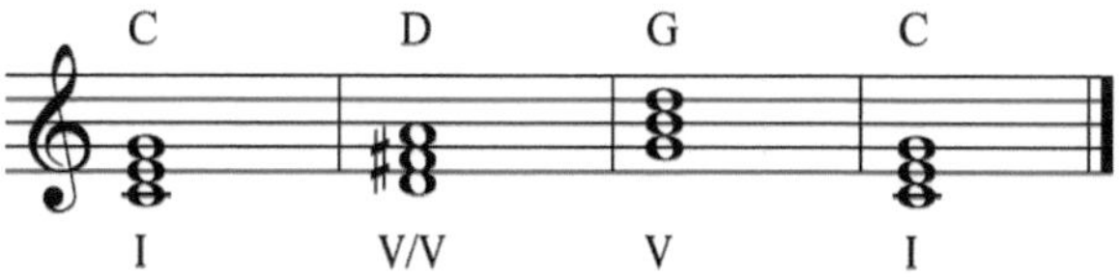

Mach eigenständig weitere Beispiele, um dich an diesen Prozess zu gewöhnen.

[**Fakt** - Eine solche Quintfall Beziehung besteht zwischen allen Akkorden, deren Grundtöne eine Quinte aufwärts oder abwärts auseinander liegen. Die Funktionen dieser Akkorde müssen nicht unbedingt diatonisch zueinander sein.]

Dank dieser Tatsache haben theoretisch alle Akkordverbindungen die Wirkung einer Kadenz, solange die Grundtöne im Quint/Quart-Abstand zueinanderstehen. Kommen wir nun zur sogenannten Vollkadenz.

Die Vollkadenz

Spielt man die sieben Stufenakkorde einer Dur-Tonart in absteigenden (fallenden) Quinten nacheinander, so erhält man eine diatonische Vollkadenz, auch bekannt als Quintfallkadenz.

Bis auf den Intervallsprung einer verminderten Quinte (Tritonus) zwischen der IV. und der VII. Stufe kommen nur Sprünge in reinen Quinten vor. Eine Vollkadenz kann auf jeder der sieben Stufen begonnen werden. Durch den diatonischen Quintfall gelangt man immer wieder zum Ausgangsakkord zurück.

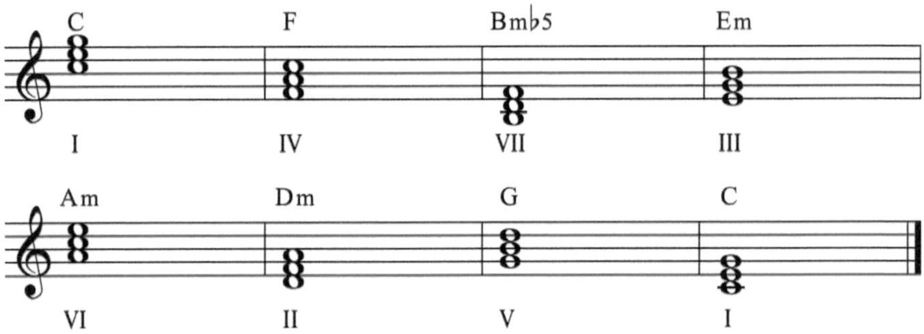

Bekannte Beispiele mit, wenn auch abgewandelter Vollkadenz, sind die Songs: „Still Got The Blues" von Gary Moore, „Million Years Ago" von Adele oder die Jazz Standards „Autumn Leaves" und „Fly Me To The Moon". Viele bekannte Akkordfolgen sind Teilkadenzen der Vollkadenz. In der folgenden Abbildung siehst du einige Beispiele:

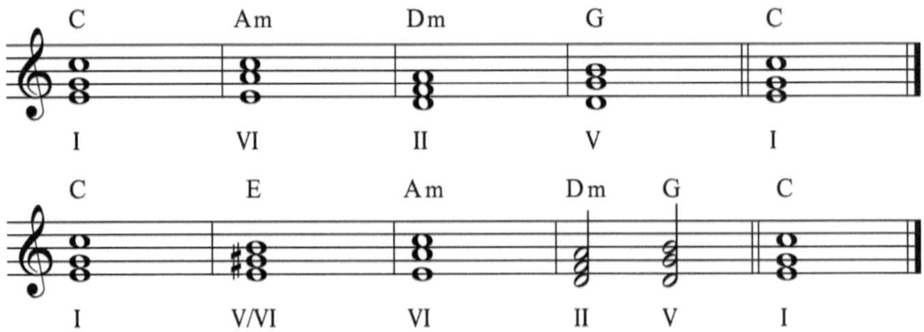

Wie du siehst, funktioniert das auch mit nicht diatonischen Akkorden.

Vertreterakkorde - Akkordsubstitution - Reharmonisation

Zunächst möchten wir den Begriff „Vertreter Akkorde" kurz erläutern, denn er ist mehrdeutig anzuwenden.

1. Damit sind generell Akkorde gemeint, die gegebene Akkorde einer Kadenz ersetzen sollen. Die Gründe dafür und die verschiedenen Methoden erfährst du gleich im Anschluss.

2. Im Rahmen einer Reharmonisation nennen wir alle Akkorde, auf die keine der weiter unten vorgeschlagenen Methode passt, Vertreterakkorde.

Harmonisch spannend wird es immer dann, wenn fremde Akkorde in einer Kadenz vorkommen. Als fremd sehen wir alle Akkorde an, die nicht zur Ausgangstonart gehören. Komponisten und Songwriter suchen gerne nach solchen „Auswegen" aus traditionellen Akkordfolgen, um neue harmonische Farben zu finden.

Wir zeigen dir im Folgenden einige der gängigsten Methoden, wie du einer solchen „Kadenzfalle" entwischen kannst. Man nennt dieses Vorgehen Reharmonisation. Gemeint ist das Umorganisieren und Verändern einer gegeben Akkordfolge.

Durch häufiges Musikhören gewöhnen wir uns an bestimmte wiederkehrende Merkmale wie Melodie-Phrasen, Akkordfolgen oder Sounds. Diese „Gewohnheit" kannst du mit dieser Methode sehr gut durchbrechen und so beim Hörer für kleine „Aha"-Momente sorgen.

Reharmonisation ist in unseren Augen ein sehr interessantes und praktisch anwendbares Thema, wenn es um Harmonielehre geht. Es ist quasi die Belohnung für alles, was du bisher gelernt hast. Jetzt kannst du dein gesamtes bisher erworbenes Wissen kreativ einsetzen, bekannte Songs umschreiben oder eigene Akkordfolgen „erfinden".

Reharmonisation

Reharmonisation bedeutet, du ersetzt einen oder mehrere Akkorde in einem Song durch einen oder mehrere neue Akkorde, um der Akkordfolge eine neue Richtung zu geben oder um sie spannender klingen zu lassen. Auch ein stilistisches „umdichten" ist denkbar, du kannst mit dieser Methode zum Beispiel ein einfaches Kinderlied wie einen Jazz- oder einen Bluessong klingen lassen.

Es gibt nicht sehr viele einheitlichen Regeln, was Reharmonisation angeht. Es sind vielmehr hauptsächlich Erfahrungswerte. Was schon deshalb naheliegend ist, weil die Ergebnisse letztendlich Geschmacksache sind. Eine Regel gilt jedoch immer:

der gewählte „neue" Akkord (bzw. dessen Tonleiter) sollte zur Melodie des Songs passen.

Hier sind die wichtigsten Methoden im Einzelnen:

Akkorderweiterung
Aus Dreiklängen werden z.B. Vier- oder Fünfklänge. Der Stil kann sich ändern.

Diatonische Reharmonisation
Diatonische Stufen werden durch andere diatonische Stufen ersetzt.

Zwischendominanten
Zwischendominanten werden verwendet - auch mit ihren II. Stufen.

Substitut-Dominanten
Dominanten werden durch Tritonus-Vertreter ersetzt - auch mit ihren II. Stufen.

Vertreterakkorde
Fremde Akkorde mit gemeinsamen Tönen der Originalakkorde werden verwendet.

Beginnen wir mit der Akkorderweiterung.

Akkorderweiterung

Die einfachste Form der Reharmonisation ist die Erweiterung der gegebenen Akkorde. Das heißt, in einem Song, der mit Dreiklängen harmonisiert ist, erweiterst du den Dreiklang zu einem Vierklang. Es geht natürlich auch jede andere Erweiterung. Hier ein Beispiel wie aus einem Kinderlied ein jazzy klingender Song werden kann.

Das Original

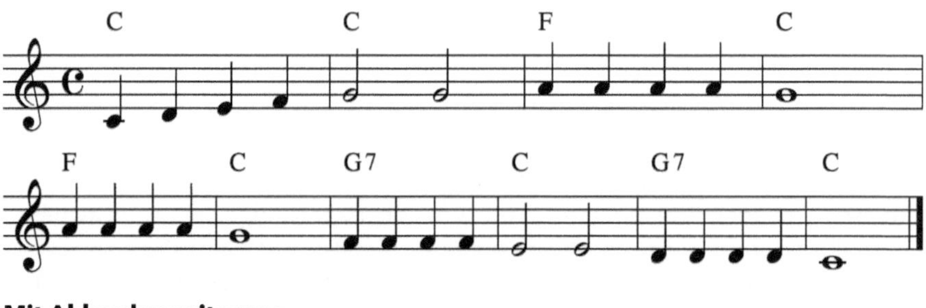

Mit Akkorderweiterung

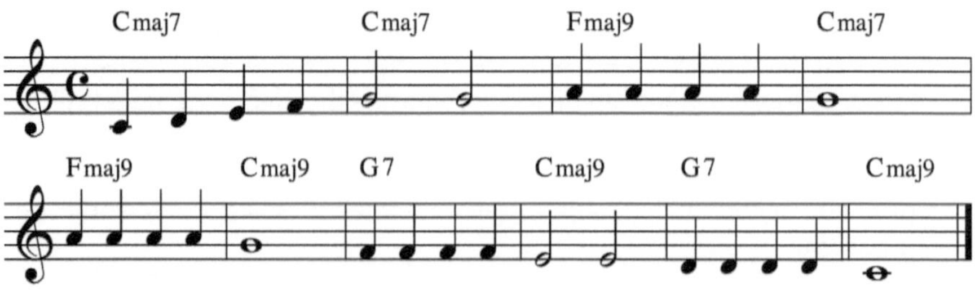

Du kannst die Dreiklänge auch mit add- oder sus-Erweiterungen verändern.

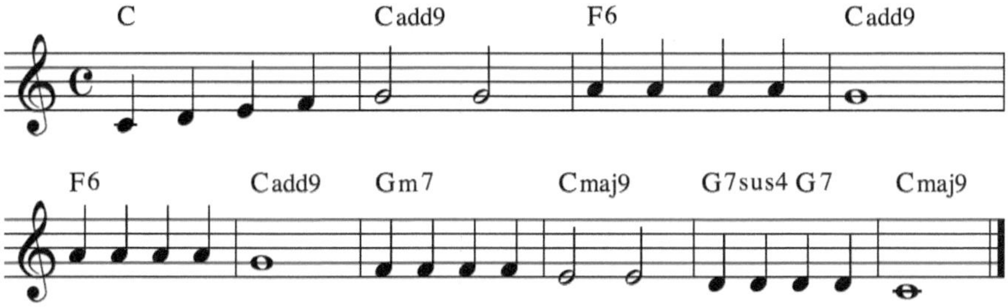

[**Fakt** - Diese Methode funktioniert übrigens in beide Richtungen. Du kannst Songs mit komplexeren Akkorden verändern, indem du die Akkorderweiterungen vereinfachst oder weglässt.]

Diatonische Reharmonisation

Bei der diatonischen Reharmonisation wird ein diatonischer Akkord durch einen anderen diatonischen Akkord ausgetauscht. Diese Methode scheint zwar auf den ersten Blick nicht so spannend, da du keine neuen Akkorde hinzunimmst. Dennoch kann man sehr interessante Ergebnisse erzielen. Der Austausch findet in der Regel über die Parallel- und Gegenklang-Akkorde statt. Probier selbst. Hier einige Beispiele mit Vierklängen:

Original:	Cmaj7 -	Dm7 -	Em7 -	Am7 -	Dm7 -	G7 -	Cmaj7
Version 1:	Cmaj7 -	Fmaj7 -	Em7 -	Am7 -	Dm7 -	G7 -	Cmaj7
Version 2:	Cmaj7 -	Dm7 -	Em7 -	Am7 -	Fmaj7 -	G7 -	Cmaj7
Version 3:	Cmaj7 -	Fmaj7 -	Em7 -	Fmaj7 -	Dm7 -	G7 -	Cmaj7

Und immer daran denken: In jeder Reharmonisation sollte die Melodie zu den neuen Akkorden passen.

Zwischendominanten

Zur Erinnerung: Zwischendominanten sind Dominant-Septakkorde, der Akkordfunktion nicht in der ursprünglichen Tonart vorkommt, die sich aber zu einer diatonischen Tonstufe hin auflösen. Der Grundton der Zwischendominante muss diatonisch sein. Du hast das Thema bereits auf Seite 110 kennengelernt. Wenn es die Melodie zulässt, ist die Reharmonisation mit Zwischendominante sehr reizvoll. Durch einen weiteren Dur-Akkord bekommt ein Song unter Umständen eine neue stilistische Richtung.

Original:	C -	Em -	Am -	F -	Dm -	G7 -	C
Version 1:	C -	E7 -	Am -	F -	Dm -	G7 -	C
Version 2:	C -	E7 -	Am -	F -	D7 -	G7 -	C

Zwischendominante mit II. Stufe

Wird in einer Reharmonisation eine Zwischendominante verwendet, kann selbstverständlich auch deren II. Stufe (aus der Ausgangstonart) gespielt werden.

C	|	E7	|	Am	|	F	|	C	|	D7	|	G7	||	C
C	|	Bm7 E7	|	Am	|	F	|	C	|	D7	|	G7	||	C
C	|	Bø E7	|	Am	|	F	|	C	|	Am D7	|	G7	||	C

Tritonussubstitution - Substitute Dominant

Sehr spannend klingen die sogenannten Tritonus Vertreter. Sie ersetzen eine reguläre Dominante. Warum das funktioniert und wie sie hergeleitet werden, ist so simpel wie logisch. Ein Dominant-Septakkord ist wie folgt aufgebaut:

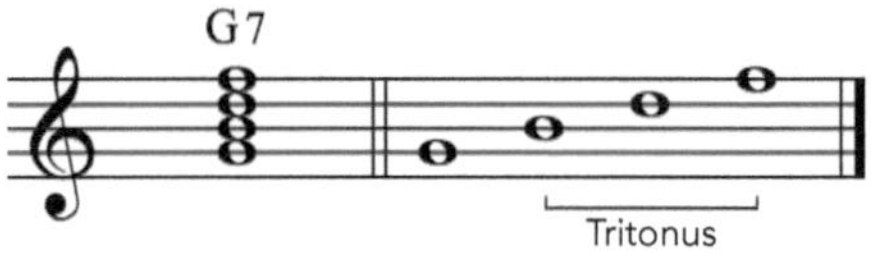

Wie du siehst, liegt zwischen Terz und Septim des Vierklangs der Tritonus B-F.

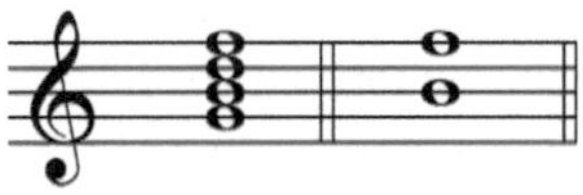

Du hast gelernt, dass man einen Tritonus umkehren kann, ohne das dabei ein neues Intervall entsteht. Ein Tritonus hat kein Komplementär Intervall.

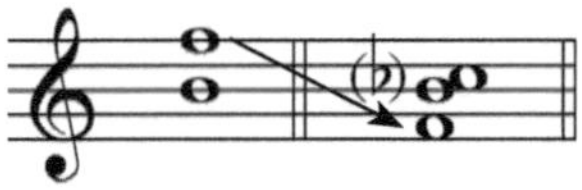

Diese Tatsache macht es möglich, dass du den Tritonus umkehren und in einem „neuen" Dominant-Septakkord wieder als Terz und Septime platzieren kannst. Im vorliegenden Fall müssen wir vorher das B mit C♭ enharmonisch verwechseln. Der neue Akkord bekommt dann (nach den Regeln der Terzschichtung) einen neuen Grundton und eine neue Quinte. In diesem Fall D♭ und A♭.

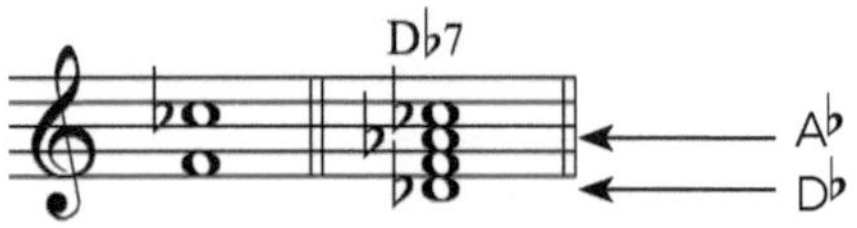

Aus G7 wird also D♭7. Wie du siehst, sind auch die Grundtöne der beiden Akkorde einen Tritonus voneinander entfernt.

[**Fakt -** Die Stufenbezeichnung für einen Tritonusvertreter lautet Sub V/V.]

Hier ist ein Substitut Beispiel mit einer einfachen II V I Kadenz in C-Dur:

C | Dm | G7 || C

C | Dm | D♭7 || C

In unserem Beispiel ist D♭7 der Tritonus Vertreter (Substitut Dominant) für G7.

Mit dieser Methode kannst du speziell bei II V I Kadenzen eine chromatische Grundton-Bewegung erzielen.

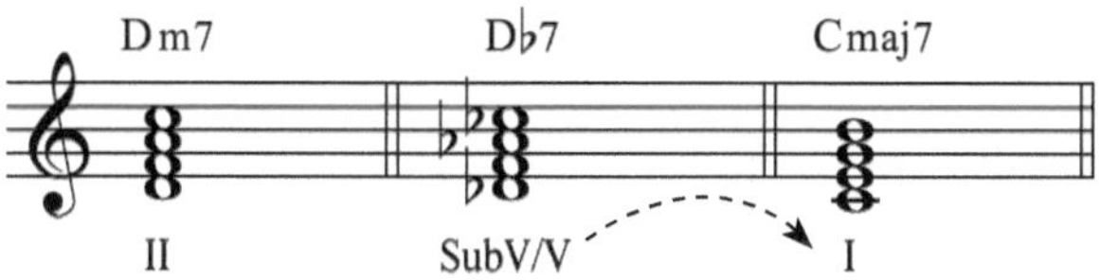

Tritonus Vertreter mit II.Stufe

Auch der Tritonus-Vertreter kann gemeinsam mit seiner II. Stufen aus der Ursprungstonart verwendet werden. Dabei geht allerdings die chromatische Grundtonbewegung verloren.

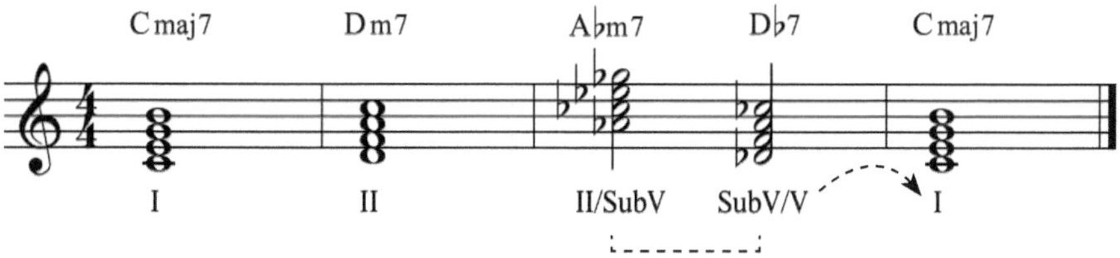

[**Fakt -** In einer Analyse werden Tritonus Vertreter und ihre „Begleiter" mit gestrichelten Klammern und Pfeilen markiert.]

Die Skalen der Tritonus-Vertreter

Die Skalen der Tritonus-Vertreter findest du prinzipiell auf dieselbe Weise wie die Skalen der Zwischendominanten. Wir sind in der Tonart C-Dur und wählen D♭7 als Tritonus-Vertreter der V. Stufe.

1. Als Erstes bestimmst du wieder die vier Akkordtöne des Akkordes, den du verwendest. Diese Töne müssen in der künftigen Skala in jedem Fall vorkommen.

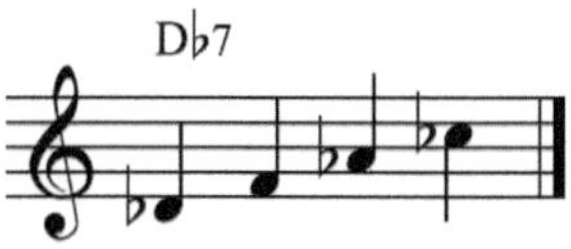

2. Um die Tonleiter zu vervollständigen, „füllst" du wieder die „Lücken" zwischen den Akkordtönen mit Tonmaterial der Ausgangs-Tonart (also C-Dur) auf.

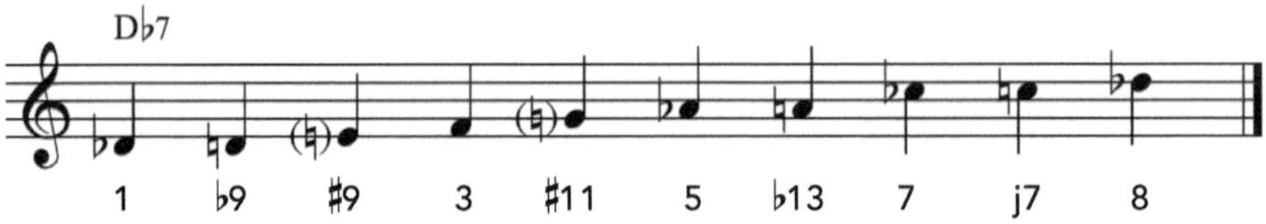

Wie du siehst, ergibt sich hier, unter Berücksichtigung der enharmonischen Verwechslungen ein Sammelsurium an Möglichkeiten. Die alterierte Skala wäre eine Option, wäre da nicht die reine Quinte. Lange Rede, kurzer Sinn: Eine Substitut-Dominante ist an sich ein markantes harmonisches Ereignis. Sie muss sich nicht unbedingt in das diatonische Geschehen der Zieltonart einfügen. Man hat sich für die Mixo ♯11 Skala entschieden und zwar für alle Substitut Dominanten.

Die Skalen der II. Stufen der Substitut-Dominante
Hier gilt die Regel der Zwischendominanten. Die dorisch Skala ergibt die meiste Schnittmenge mit der Mixo ♯11 Skala.

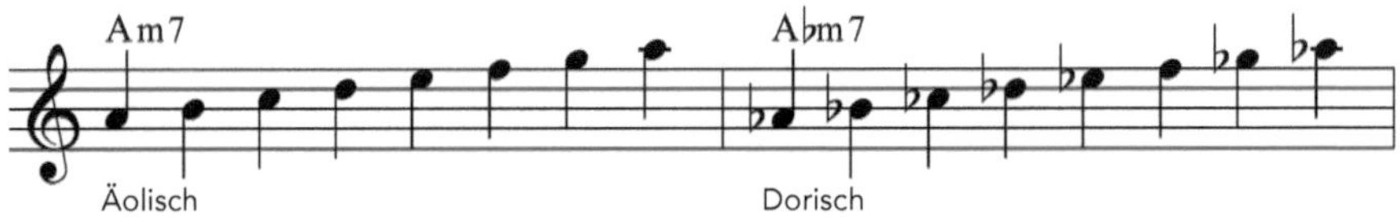

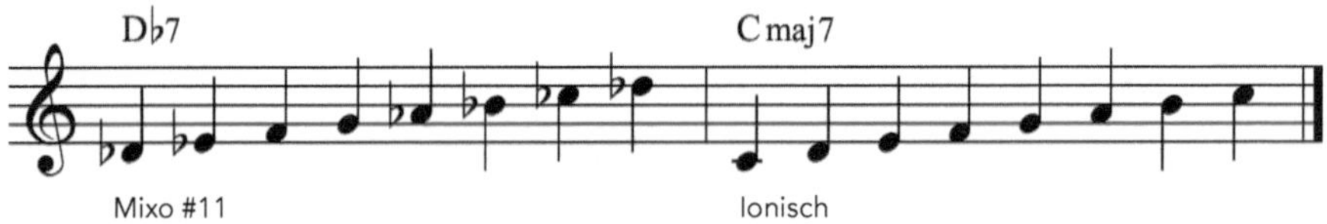

Vertreter Akkorde - Common Tones

Du kannst, abweichend von den bisher gezeigten Methoden gegebene Akkorde auf eine weitere, sehr „freie" Art austauschen. Die meisten Akkorde haben gemeinsame Töne. Diese machen es in verschiedenen Situationen möglich, dass du Akkorde gegeneinander tauschen kannst, obwohl keine der bisher gelernten Methoden wirklich greift. Damit du verstehst, was damit gemeint ist, wollen wir mit ein paar praktischen Beispielen beginnen. Nehmen wir den Akkord Dm.

Er besteht aus den Töne D F A.

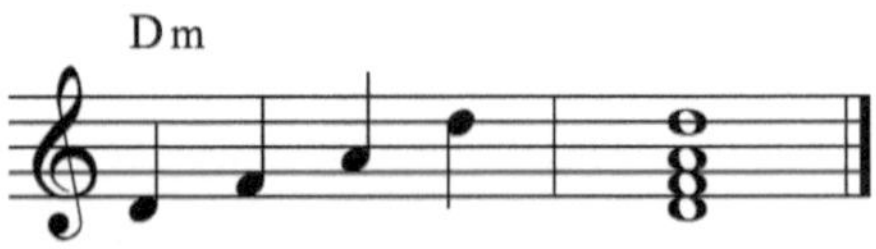

Hier sind Akkorde, die mindesten zwei gemeinsame Töne mit Dm haben.

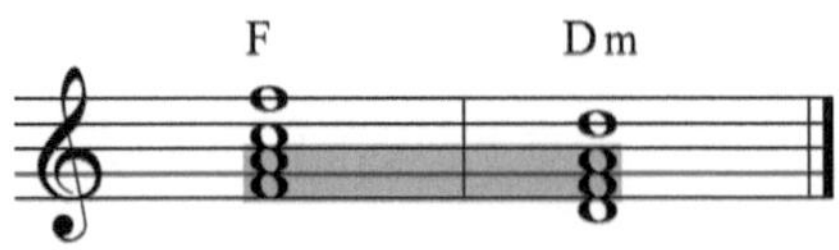

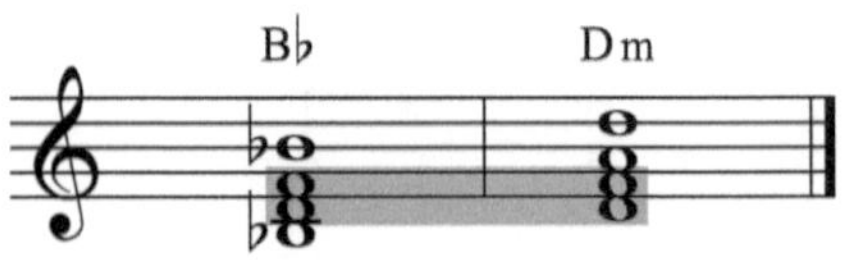

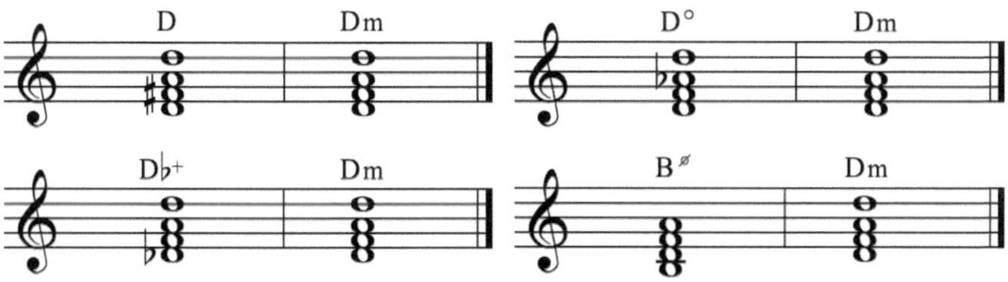

Nehmen wir nun eine gewöhnliche I II V I Kadenz in C-Dur:

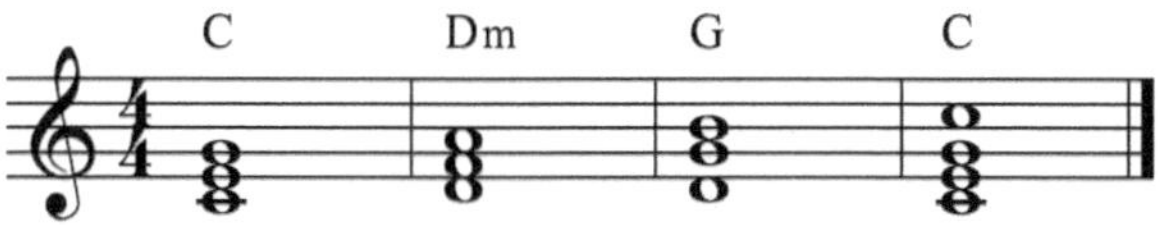

Mit den neuen Vertreter-Akkorden könntest du die folgenden „neuen" Kadenzen kreieren, sofern es die Melodie erlaubt. Spiel sie durch und entscheide selbst:

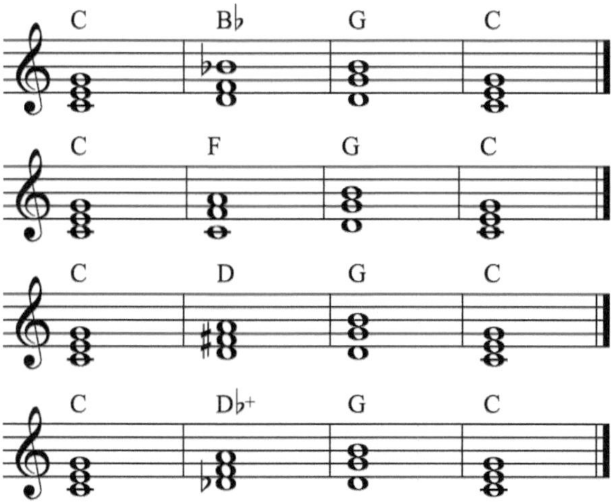

Mit der „Common Tone"-Methode hast du aus unserer Sicht die meisten Möglichkeiten. Gemeinsame Töne lassen sich immer finden. Je größer der Akkord, desto mehr Optionen hast du. Es lohnt sich etwas Zeit zu investieren und alle Substitutionen zu testen. Was gut klingt, ist erlaubt. Achte darauf, dass der Melodieton passt.

Original

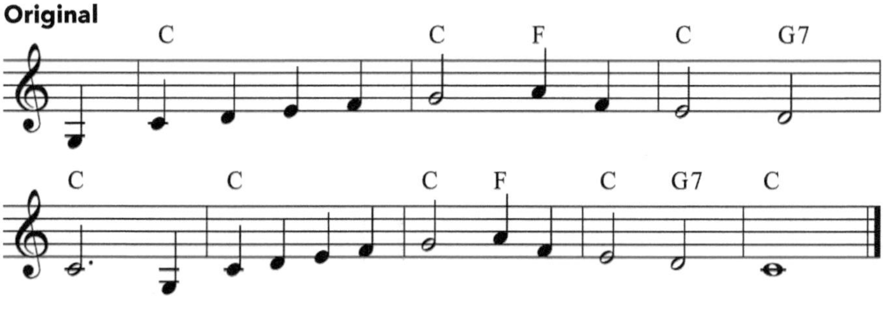

Bearbeitung

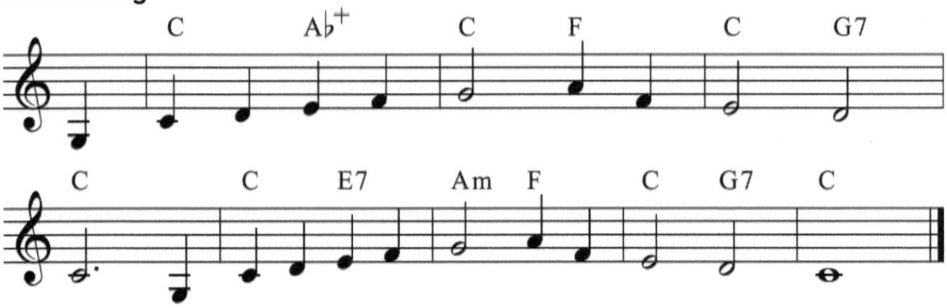

[**Fakt -** Die Möglichkeit, gemeinsame Töne zwischen Akkorden zu finden, ist nahezu unerschöpflich. Es müssen nicht unbedingt zwei sein, es geht auch einer oder mehr als zwei, je nachdem, ob du Akkorderweiterungen mit einbeziehst. Tatsache ist aber, dass nicht alle Vertreter Akkorde in einer Kadenz gut klingen oder einfach nicht zur gegebenen Melodie passen. Wenn du Songs selber schreibst, bietet dir diese Methode eine Möglichkeit, im Vorfeld eine Akkordfolge zu kreieren, die spannend klingt. Die Melodie kannst du ja dann entsprechend anpassen.]

Tabelle aller Dominantakkorde

Fasst man alle Substitute- und Sekundär-Dominanten zusammen, bekommt man eine chromatische Reihe. Jeder der Dominant-Akkorde hat ein diatonisches Ziel. Schau dir die Tabelle einmal an:

Tonart C-Dur

Stufe	Akkord	Funktion		Zielakkord
I7	C7	Sekundärdominante	V/IV	Fmaj7
♭II7	D♭7	Tritonussubstitution	subV/I	Cmaj7
II7	D7	Sekundärdominante	V/V	G7
♭III7	E♭7	Tritonussubstitution	subV/II	Dm7
III7	E7	Sekundärdominante	V/VI	Am7
VI7	F7	Tritonussubstitution	subV/III	Em7
♭V7	G♭7	Tritonussubstitution	subV/IV	Fmaj7
V7	G7	Dominante	V/I	Cmaj7
♭VI7	A♭7	Tritonussubstitution	subV/V	G7
VI7	A7	Sekundärdominante	V/II	Dm7
♭VII7	B♭7	Tritonussubstitution	subV/VI	Am7
VII7	B7	Sekundärdominante	V/III	Em7

Common Tone Tabelle

Wir haben uns Tabellen erstellt, die zeigen, welche Töne in anderen Akkorden vorkommen. Die folgende Tabelle zeigt dir, welche Rolle der Ton C in verschiedenen Dreiklangs-Akkorden spielen kann.

C ist Grundton

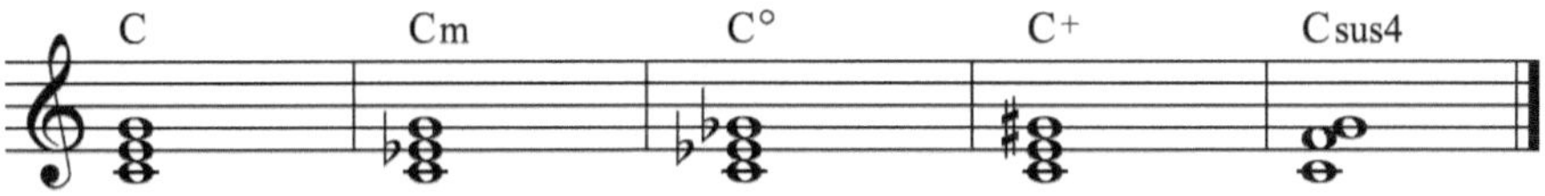

C ist Terz

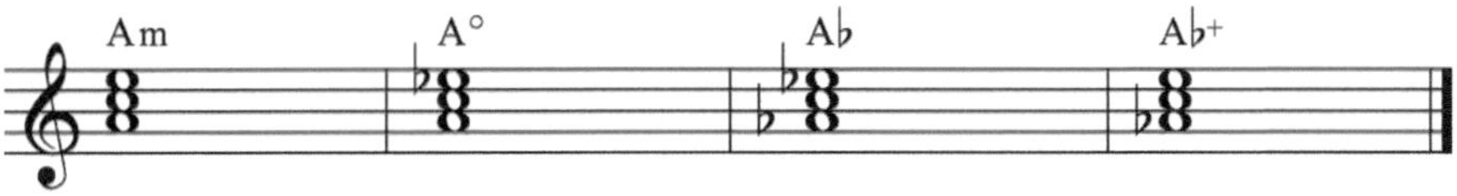

C ist Quinte

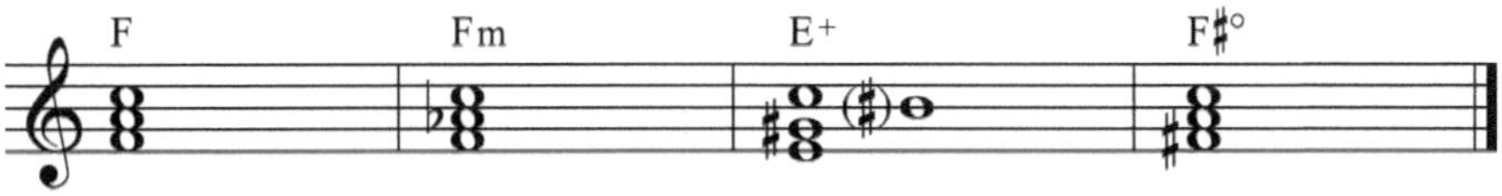

Wenn du mit Common Tones arbeitest ist es ratsam, mit Dreiklängen zu beginnen um den Grundsound der Reharmonisation besser kennenzulernen. Mit Vierklängen und Tensions lassen sich später noch unzählige weitere Möglichkeiten schaffen: C ist Septime - C ist None - C ist Undezime - C ist Terzdezime.
Es gibt 12 verschiedene Töne. Mach dir die Mühe und erstelle eigene Tabellen mit Tensions und solche mit zwei oder mehr gemeinsamen Tönen. Es lohnt sich.

Weitere Reharmonisations-Methoden

Pedalpoint und Klischeelinie

Beide Methoden kommen sehr häufig vor. Sie haben eine gewisse Ähnlichkeit und nutzen im weitesten Sinne ebenfalls Common Tones. Hier eine kurze Erklärung:

Pedalpoint in Basslage

Ein gleichbleibender Ton zieht sich durch eine Akkordfolge und zwar in exponierter Form. Er kann tiefster Ton oder höchster Ton sein. Hier ein Beispiel in Basslage:

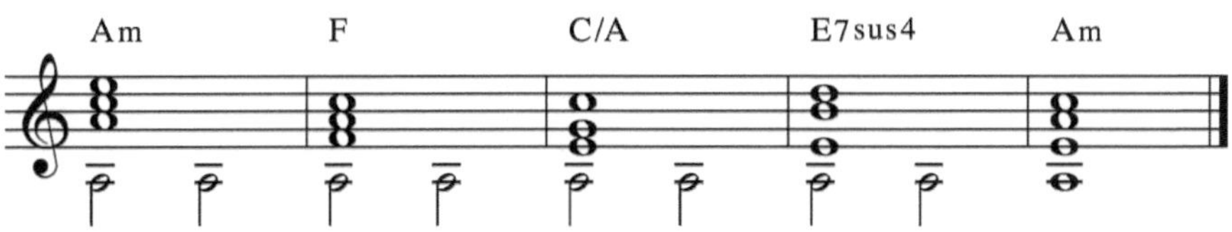

Alle vier Akkorde haben einen gemeinsamen Ton. Dieser steht - wie ein Pedal - an tiefster Stelle. Das Interessante daran ist, es könnten auch fremde, also nicht diatonische Akkorde sein. Trotzdem würde das „Pedal" funktionieren, weil es das Bindeglied zwischen den Akkorden ist. Schau dir das folgende Beispiel an:

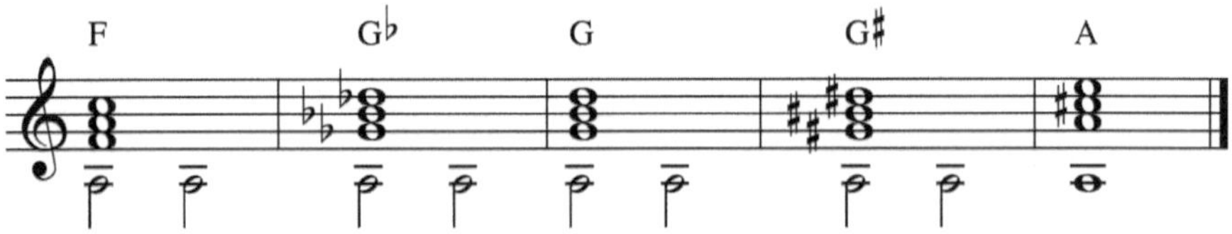

Fünf Akkorde schreiten chromatisch aufwärts. Der (erzwungene) gemeinsame Ton führt unser Ohr gewissermaßen durch die Akkordfolge. In der Praxis finden wir Beispiele in Songs wie:
Jump - Van Halen, Smoke on the Water - Deep Purple, Indiana Jones - John Williams oder Music Of The Night aus Phantom der Oper.

[**Fakt** - Durch solche Pedal Points ergeben sich die Upper Structur Chords, die wir auf Seite 92 schon besprochen haben.]

Pedalpoint in hoher Lage
Ein Pedalpoint kann auch höchster Ton sein:

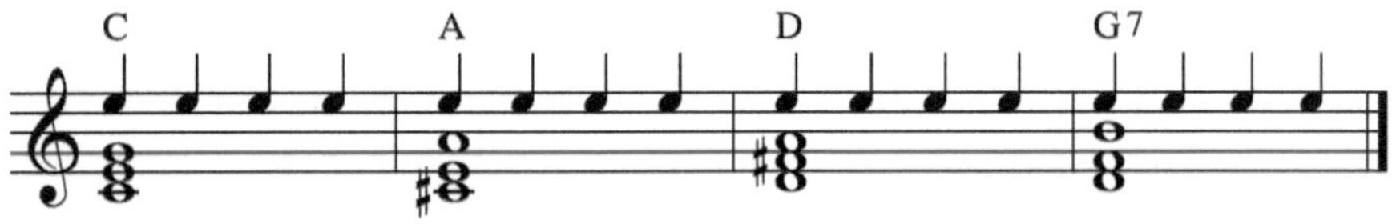

Pedalpoint ist Melodie
Über wenige Takte hinweg kann ein Pedal Point auch die Melodie eines Songs sein. Bekanntestes Beispiel ist wohl der One Note Samba von Antonio Carlos Jobim. Die Melodie der gesamten Strophe ist tatsächlich nur ein Ton.

John Lennon hat seine Melodien oft nur mit einem Ton komponiert. Drive My Car, Julia, Lucy In The Sky oder Come Together enthalten solche „monotone" Melodien. Auch Taylor Swift ist bekannt dafür. Hör dir einmal ihre Songs Out of the Woods oder Welcome to New York an. Hier ist eine vereinfachte Darstellung des Songs Out Of The Woods:

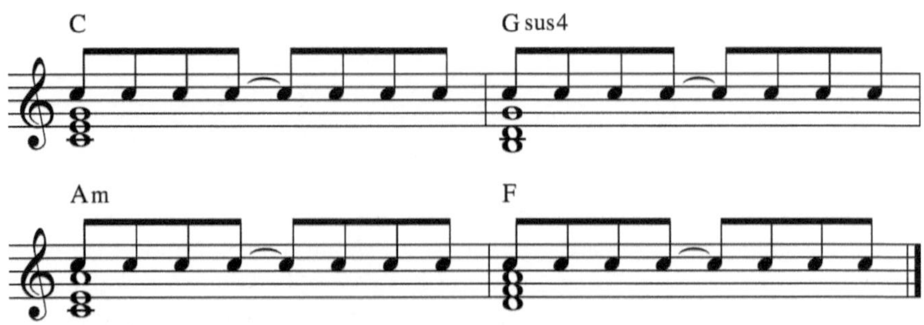

Klischeelinien

Ähnlich wie ein Pedalpoint funktionieren Klischeelinien. Dabei versuchst du eine möglichst lineare Tonfolg diatonisch oder chromatisch, aufwärts oder abwärts zu kreieren, die sich durch die gegebenen Akkorde bewegt.
Eine solche Klischeelinie kann in der Oberstimme, in der Mittelstimme oder im Bass stehen. Am besten schaust du dir dazu, die folgenden Beispiele an.

Klischeelinie in chromatischer Abwärtsbewegung

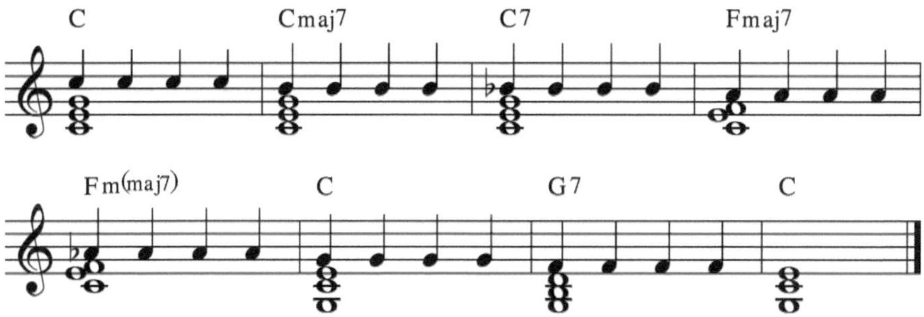

Klischeelinie in diatonischer Aufwärtsbewegung

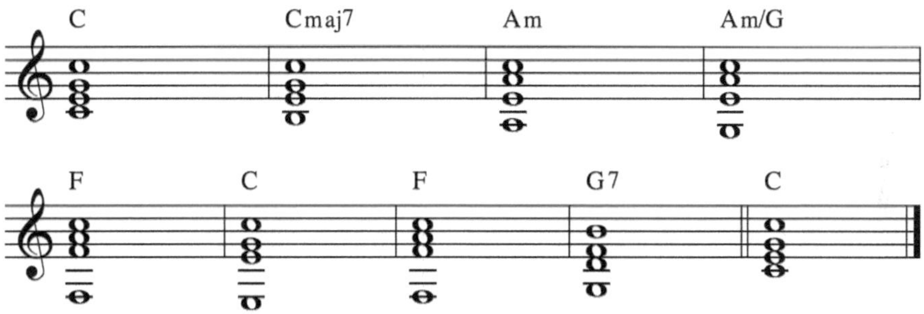

Klischeelinie mit chromatischer Aufwärtsbewegung

Das folgende Beispiel kennen wir aus dem Thema von James Bond. Es hat sowohl einen Pedal Point in Form eines Em Akkords als auch eine Klischeelinie, die chromatisch von der Quinte aufsteigt und wieder zurückkehrt.

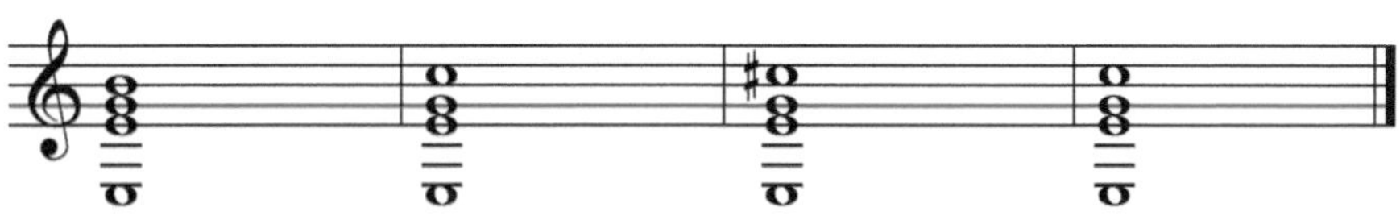

Wie du siehst, hast du enorm viele und sehr interessante Möglichkeiten, weitere Akkordfolgen zu kreieren oder bestehende zu reharmonisieren. Du findest Beispiele in Songs wie: Something und Here Comes The Sun - The Beatles, Kashmir - Led Zeppelin, I Just Called - Steve Wonder.

Borrowed Chords - Backdoor Progression

Beide Begriffe sind keine offiziellen Bezeichnungen, die einer präzisen Regel unterliegen. Es sind vielmehr Begriffe, die für bestimmte Akkordverbindungen herhalten, die sich in der Praxis der Songwriter und Komponisten bewährt haben. Wir werden dieses Thema allerdings nur kurz streifen und dir die interessantesten Progressionen (Kadenzen) vorstellen.

Borrowed Chords - ♭III, ♭VI, ♭VII

Borrowed Chords sind, wie der Name schon sagt, „geliehene" Akkorde aus anderen Tonarten. Du borgst dir aus einer verwandten Tonart einen oder mehrere Akkorde für deine vorhandene Kadenz. Entweder um diese zu erweitern oder um gegebene Akkorde zu ersetzen (siehe auch Reharmonisation auf Seite 135). Geeignete Verwandtschaften für solche Leihgaben sind die Variant-Tonarten. Hier ein Beispiel: Statt C ionisch nimmt man C äolisch.

C	Dm	Em	F	G	Am	Bø	C
Cm	Dø	E♭	Fm	Gm	A♭	B♭	Cm

In der Regel leiht man sich die Dur Akkorde auf der ♭III, ♭VI und ♭VII. Tatsächlich kommen diese Akkorde in vielen Rocksongs zur Anwendung. Am häufigsten ist dies die ♭VII und zwar in der sogenannten Backdoor Kadenz.

Backdoor Progression oder Backdoor Kadenz

Der Begriff Backdoor Progression wurde 1997 vom amerikanischen Saxofonisten Jerry Coker in seinem Lehrbuch „Elements of the Jazz Language for the Developing Improvisor" verwendet. Er beschrieb damit eine Kadenz mit den Stufen:

IVm7	♭VII7	Imaj7
Fm7	B♭7	Cmaj7

Fm7 und B♭7 sind aus der Varianttonart C äolisch geliehen. Spannend ist tatsächlich der Akkord auf der ♭VII Stufe. Egal ob als Dreiklang (♭VII) oder als Dominantseptakkord (♭VII7), er kommt quasi durch die „Hintertür", um sich in der Tonika (I) aufzulösen. In unserem Beispiel bringt er seine II. Stufe mit.

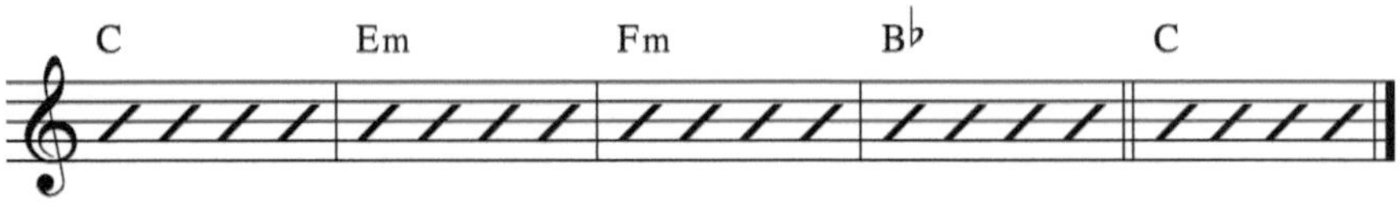

Der ♭VII bringt gelegentlich seine eigene VI Stufe (A♭) mit. Diese Variante kommt vor allem in Rocksongs vor. Beispiele sind: Lady Madonna und With A Little Help From My Friends von den Beatles oder No Expectations von den Rolling Stones.

I	♭VI	♭VII	I
C	A♭	B♭	C

Westernkadenz
Ein weiteres Beispiel für Borrowed Chords ist die sogenannte Westernkadenz. Sie heißt so, weil sie tatsächlich in vielen Westernsongs vorkommt. Bei dieser Kadenz wird der ♭VII vor die eigentliche Dominante gestellt und nicht zur Tonika hin aufgelöst. Hier ein Beispiel:

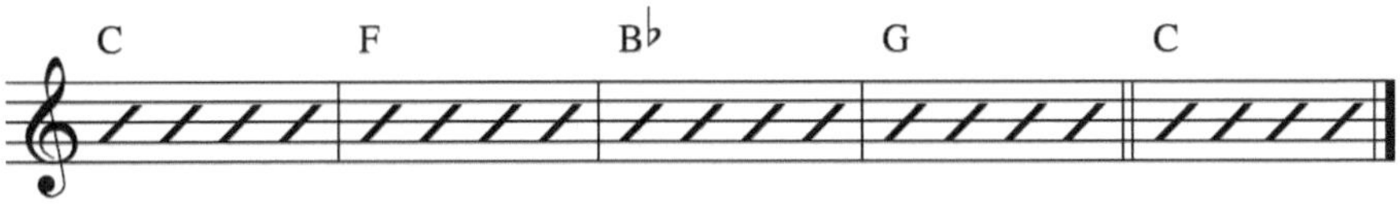

Du hörst diese Kadenz in den Titelsongs der Fernsehserien Bonanza und Dallas.

Eine weitere Westernkadenz gibt es in Moll. Man nimmt eine Im IVm V-Kadenz und „ver-durt" die Subdominante. Hier ein Beispiel in A-Moll:

Am	Dm	E	Am	wird	Am	D	E	Am
Im	IVm	V	Im	wird	Im	IV	V	I

Wir kennen diese Progression aus zahlreichen Western Soundtracks des Komponisten Ennio Morricone. Weiter hinten bei den Standard Kadenzen ab Seite 152 findest du noch weitere Varianten.

Eigenschaften von Kadenzen - Eine Zusammenfassung
Kadenzen haben verschiedene Eigenschaften. Je nach Bewegungsrichtung können sie Spannung aufbauen, zurücknehmen oder halten.

Aufsteigende Kadenzen
Aufsteigende Kadenzen erzeugen Spannung. Häufig werden dazu die diatonischen Stufen nacheinander gespielt.

C Em F G C

Absteigende Kadenzen
Absteigende Kadenzen nehmen Spannung raus. Ein gutes Beispiel dafür ist die Flamenco Kadenz. (Siehe Seite 159)

Spannungs Pendel
Es gibt Kadenzen, die den Hörer im ungewissen lassen, indem sie zwischen Spannung und Entspannung pendeln. Plagale Kadenzen haben diese Eigenschaften oder Akkord-Pendel, die sich nur zwischen zwei Stufen hin und her bewegen. Auch Quintfall Kadenzen kannst du hierzu zählen.

Ruhende Kadenzen
Ruhende Kadenzen sind solche, wo sich entweder ein Ton stehen bleibt oder ein Akkord sich nicht weiterbewegen. Du hast das auf Seite 143 bei den Pedalpoints kennengelernt.

Was ist eine Modulation?

Als Modulation bezeichnet man einen Tonartwechsel innerhalb eines Songs oder einer Komposition im Allgemeinen. Durch einen solchen Wechsel wird die alte Tonart verlassen und eine neue Tonart etabliert. Genau genommen muss eine Modulation die folgenden drei Eigenschaften aufweisen:

1. Es gibt eine Ausgangstonart. (Eine Voraussetzung, die eigentlich jeder Song erfüllt)
2. Es muss eine Modulationsachse geben, die dich in die neue Tonart umleitet/führt. Meistens ist das ein Akkord, der in beiden Tonarten vorkommt und dessen Funktion umgedeutet werden kann.
3. Die neue Tonart (Zieltonart) sollte durch eine eigenständige Kadenz etabliert werden.

In allen Musikstilen werden Modulationen dazu benutzt, neue harmonische Farben in ein Musikstück zu bringen. Modulationen können auch die Dramatik und die Intensität steigern. In manchen Fällen wird aus Mangel an harmonischen Ideen moduliert.

Hinweis!
Nicht jeder Tonartwechsel ist gleichzeitig auch eine Modulation. Manchmal werden neue kurze Akkordfolgen eingebaut, um einem Song eine andere Farbe zu geben. In der Regel führt ein solcher „Einbau" schnell wieder zurück zur Ausgangstonart. Man spricht in diesem Fall von einem „Key Of The Moment", also eine Tonart für den Moment. Hier ein Beispiel:

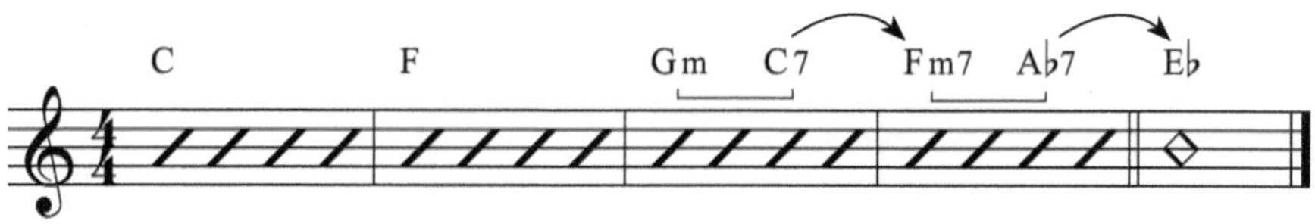

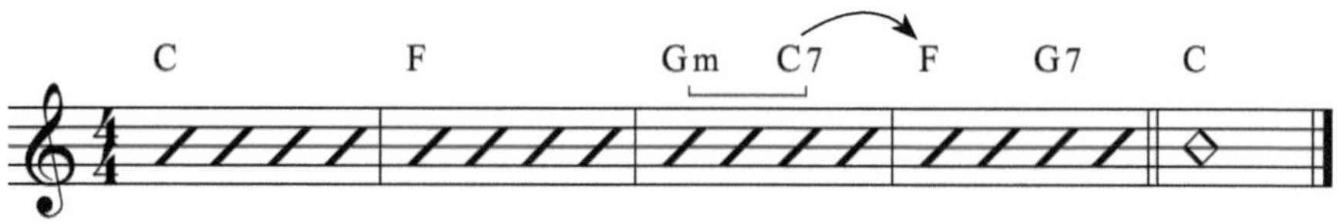

Im ersten Fall handelt es sich um eine echte Modulation Gm C7 leitet diese ein. C7 ist eigentlich die V/IV in C-Dur, Gm als II Stufe der „Begleiter" von C7. Anstatt nach F zu gehen, folgt aber ein Fm, wieder als II Stufe, diesmal mit zugehöriger Dominante A♭7, die sich in der neuen Tonika E♭ auflöst.

Das zweite Beispiel enthält dagegen nur die II V der V/IV und diese folgt dann auch mit G7 als Dominante, was sich nach C-Dur auflöst. Es handelt sich also um einen „Key Of The Moment"

Modulationsarten

Es gibt verschiedene Methoden, um eine Modulation durchzuführen. In der Populären Musik sind vor allem diese fünf für dich wichtig:

1. Die direkte Modulation
2. Die pivotale Modulation
3. Die transitionelle Modulation
4. Die Modulation in eine Parallele Tonart
5. Die Grundtonmodulation

Die direkte Modulation

Bei der direkten Modulation wechselst du von einem beliebigen Akkord aus ohne Umwege direkt in eine neue Tonart. Es gibt also keine spezielle Modulationsachse. Das geschieht häufig am Ende eines Songs, indem der Refrain oder ein Teil davon um einen Halb- oder Ganzton nach oben transponiert wird. Das steigert die Intensität, obwohl kein neues „Material" dazu kommt. Die neue Tonart wird mit ihren Vorzeichen angezeigt.

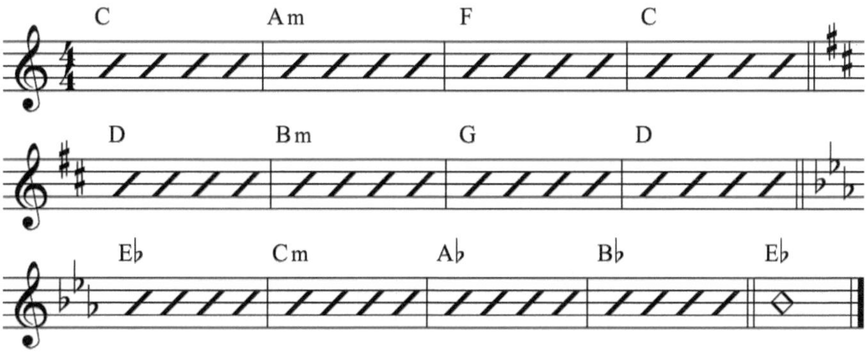

Umgekehrt geht das natürlich auch. Ein Song kann auch tiefer transponiert werden.

Es kann aber auch etwas raffinierter sein. Ein Tonartwechsel im Pre-Chorus zum Beispiel bringt enorm Spannung in den Song. Diese Methode ist tatsächlich sehr häufig in modernen Country Songs zu finden.

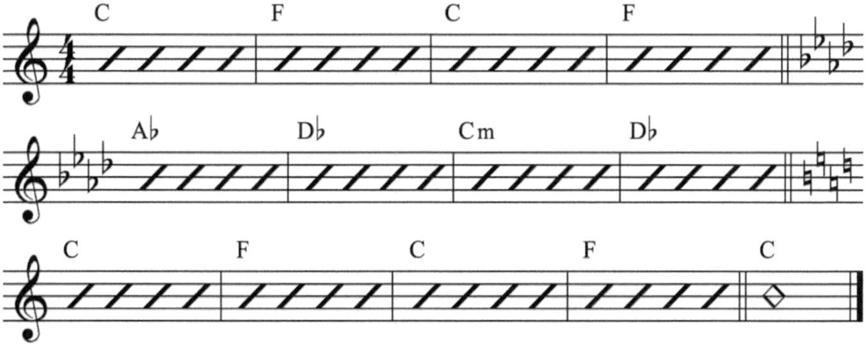

Die pivotale Modulation

Das englische Wort „pivot“ heißt unter anderem „Dreh- und Angelpunkt“ oder „Gelenk“. Ein pivotaler Akkord ist also so etwas wie eine Achse zwischen zwei Tonarten. Es ist wahrscheinlich die am häufigsten verwendete „echte“ Modulation und sie erfüllt alle drei Modulationskriterien:

Ausgangstonart -> Modulationsmittel (pivotaler Akkord) -> Zieltonart mit eigener Kadenz. Ein pivotaler Akkord muss in beiden Tonarten eine Kadenzfunktion haben.

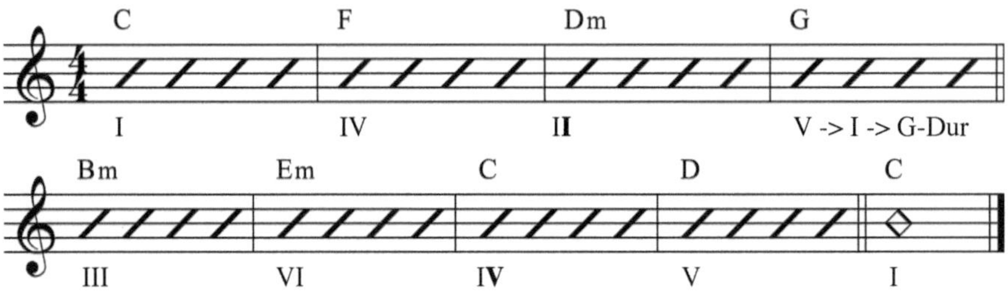

G ist der pivotale Akkord. Seine Funktion, Dominante in C-Dur, wird zur neuen Funktion Tonika in G-Dur und leitet so die Modulation von C- nach G-Dur ein.

Grundtonmodulation

Wie es der Name sagt, wird über einen gleichbleibenden Grundton das Tongeschlecht eines Akkordes von Dur nach Moll (und umgekehrt) moduliert. Durch diese „Umwandlung“ bekommt der Akkord eine neue Funktion in einer neuen Tonart. Somit ist der Akkord, dessen Geschlecht sich ändert, der pivotale Akkord.

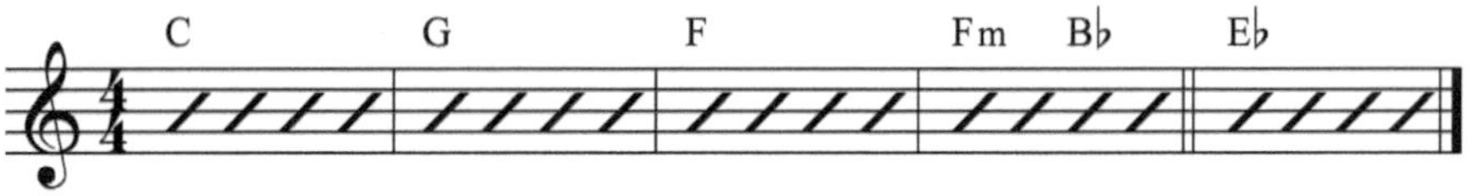

Die Mollvariante

Eine Form der Grundtonmodulation ist Modulation in die Moll-Variante. Im Gegensatz zur Mollparallele bleibt der Grundton gleich und du modulierst von einer Durtonart zu einer Molltonart mit gleichem Grundton.

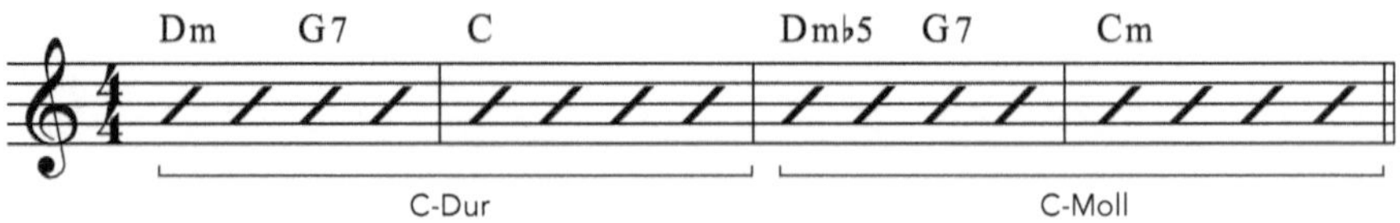

C -> Am = Parallele Modulation
C -> Cm = Mollvariant Modulation

[**Fakt** - Im englischen Sprachraum können die Begriffe leicht verwechselt werden. Auf Seite 58 findest du die exakte Erklärung.]

Des Weiteren unterscheiden wir zwischen:

Transitionelle Modulation

Transitionell bedeutet Übergang. Bei dieser Modulationstechnik wird der Tonartwechsel stufenweise und langsam vorbereitet. Das geschieht zum Beispiel durch II V oder Dominant-Ketten. Diese Methode triffst du häufig in Jazz Standards an.

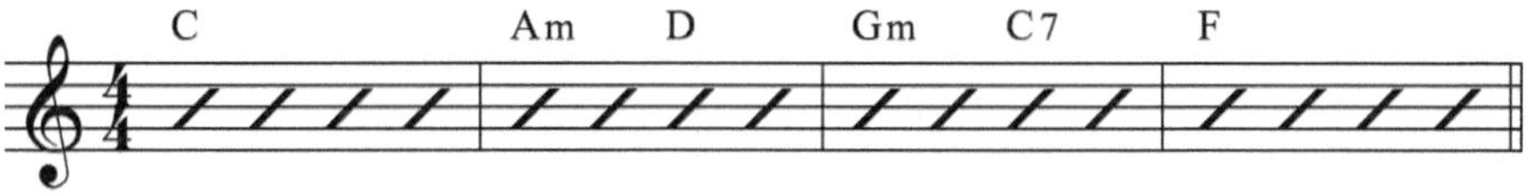

Am ist noch in C-Dur. D-Dur fungiert als V7/V. Die erwartete V, also G-Dur, wird „ver-mollt" und als II mit zugehöriger V nach F-Dur aufgelöst. Hier findet also eine Modulation von C- nach F-Dur statt.

Am ist der pivotale Akkord. Die beiden Akkorde Am und D bilden den vorhin erwähnten Key Of The Moment.

Erkenntnis
Ein transitionelle Modulation verbindet mehrere Modulationsmethoden. Im gezeigten Beispiel ist das die Grundtonmodulation - Dm wird zu D - und die pivotale Modulation, Am ist Modulationsachse.

Modulation in eine parallele Tonart

In vielen Songs stehen die Strophen in einer Molltonart und der Refrain in der parallelen Durtonart. Das ist eine sehr effektvolle Songwriting-Technik, um Strophe und Refrain harmonisch voneinander abzusetzen. Eine andere Möglichkeit der Modulation von Dur zum parallelen Moll wäre, die Bridge in der parallelen Molltonart zu schreiben, derweil Strophe und Refrain in Dur stehen.

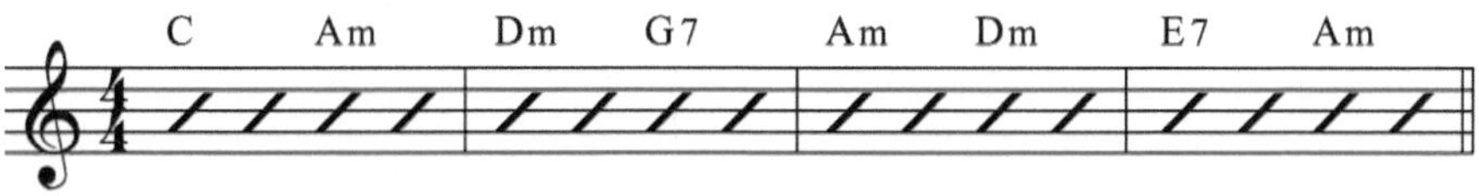

Diatonische Modulation

Die diatonische Modulation ist gleichzeitig eine pivotale Modulation. Ein diatonischer Akkord der Ausgangstonart wird umgedeutet in einen diatonischen Akkord der Zieltonart.

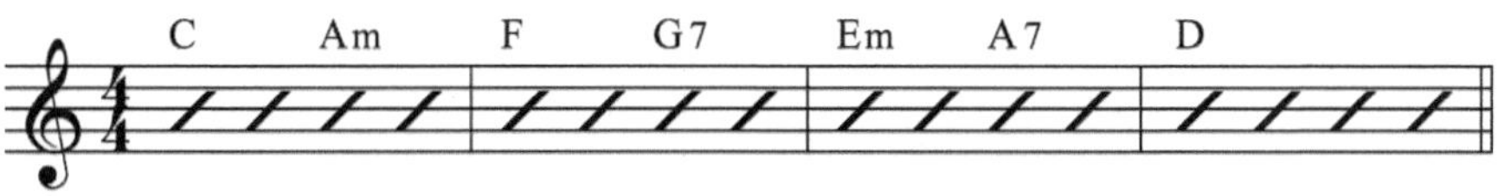

Em ist III. Stufe in C-Dur und wird zur II. Stufe in der neuen Tonart D-Dur.

Chromatische Modulation

Bei der chromatischen Modulation werden Akkorde durch Tonalteration verändert. Folglich ist die Grundtonmodulation gleichzeitig eine chromatische Modulation. Die Terz wird alteriert, um von Dur nach Moll oder umgekehrt zu wechseln.

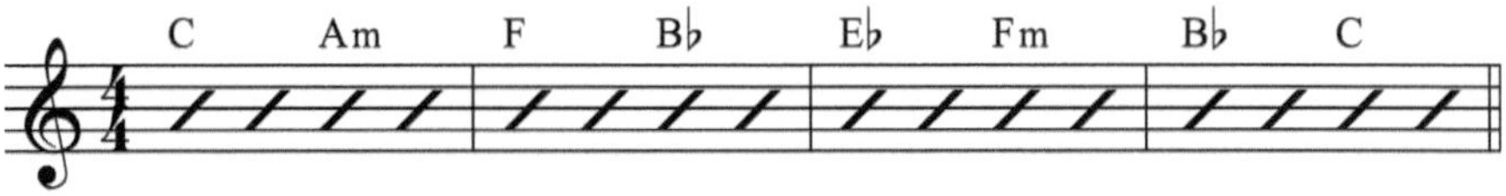

Im Beispiel wird die Terz von F, also A, zu A♭ alteriert. Dadurch wird F zu Fm. Fm leitet die Modulation nach E♭-Dur ein.

Enharmonische Modulation

Bei der enharmonischen Modulation wird einer oder mehrere Töne enharmonisch verwechselt, um neue Akkorde zu bekommen.

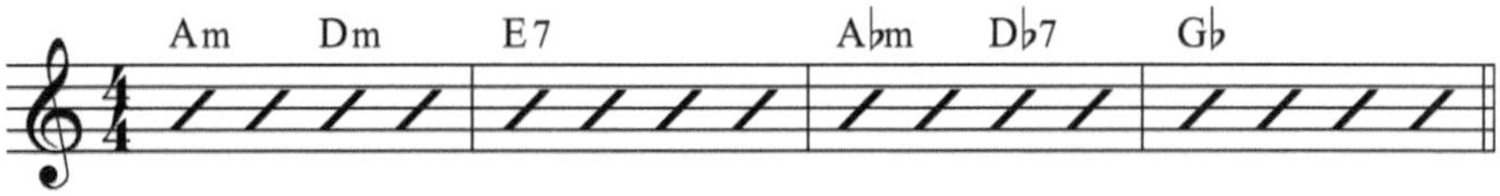

Im Beispiel wird die große Terz G♯ aus E-Dur enharmonisch nach A♭ verwechselt. Dieser Ton wird als Grundton für die II. Stufe A♭m in G♭-Dur verwendet. Die Modulation ist also von A-Moll nach G♭-Dur.

Fazit

Modulationen lassen - wie viele Themen der Harmonielehre - viel Spielraum für eigene Anwendungen. Wichtig ist nur, dass du im Grunde verstanden hast, worum es hierbei geht.

Standardisierte Kadenzen - Hitformeln

Auf Seite 122 haben wir ausführlich über Kadenzen gesprochen. Jetzt wollen wir sie aus der Perspektive ihrer Anwendungsmöglichkeiten für Komponisten und Songwriter betrachten.

Copy and Paste - Darf man jede Kadenz verwenden?

Diese Frage ist berechtig. Wo endet die Inspiration und wo beginnt eine Urheberrechtsverletzung. Wenn in der Praxis etwas funktioniert und erfolgreich ist, wird es oft kopiert und kommt leicht verändert zurück, um nicht den Eindruck des Plagiats zu erwecken. In der Musik betrifft das vor allem Sounds, Rhythmen und Akkordfolgen. Einerseits nicht die feine Art, aber andererseits sind Akkordfolgen nicht durch das Urheberrecht geschützt, weil sie noch kein musikalisches Werk darstellen. Wäre es so, gäbe es nur einen Bluessong und nur ein Volkslied mit Tonika, Subdominante und Dominante. Das heißt im Klartext:

Was darf ich?
Du darfst reine Akkordfolgen aus anderen Songs übernehmen. Du darfst den „puren" Rhythmus eines Songs übernehmen. Du darfst die Songform übernehmen. Aber eben nicht zusammen. Also sei vorsichtig und nimm alles, was dir gefällt, lieber als Inspiration für eigene Kreationen und Kompositionen.

Was darf ich nicht?
Du darfst keine Melodien und keine Texte übernehmen. Nicht einmal auszugsweise. Selbst die kleinste Gemeinsamkeit kann zu Problemen führen. Gitarrenriffs, Pianofiguren, Basslines, Grooves, Instrumentierungen sollten ebenso Tabu sein. Viele große Künstler hatten und haben juristische Prozesse am Laufen wo eben diese Dinge geklärt werden müssen. Hier ein paar Beispiele, entscheide selbst:

Vanilla Ice - Ice Ice Baby	vs	David Bowie - Under Pressure
The Beatles - Come Together	vs	You Can't Catch Me - Chuck Berry
Led Zeppelin - Stairway To Heaven	vs	Spirit - Taurus
Ed Sheeran - Thinking out Loud	vs	Marvin Gaye - Let's Get It On

Diese Methode wird auch von bekannten Songwritern praktiziert. Es gibt Hunderte Welthits mit der Akkordfolge I V VI IV, und das nicht erst seit „Let It Be" von den Beatles.

Wir wollen dir im Folgenden ein paar der beliebtesten Akkordfolgen vorstellen. Solche, die in unzähligen Songs vorkamen und immer noch beliebt sind. Sie haben den „Sound" der vergangenen Jahre mitgeprägt. Ein weiterer Vorteil, bekannte Harmoniefolgen als Inspiration zu verwenden, ist tatsächlich ihr hoher Wiedererkennungseffekt.

Wenn eine Kadenz zum „Standard" wird, liegt es daran, dass die Songs, in denen sie vorkamen, funktionierten. Der Mix aus Bekanntem und Neuem führt zu einer ständigen stilistischen Bewegung in der Musik und hält Traditionen am Leben.

Begriffe wie Changes, Circle Progression, Turnaround, Frontdoor- oder Backdoorkadenz, Rhythmchange, Flamenco- oder Spanische Kadenz - die du gleich kennenlernen wirst - wurden von Musikern erfunden und haben sich im Musikjargon etabliert, weil sie die Thematik am verständlichsten ausdrücken.

Was sind Changes?

Als Changes bezeichnet man eine standardisierte Akkordfolge. Häufig werden diese Akkordfolgen nach ihrem Ursprungs-Song oder -Stil benannt.

Blueschanges beispielsweise sind 12-taktige Akkordfolgen, die in Bluessongs vorkommen.
Der berühmte Rhythmchange entstammt der Akkordfolge des Songs „I Got Rhythm" von George Gershwin.

1. Die vollständige Kadenz in Dur und Moll • I IV V I

Die Hauptakkorde I IV V I bzw. T S D T in der Reihenfolge ihrer Entstehung gespielt, stellen den Kern der meisten Songs dar. Es ist die am häufigsten verwendete Kadenz-Formel. Sie funktioniert in Dur und Moll.

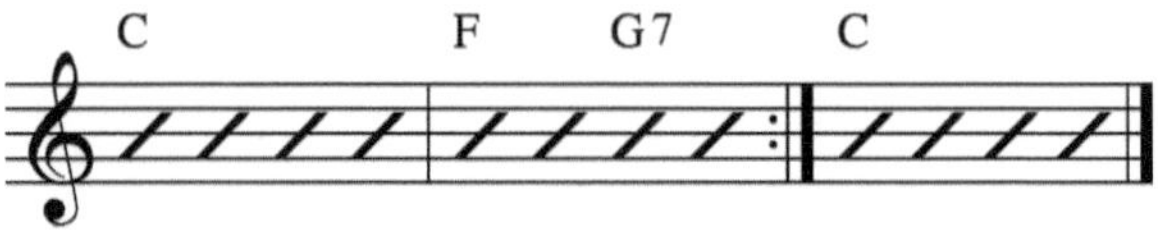

Vollständig in Dur

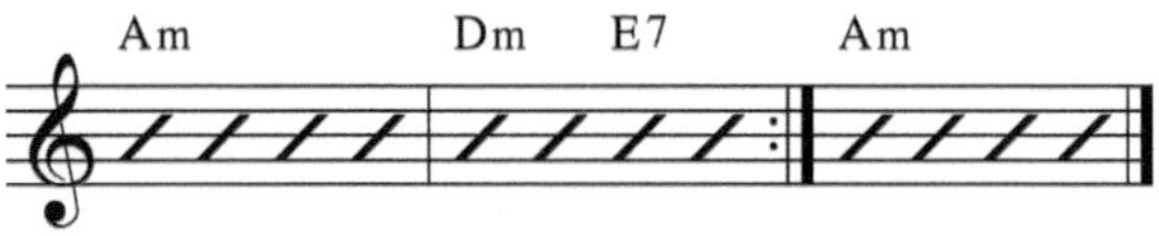

Vollständig in Moll

Die Bluesformel

Mit V7-Akkorden gespielt wurde I IV IV I zur Akkordfolge des Blues. Aus diesem Grund nennt man sie auch Blues Changes oder Bluesformel. Sie war auch Standard-Kadenz der Rock ‚n' Roll- und Beat-Bands der 1950er und -60er Jahre.

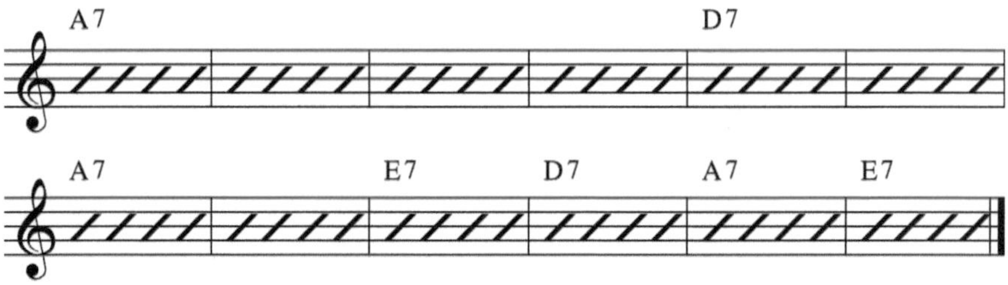

Hier sind Songbeispiele mit I IV V I-Kadenz oder der Bluesformel:

Twist And Shout, Can't Buy Me Love	The Beatles
Thinking Out Loud	Ed Sheeran
Something Like Olivia, Dear Marie	John Mayer
Guantanamera	Traditional
Big Black Mariah	Tom Waits
La Bamba	Richie Valens
Bad Guy	Billie Eilish

Diese Kadenz mag einfach sein und deshalb uninteressant erscheinen, betrachtet man aber die Vielzahl an hervorragenden Songs, die auf ihrer Basis geschrieben wurden, sollte man sich die Zeit nehmen und sich mit den vielen Möglichkeiten auseinandersetzen, bevor man komplexere Formen nutzt oder selbst kreiert.

Nimmt man die I IV V I Kadenz und ändert die Reihenfolge oder lässt eine Stufe weg (siehe I V I) bekommt man nicht nur brauchbare Ergebnisse, sondern eine Vielzahl an neuen Formeln. Die folgenden Beispiele basieren alle auf der vollständigen Kadenz.

1a. I V I (V I)

Die kürzeste Kadenz ist die I V I-Kadenz. Ohne Umwege wird Spannung (Dominante) aufgebaut und wieder aufgelöst (Tonika). Volks- und Weihnachtslieder aber auch Soul- und Funk-Songs verwenden diese Formel.

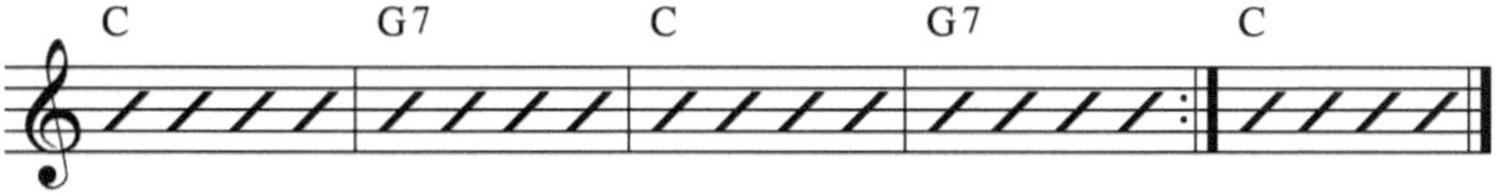

Papa Don't Take No Mess, Get Up	James Brown
Marmor Stein und Eisen bricht	Christian Bruhn
Why Georgia	John Mayer
Baby You're A Rich Man	The Beatles

Auch diese Kadenz funktioniert in Moll.

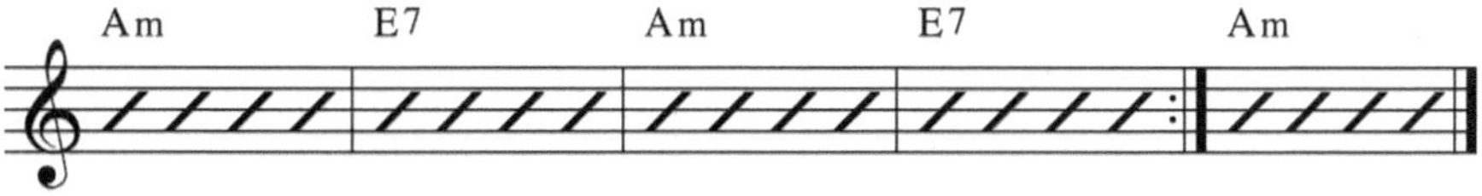

1b. Die plagale Kadenz • I IV I (IV I)

Das fehlen eines V7-Akkordes lässt einen Song entspannt zwischen Tonika und Subdominante pendeln. Schaut man sich die folgende Songliste an sieht man, dass diese „unverbindliche" Kadenz zu den beliebtesten Akkordfolgen der vergangenen Jahre gehört.

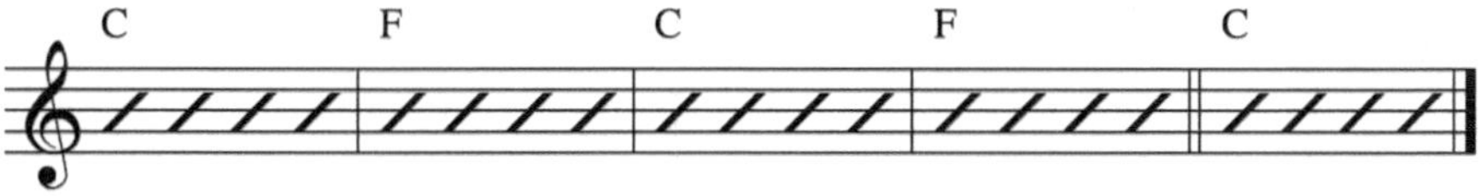

Carry Me Away, I Guess I Just Feel Like	John Mayer
Catch the Wind	Donovan
For What It's Worth	Buffalo Springfield
Gimme Some Lovin'	Spencer Davis Group
Glory Days	Bruce Springsteen
In The Midnight Hour	Wilson Pickett
Imagine	John Lennon
Lay Down Sally	Eric Clapton
Satisfaction, You Can't Always Get	The Rolling Stones
Get Back	The Beatles
The Night They Drove Old Dixie Down	The Band
Walk On The Wild SIde	Lou Reed

1c. Varianten der vollständigen Kadenz

Folgende Varianten der vollständigen Kadenz kommen gelegentlich vor.

I V IV V oder I V IV I

Your Body Is A Wonderland	John Mayer	I V IV V
Baba O' Riley	The Who	I V IV I

I V I IV

When I'm Sixtyfour, Hey Jude	The Beatles
Joy To The World	Traditional

V IV I

Sweet Home Alabama	Lynyrd Skynyrd
I Still Haven't Found	US
Ring Of Fire	Johnny Cash
Sympathy For The Devil	The Rolling Stones

I IV I V

The Lion Sleeps Tonight	Diverse
Brown Eyed Girl	Van Morrison

Bedenkt man, dass wir bisher nur mit Dur-Akkorden spielen, ist die Menge an Möglichkeiten mit diesen drei Akkorden schon erstaunlich. Woran liegt das?
Nun, beide Akkorde, die IV. Stufe und die V. Stufe stehen beide in Quint/Quartverwandtschaft zur I. Stufe. Egal mit welcher Stufe du beginnst oder in welcher Reihenfolge du sie spielst, sie so wollen irgendwann zur I, sonst klingt die Akkordfolge nicht ausgereift bzw. abgeschlossen.

1d. Varianten in Moll

Wie schon auf Seite 109 bei den Molltarten erwähnt, sind Mollkadenzen meistens ein Mix aus äolisch HM und MM.

Äolisch:	Am	Bø	C	Dm	Em	F	G	Am
HM:	Am	Bø	C+	Dm	E	F	G♯ø	Am
MM:	Am	Bm	C+	D	E	F♯ø	G♯ø	Am

Kommt allerdings die Dominante E-Dur nicht vor, werden wir sie immer als äolisch bzw. als Dur Kadenz mit VI. Srufe beginnend wahrnehmen. Die folgende Kadenz ist ein solche „Mischform" aus äolisch und HM.

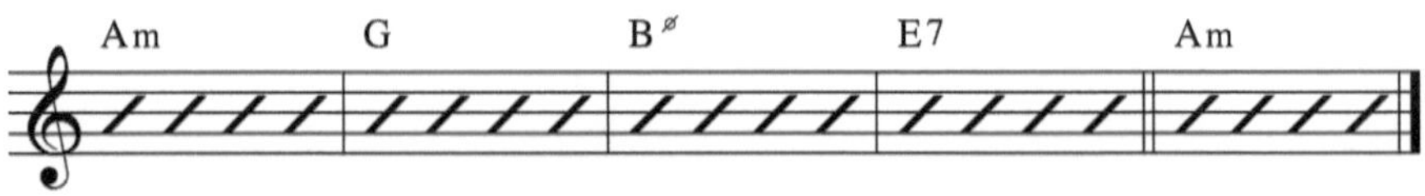

2. Backdoor Kadenz

Sie gehört zur Familie der Borrowed Chords. (siehe Seite 146)

I IVm ♭VII I oder I IV ♭VII

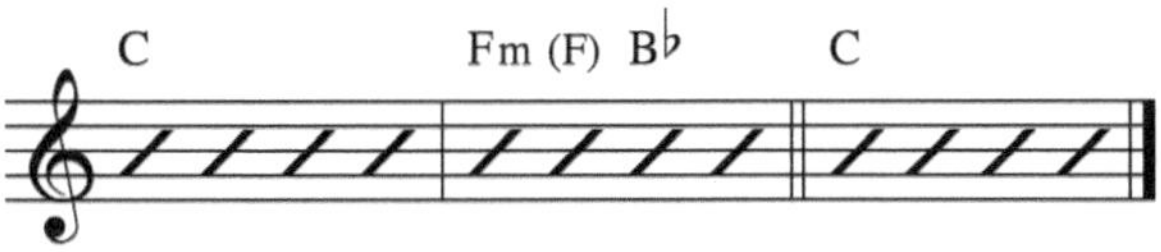

Help	The Beatles (I IV ♭VII)

I ♭VI ♭VII I

Lady Madonna	The Beatles
With A Little Help From My Friends	The Beatles
No Expectaions	The Rolling Stones

2a. Westernkadenz in Dur

Ihren Namen hat sie, weil sie doch sehr häufig in Songs vorkommt, wo es um „Helden" geht.

I IV ♭VII V7 I

Star Wars	John Williams
Die glorreichen Sieben	Elmer Bernstein

2b. Westernkadenz in Moll

Im IV V Im

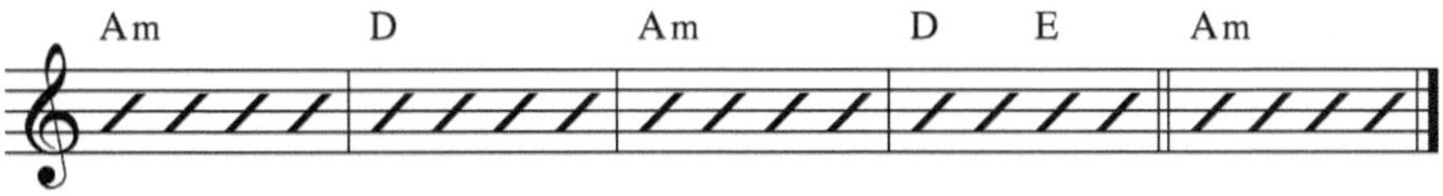

The Good, the Bad and the Ugly	Ennio Morricone

Sehr populär sind die beiden Varianten mit der VI. Stufe in A-Moll. Sie kommen ganz oder auszugsweise in Songs vor wie: Stairway To Heaven von Led Zeppelin, James Bond Theme oder House Of The Rising Sun.

Im IV VI Im

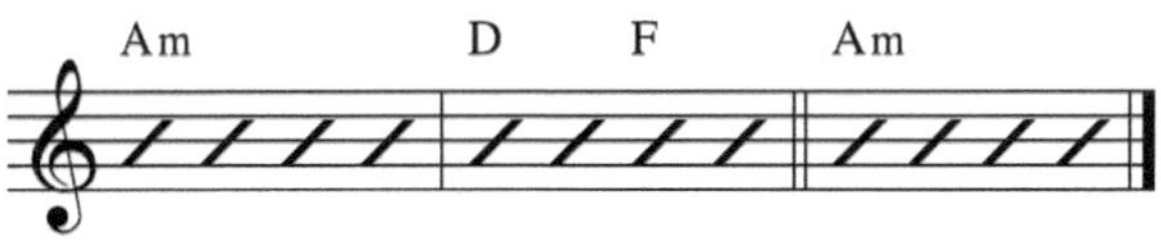

Im VI IV Im

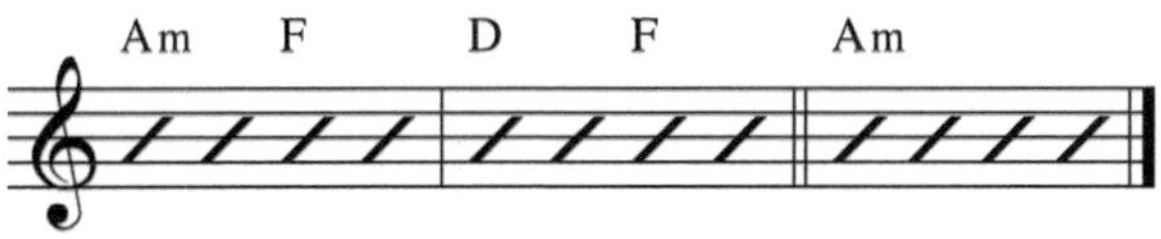

3. Die 50's Progression • I VI IV V

Der Name sagt es. Diese Kadenz war neben der Bluesform die beliebteste Akkordfolge während der 1950er Jahre und das gilt bis heute. Es ist eine „Verlängerung" der I IV V I Kadenz. Auf die Tonika folgt die Tonika-Parallele.

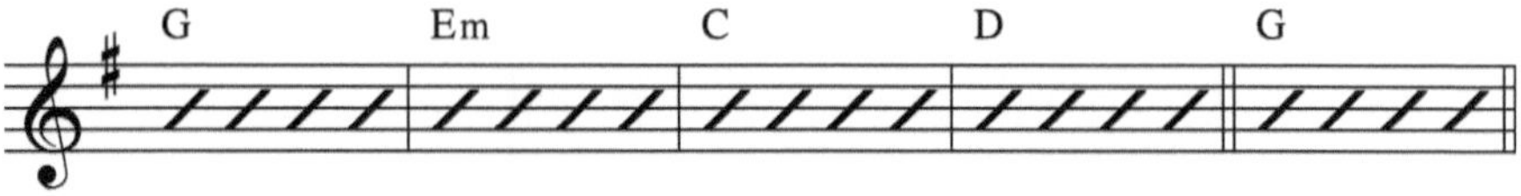

Die Songliste ist endlos. Hier sind ein paar wenige Beispiele:

Stand By Me	Ben E. King
Let's Twist Again	Chubby Checker
Love Hurts	Nazareth
Every Breath You Take	Police
Jesus of Suburbia	Green Day
Octopus's Garden	Beatles
2002	Anne-Marie
Girl On Fire	Alicia Keys
Perfect	Ed Sheeran

3a. Varianten

Hier sind drei Varianten, jeweils von einem anderen Akkord aus startend.

VI IV V I

Walking in Memphis	Marc Cohn

IV V I VI

Viva la Vida	Coldplay

V I VI IV

Scientist	Coldplay
Heart Of Gold	Neil Young

3b. I IV VI V Variante

Tauscht man die Plätze der Subdominante und der Tonika-Parallele, bekommt man eine weitere sehr populäre Akkordfolge.

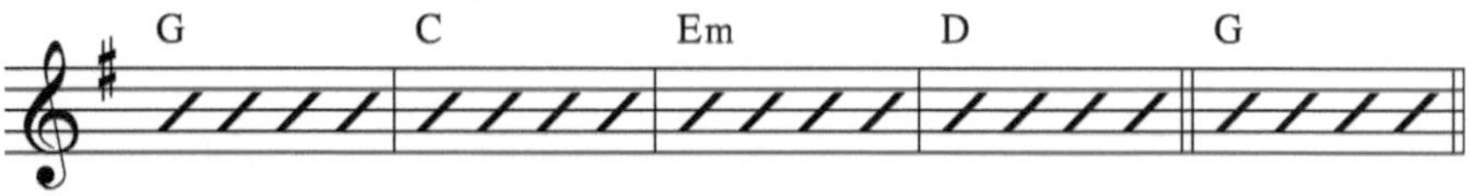

Castle On The Hill	Ed Sheeran
More Than Words	Boston
Best Thing I Never Had	Beyonce
Alive	Sia

4. Flamenco Kadenz

Sie wird auch spanische Kadenz, andalusische Kadenz genannt. Es ist eine diatonische, absteigende Akkordfolge, die in der Dominante der parallelen Moll-Tonart endet.

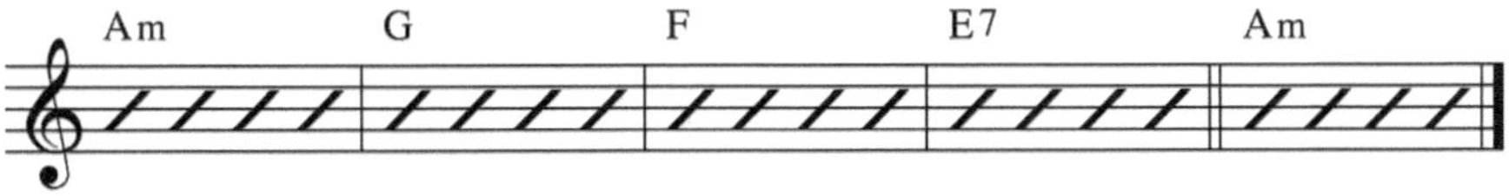

Es gibt zwei Analysemöglichkeiten:

1. Absteigende Kadenz in äolisch Moll, endet in HM5 VIII VII VI V7
2. Absteigende Kadenz ionisch Dur, endet in HM5 VI V VI V7/VI

In der populären Musik gehört sie zu den meist verwendeten Kadenzen, sowohl in der Originalform wie auch in zahlreichen Varianten. Die Liste mit Beispielen ist jedenfalls sehr lang.

Hit the Road Jack	Ray Charles
Jenny Jenny	AnnenMayKantereit
Rolling Into Deep	Adele
Smooth Criminal	Michael Jackson
Stolen Dance	Milkey Chance
Sultans Of Swing	Dire Straits
Roads	Portishead
Seven Nation Army	White Stripes
April	Deep Purple
China Girl	David Bowie/Iggy Pop
Happy Together	The Turtles
Maneater	Hall & Oates
Tonight Tonight	Celeste
Walk, Don't Run	The Ventures
Year 2525	Zager and Evans
California Dreamin'	The Mamas The Papas
All Along The Watchtower	Bob Dylan

Hier ist eine sehr beliebte Variante. Genaugenommen handelt es sich jetzt um eine Vollkadenz mit zwei Zwischendominanten.

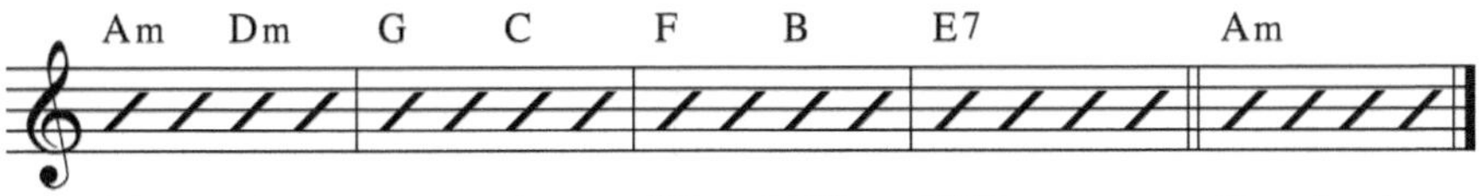

VIm	IIm	V	I	IV	V/III	V/VI	**Dur-Analyse**
Im	IVm	VII	III	VI	V/V	V7	**Moll-Analyse**

5. Die „Let It Be"-Kadenz • I V VI IV

Eigentlich ist es nur eine weitere Umstellung der 50's Progression. Ihr Reiz besteht darin, dass auf die Tonika direkt die Dominante folgt. Die so entstandene frühe Spannung wird dann schrittweise wieder abgebaut über die Tonika-Parallele und die Subdominante.

Wir behaupten, dass diese beiden Kadenzen den größten Teil der heutigen Popmusik ausmachen. Wer also auf der Suche nach einer „Hit-Formel" ist, wird hier fündig.

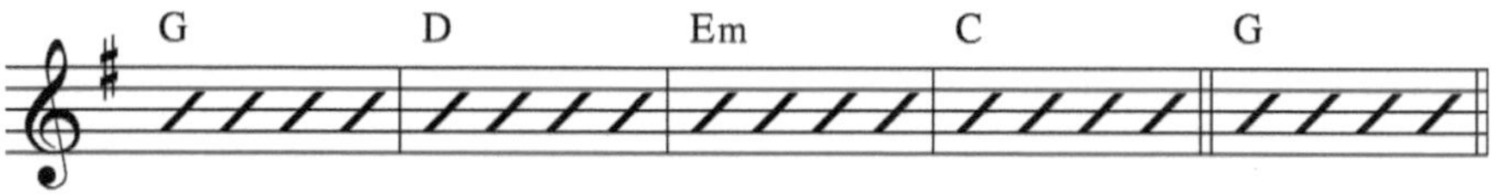

Let It Be	Beatles
Someone Like You	Adele
No Woman Cry	Bob Marley
With Or Without You	U2
Keep On Running	Spencer Davis
Man In The Mirror	Michael Jackson
So Lonely	Police
Under The Bridge	Red Hot Chilli Peppers
Paparrazzi	Lady Gaga
She Will Be Loved	Maroon 5
We Didn't Start The Fire	Billy Joel
Torn	Natalie Imbruglia
When I Come Around	Green Day
Country Roads	John Denver
Father and Son	Cat Stevens

5a. Variation VI IV I V

Wie alle Kadenzen kann auch diese variiert werden. Die folgende Variation ist die wohl Häufigste.

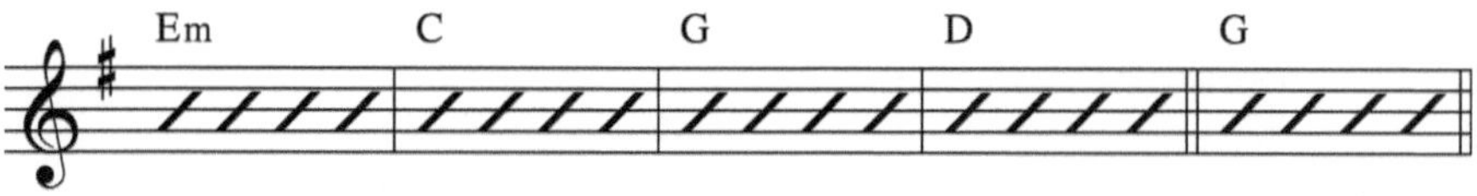

Apologize	One Republic
Poker Face	Lady Gaga
All Of Me	John Legend
San Francisco	Scott McKenzie
Numb	Linkin Park
Grenade	Bruno Mars
Stronger	Kelly Clarkson

6. Die Vollkadenz (Quintfall) - I IV VII III VI II V I

Die Vollkadenz (siehe S. 101) ist eine Akkordfolge mit allen sieben Stufenakkorden einer Dur-Tonart. Sie kann auf jeder der sieben Stufen begonnen werden und die einzelnen Akkorde müssen auch nicht die Funktion der jeweiligen Stufe haben. Was zählt, ist die Grundtonbewegung der Akkorde. Weil die Akkorde im Abstand einer absteigenden Quinte fortschreiten, nennt man sie auch Quintfallkadenzen.

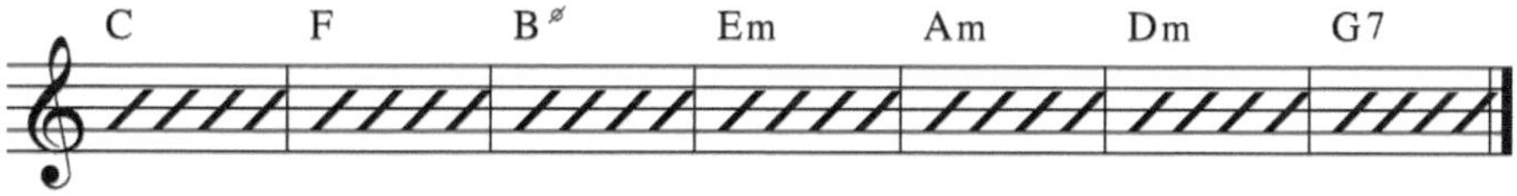

I Will Survive	Gloria Gaynor
Fly Me To The Moon	Bart Howard
All The Things You Are	Hammerstein/Kern
Million Years Ago	Adele
Still got the Blues	Gary Moore
Love Supreme	Robbie Williams
Hello	Lionel Richie
Europa	Santana
Autumn Leaves	Jazz Standard
Black Orpheus	Luiz Bonfa

Einige Akkordfolgen verwenden nur Teile dieser Vollkadenz. Ein Beispiel wäre die I VI II V Kadenz oder die II V I Kadenz, die in vielen Jazzstandards vorkommt

6a. Rhythm Change - Der Turnaround - I VI II V

Bei dieser beliebten Akkordfolge handelt es sich um die Kadenz aus Beispiel 4, wobei die IV durch die II ersetzt wird. Sie wird als Turnaround, Rhythm Change oder Circle Progression bezeichnet, weil sie den Eindruck erweckt, kein Ende zu finden.

Back For Good	Take That
Penny Lane	The Beatles
I Got Rhythm	George Gershwin
Bobby Brown	Frank Zappa
Bright Side Of Life	Eric Idle
Why Do Fools Fall In Love	Joni Mitchell

Turnarounds werden gerne am Ende des Songs oder eines Formteils gespielt, um wieder zum Anfang zurückzugelangen. Fast jeder Turnaround basiert auf dieser Akkordfolge.

6b. Quintstieg

Das Gegenteil des Quintfalls ist der Quintstieg. Hey Joe in der Version von Jimi Hendrix wäre ein Beispiel:

Hey Joe	Jimi Hendrix/Billy Roberts

7. Die Gospel Formel • I III7 VI IV IVm I V

Die Methode, Akkordfolgen den Namen eines Musikstils oder eines Songtitels zu geben, ist im Grunde nicht falsch, beschreibt aber nicht immer die Bandbreite der Verwendungsmöglichkeiten.

Die Gospelformel beispielsweise kommt in sehr unterschiedlichen Genres vor. Folgende Progression wird gerne gespielt, meistens in abgeänderter Form, um einen „bluesy" Sound zu bekommen. Dafür sorgt die Zwischendominante V/VI also E7 von Am. Entscheidend sind dabei die ersten drei Akkorde.

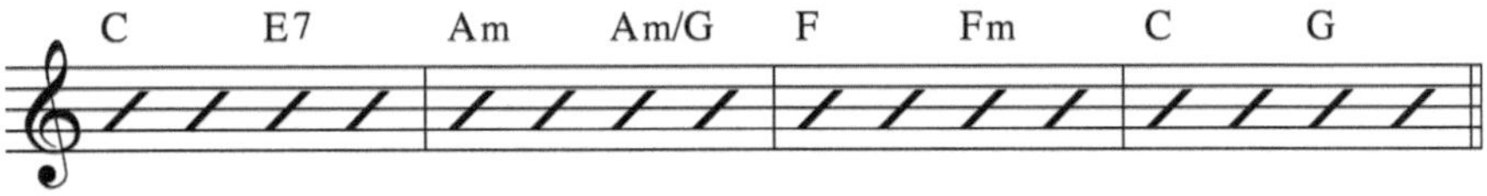

Es folgen nun ein paar Auszüge aus Kadenzen bekannter Songs unterschiedlichster Genres. Vergleiche und hör dir an, welche Wirkung diese Kadenz hat. Mach dir eigene Analysen.

You've Got A Friend In Me (Intro) - Randy Newman

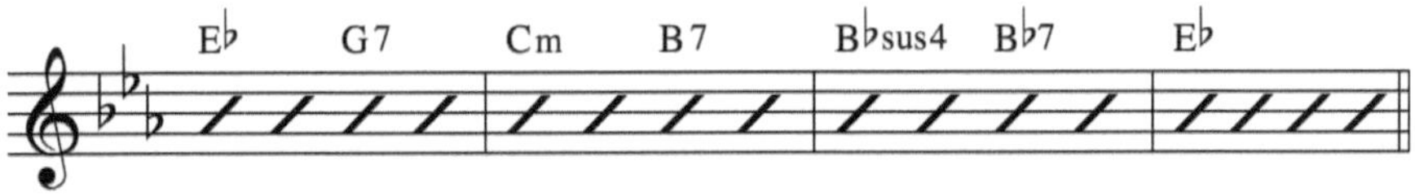

History (Verse) - One Direction

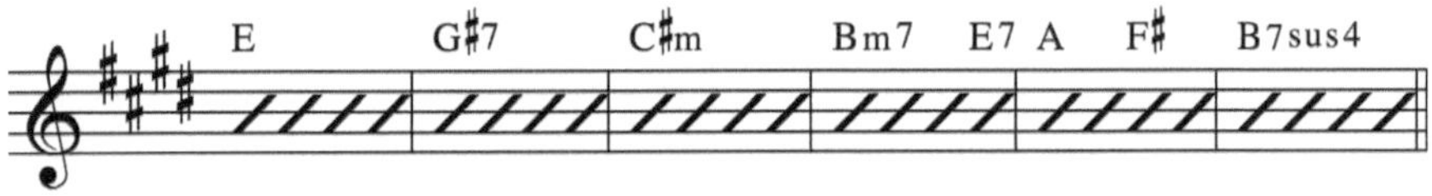

Nothing From Nothing - Billy Preston

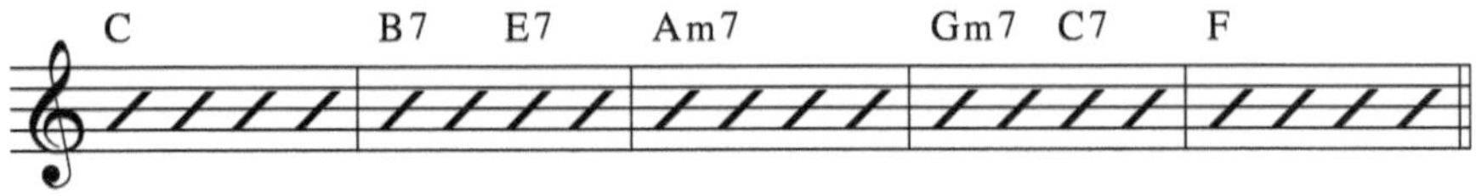

Georgia On My Mind Ray Charles/Hoagy Carmichael

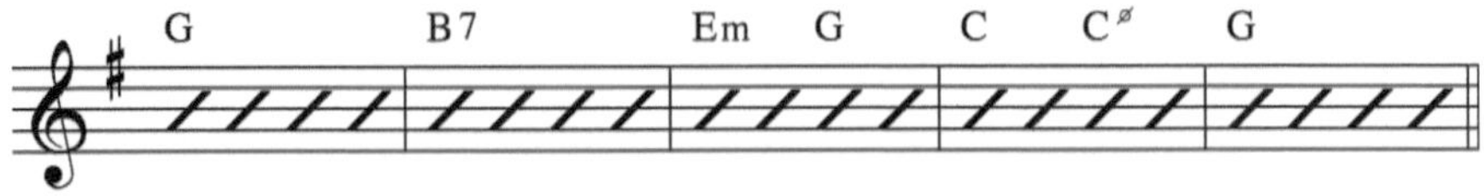

8. Pachelbel-Kadenz I V VI III - IV I IV V7

Diese zweiteilige Akkordfolge ist nach dem Nürnberger Barock Komponisten Johann Pachelbel benannt. Sie stammt aus seinem Kanon in D-Dur. Am häufigsten werden die ersten vier Akkorde verwendet, während der zweite Teil gar nicht oder leicht variiert vorkommt.

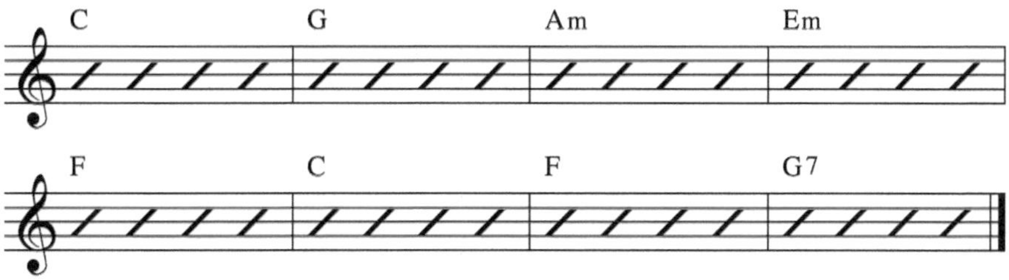

When A Man Loves A Woman	Percy Sledge
Don't Look Back In Anger	Oasis
All The Young Dudes, Changes	David Bowie
Streets of London	Ralph McTell
Go West	Pet Shop Boys
Basket Case	Green Day
When A Man Loves A Woman	Percy Sledge
Cryin	Aerosmith
El Bosco	Nirvana
Hometown	Joe Jackson
Lemon Tree	Fools Garden
Spicks And Specks	Bee Gees

9. Kadenzen ohne Dominante • I II IV I

Kadenzen ohne Dominanten sind nicht ungewöhnlich. Die endgültige Schlusswirkung fehlt und somit drängen keine Akkorde nach Auflösung.

I Guess I Just Feel Like	John Mayer
Whats Up	4 Non Blondes
Eight Days A Week	The Beatles
Don't Worry Be Happy	Bobby McFerrin
Picture To Burn	Taylor Swift

I VI IV I

Hier ist eine weitere Kadenz ohne Dominante.

Waiting On A World To Change	John Mayer
Say	John Mayer

Kadenzen muss man spielen

Wichtig ist es, diese Kadenzen zu spielen, um ein Gefühl dafür zu bekommen, wozu sie einen inspirieren könnten. So lernst du mit dem vorhandenen „Material" umzugehen. Spiele sie zunächst in C-Dur und arbeite dich dann durch den Quintenzirkel. Ziel ist es, den Klang der Changes zu verinnerlichen, um sie irgendwann erkennen zu können.

Bearbeitungsmöglichkeiten der Kadenzmodelle

Die beste Möglichkeit, gute und frische Akkordfolgen für seinen Song zu finden, ist es, verschiedene Kombinationen auszuprobieren. Durch weglassen Akkorde über mehrere Takte zu spielen oder Akkorde halbtaktig wechseln, erhält man unzählige neue Möglichkeiten. Im Folgenden stellen wir ein paar der gängigsten Methoden gegenüber.

1. Kombinieren

Kombiniert man zwei viertaktige (oder kürzere) Kadenzen miteinander, erhält man längere Akkordmodelle. Durch diese Art der Erweiterung findet man längere Sequenzen für verschiedene Formteile wie Verse, Refrain oder Bridge.
Experimentieren lohnt sich. Gute Ergebnisse sollte man sich sofort aufschreiben.

2. Änderung der Reihenfolge

Wie bei der Let It Be-Kadenz schon angesprochen, lassen sich alle Kadenz-Modelle ohne Probleme nach Belieben umstellen. Das funktioniert, weil die Grundtöne in diesen Fällen im diatonischen System in irgendeiner Weise miteinander verwandt sind.

Ein sehr gutes Beispiel für einen Song, der mit vier Akkorden auskommt, die lediglich in der Reihenfolge verändert wurden, ist Photograph von Ed Sheeran.

Vers:	**E**	**C♯m**	**B**	**A**	**I VI V IV - diatonisch absteigend**
Chorus:	**C♯m**	**A**	**E**	**B**	**VI IV I V - „Let It Be"-Progression**

John Mayer ändert in seinem Song Say die Reihenfolge der Akkorde im Chorus nach der Bridge, um einen Kontrast zu kreieren. Man nimmt es zunächst nicht wahr, merkt aber, dass sich etwas geändert hat.

Vers:	**B♭**	**E♭**	**Gm**	**F**	**I IV VI V**
Chorus:	**Gm**	**B♭**	**E♭**		**VI I IV - Dominante fehlt**

3. Erweiterung

Man kann Kadenzen erweitern, beispielsweise durch halbtaktige Wechsel:

4. Reharmonisation

Akkorde können mithilfe verschiedener Reharmonisations-Techniken ausgetauscht werden. Im folgenden Beispiel wird die IV durch die II, also die parallele Moll-Tonart (siehe Seite 102) ersetzt.

Modal Interchange (MI)

Um die Idee der „borrowed chords" zu vervollständigen, muss man alle Modi gegenüberstellen. Ausgehend von ionisch und vom selben Grundton. So bekommt man den besten Überblick, welche Stufe sich ergibt, wenn man einen Akkord aus einem anderen Modus leiht. Eine sehr einfache und äußerst brauchbare Methode. Harmonisch und melodisch Moll werden mit einbezogen.

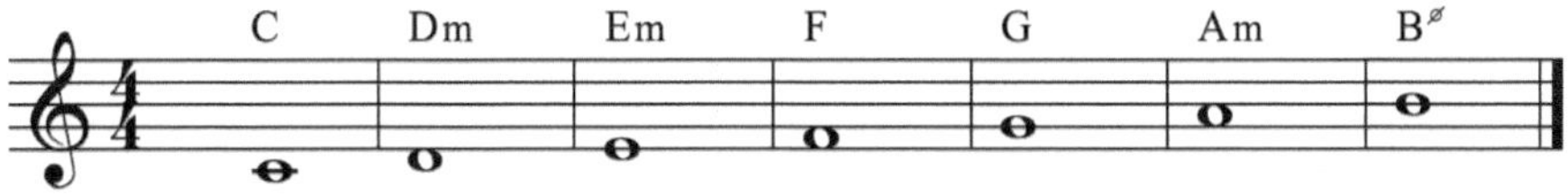

C ionisch

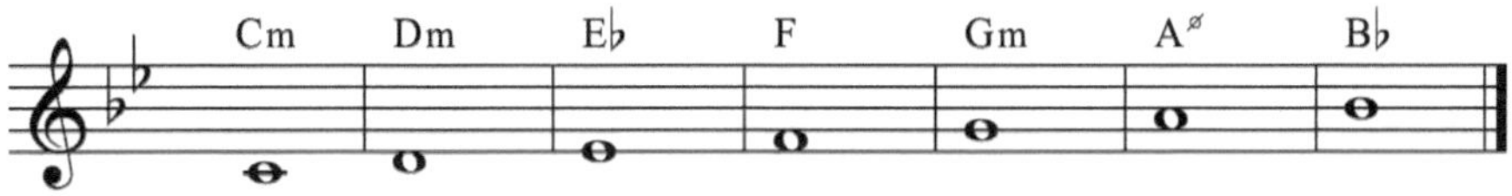

C dorisch

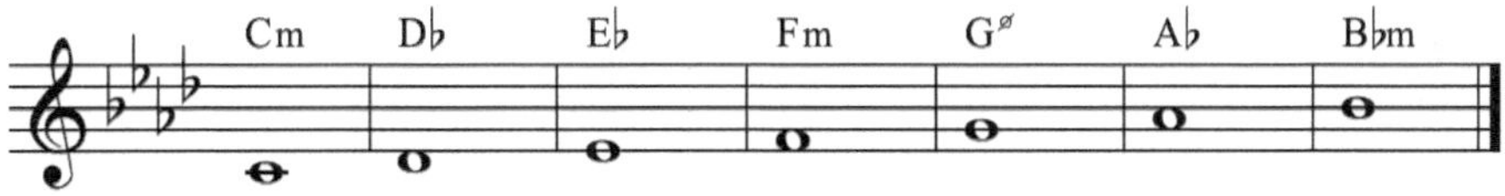

C phrygisch

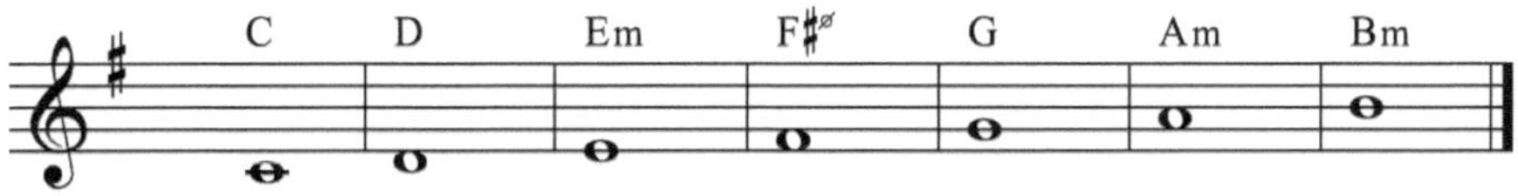

C lydisch

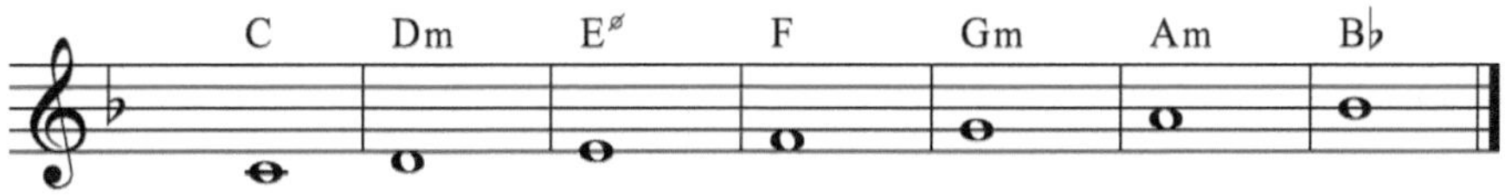

C mixolydisch

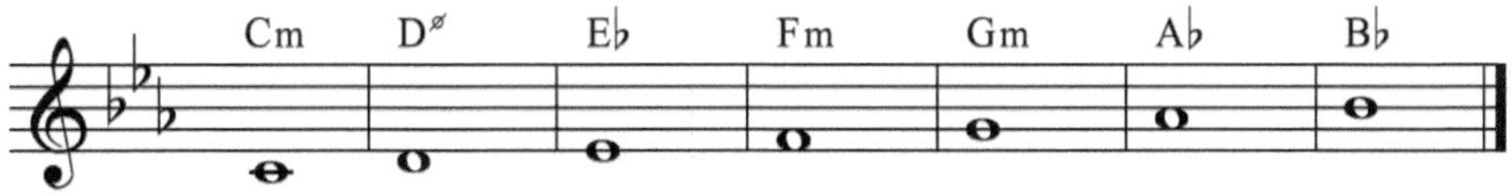

C äolisch

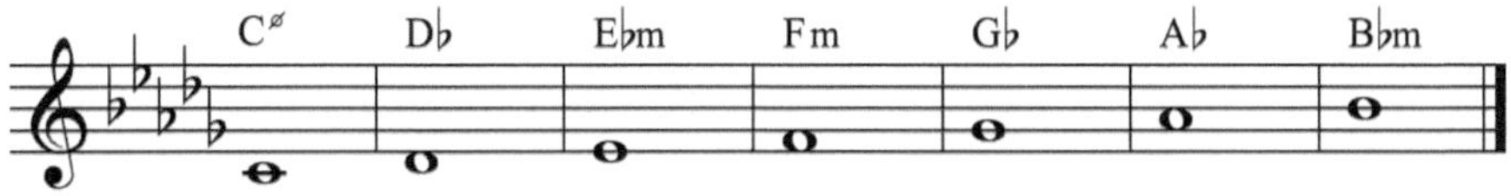

C lokrisch

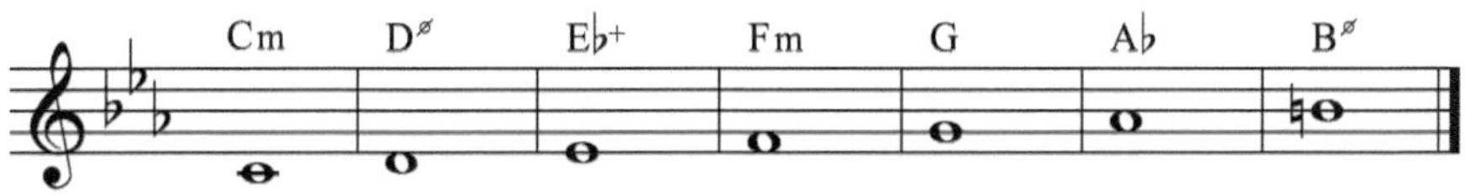

C MM

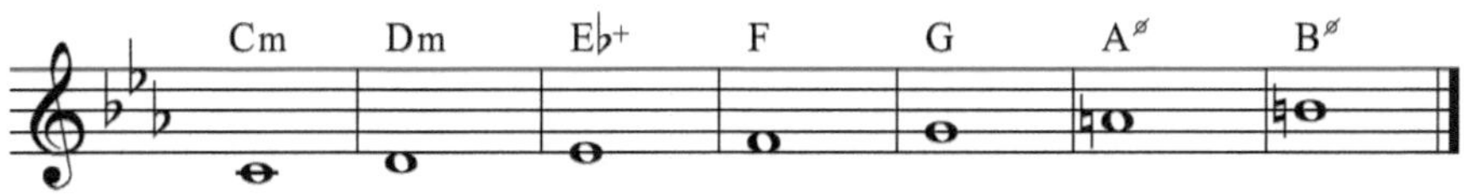

C HM

7 Skalen - Tonleitern
Scales - Akkordskalen - Modi

Eines der wichtigsten Kernthemen der Harmonielehre ist das Erkennen von Zusammenhängen zwischen Akkorden und Melodien. Für dich als Musiker ist es unverzichtbar zu wissen, welche Töne zu einem Akkord oder einer Akkordfolge passen, um improvisieren zu können oder eine Melodie zu komponieren.

Du hast gelernt, dass es Dur- und Molltonarten gibt und du hast die Modi der einzelnen Tonstufen einer Tonart kennengelernt. Dabei entstand eine große Anzahl unterschiedlichster Skalen. Zeit also, dir einen Überblick zu verschaffen, welche Skalen es gibt, welche du noch kennenlernen musst und welchen Akkorden diese Skalen zuzuordnen sind.

Die Skalen der verschiedenen Akkordtypen

Zu jedem Akkord gibt es eine oder mehrere passende Skalen. Um rauszufinden, welche Skala die Passende ist, muss der Akkord in seinem Zusammenhang zu anderen Akkorden gesehen werden. Dazu musst du die Akkordfolge analysieren. Das hast du auf Seite 114 gelernt.

In Kapitel 6 lernst du, allen Akkorden und Akkordfunktionen eine Tonleiter zuzuteilen oder eine passende Tonleiter herzuleiten. Die meisten Skalen hast du schon kennengelernt, einige sind neu für dich. Hier ist eine Übersicht:

1. Die Durtonleiter und ihre Modi
2. Die Moltonleitern und ihre Modi
3. Dominantskalen
4. Symmetrische Skalen
5. Pentatonik und Bluesskala

Erklärung:
Unter jeder abgebildeten Skala siehst du die Zahlen der Tensions. Über der Abbildung steht der Skalenname, die Akkordstufe und der Akkord selbst als Vierklang.

Ionisch • Imaj7 • (Cmaj7)

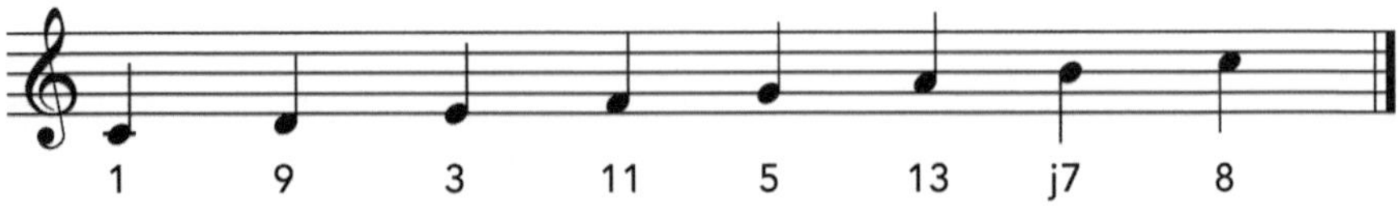

1. Die C-Dur-Tonleiter (Stammtonreihe) und ihre Modi

Ionisch • Imaj7 • Cmaj7

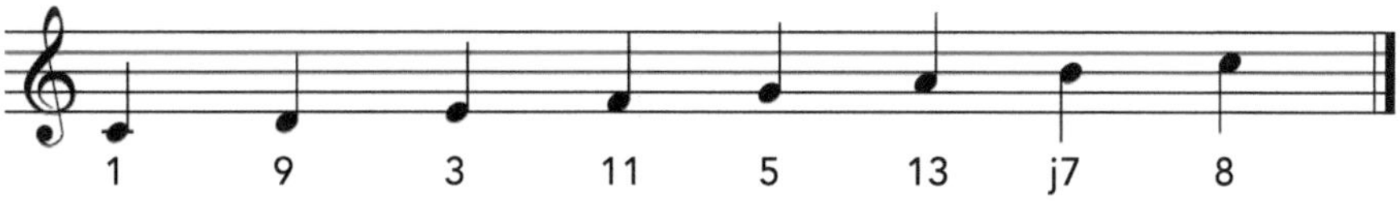

Dorisch • IIm7 • Dm7

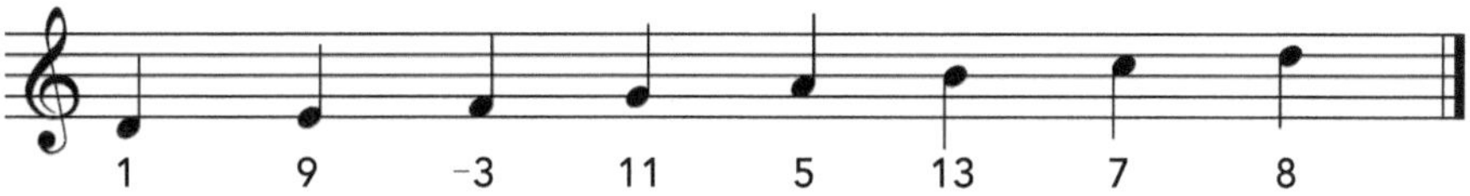

Phrygisch • IIIm7 • Em7

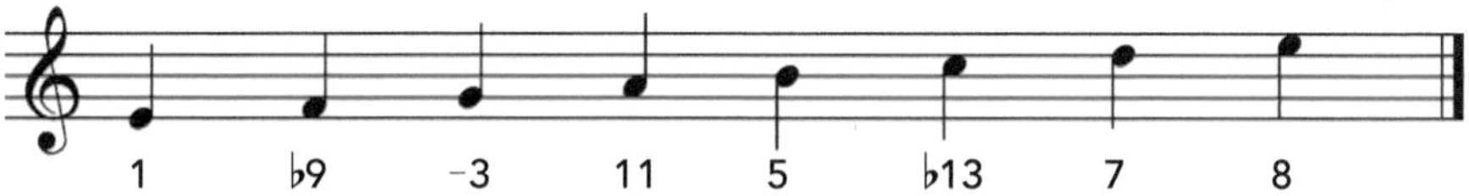

Lydisch • IVmaj7 • Fmaj7

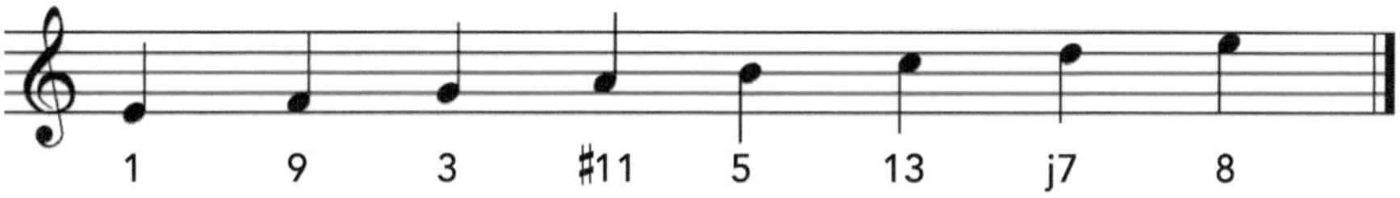

Mixolydisch • V7 • G7

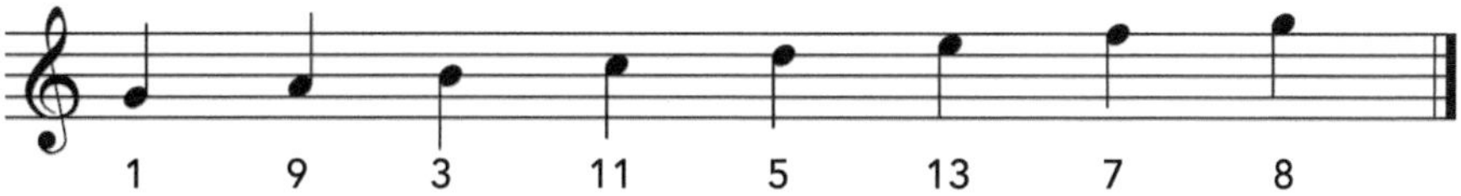

Äolisch • VIm7 • Am7

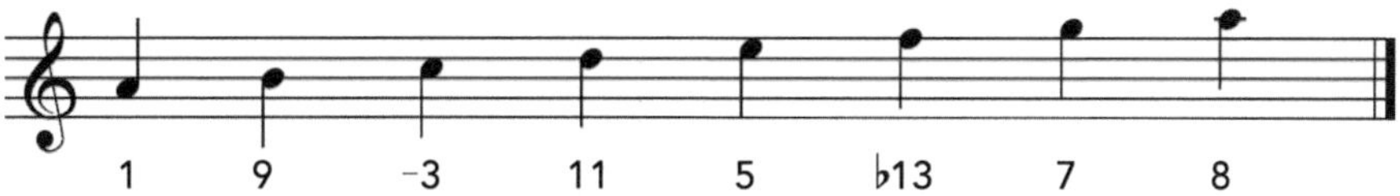

Lokrisch • VIIø • Bø

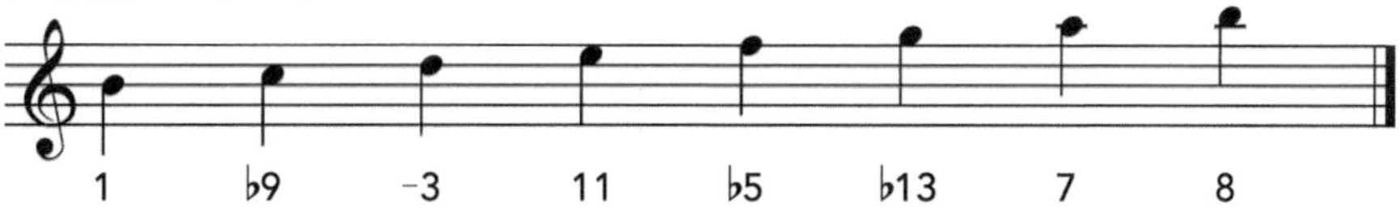

2. Die Molltonleitern und ihre Modi

A-Harmonisch Moll

Aus der VI. Stufe (äolisch) der Stammtonreihe wird durch Erhöhung der 7. Tonstufe die Tonart Harmonisch Moll. Harmonisch Moll hat ebenfalls 7 Modi, deren Namen sich aus denen der Dur-Tonleiter ableiten. Du findest alles Wissenswerte über Moll-Tonarten ab Seite 96.

HM 1 Harmonisch Moll • Im(maj7) • Am(maj7)

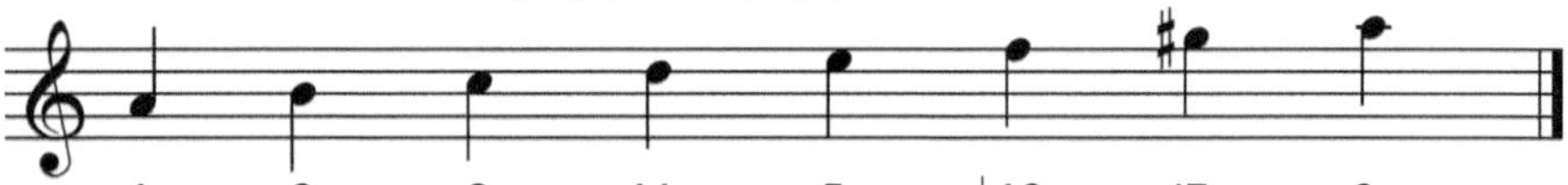

1 9 -3 11 5 ♭13 j7 8

HM 2 • Lokrisch 13 • IIø • Bø

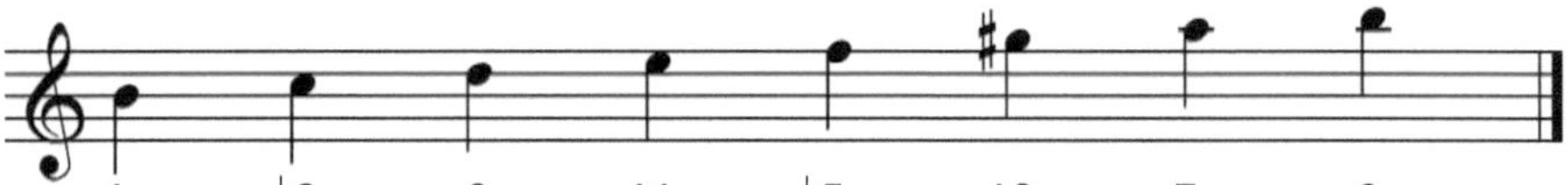

1 ♭9 -3 11 ♭5 13 7 8

HM 3 • Ionisch ♯5 • IIImaj7(♯5) • Cmaj7(♯5)

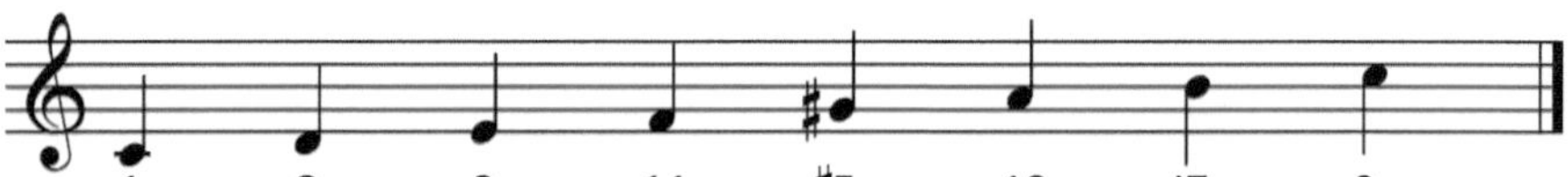

1 9 3 11 ♯5 13 j7 8

HM 4 • Dorisch ♯11 • IVm7 • Dm7

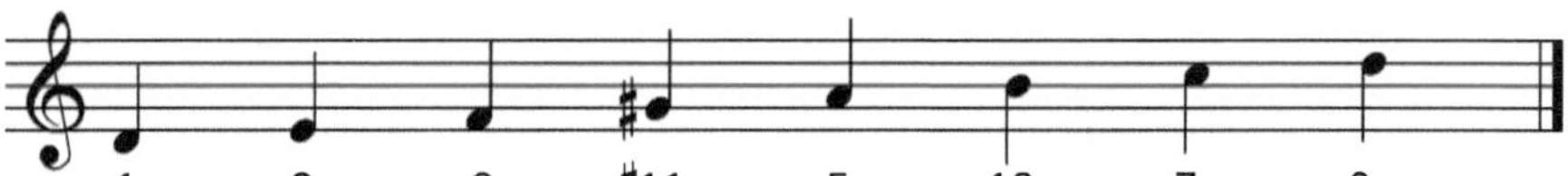

1 9 -3 ♯11 5 13 7 8

HM 5 • Mixolydisch ♭9 ♭13 • V7 • E7

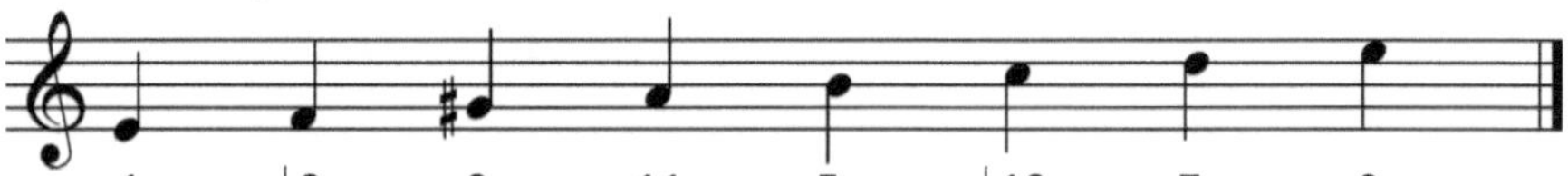

1 ♭9 3 11 5 ♭13 7 8

HM 6 • Lydisch ♯9 • VImaj7 • Fmaj7

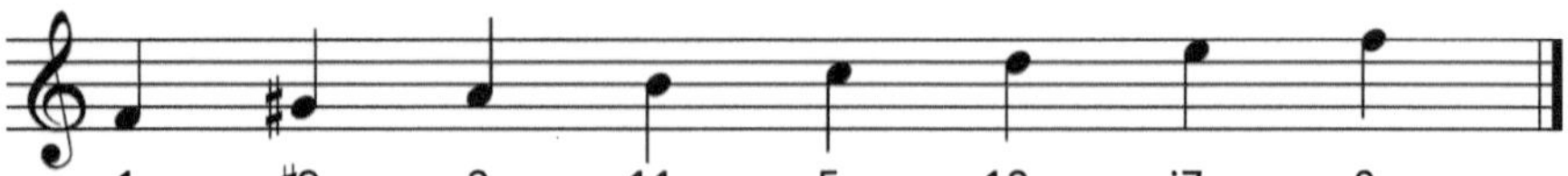

1 ♯9 3 11 5 13 j7 8

HM 7 • Diminished ♭9 ♭11 ♭13 • VII°7 • G♯°7

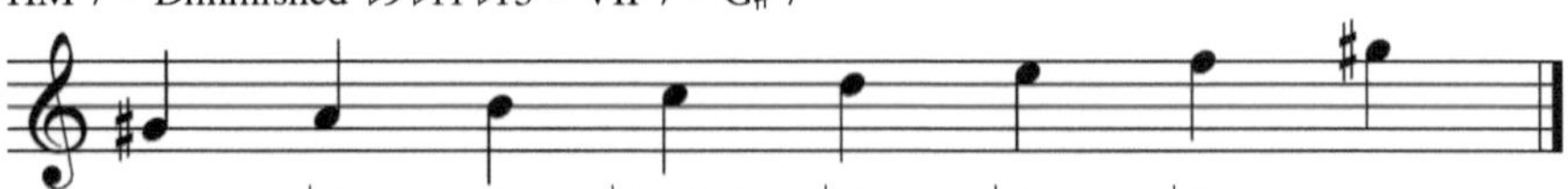

1 ♭9 -3 ♭11 (3) ♭5 ♭13 ♭7 8

A-Melodisch Moll

Aus der VI. Stufe der äolischen Tonleiter wird durch Erhöhung der 6. und der 7. Tonstufe die Tonart Melodisch Moll hergeleitet. Die Regeln der Harmonisch Moll Tonleiter gelten auch für Melodisch Moll.

MM 1 • Melodisch Moll • llIm(maj7)

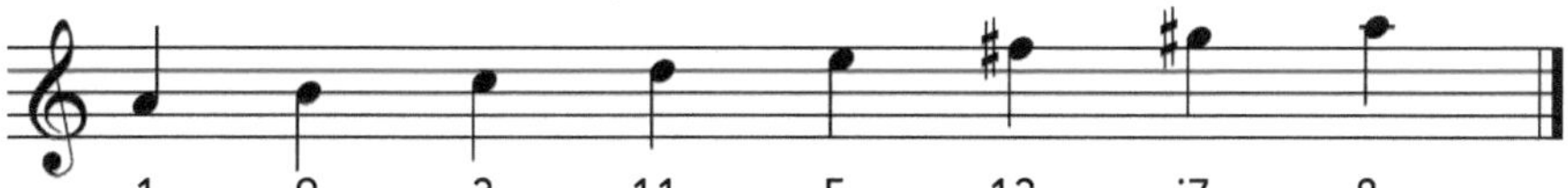

1 9 -3 11 5 13 j7 8

MM 2 • Dorisch ♭9 • IIm7

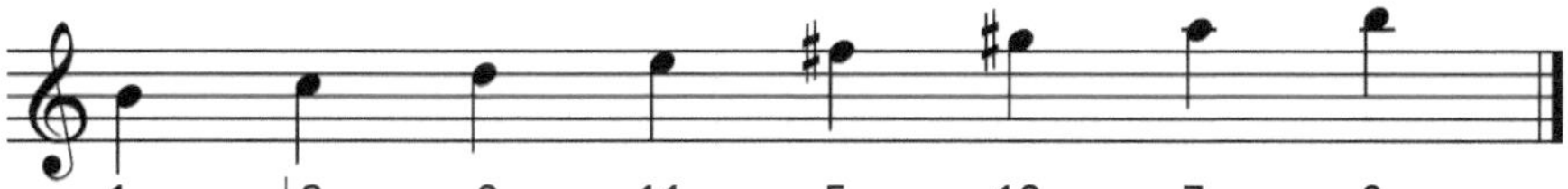

1 ♭9 -3 11 5 13 7 8

MM 3 • Lydisch ♯5 • IIImaj7(♯5)

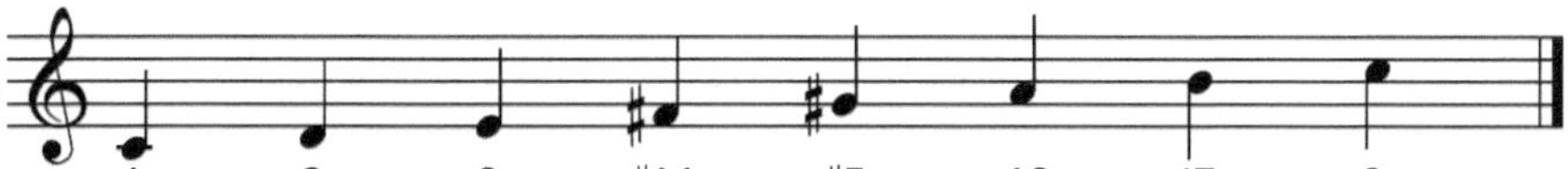

1 9 3 ♯11 ♯5 13 j7 8

MM 4 • Lydisch ♭7 o. Mixolydisch ♯11 • IV7

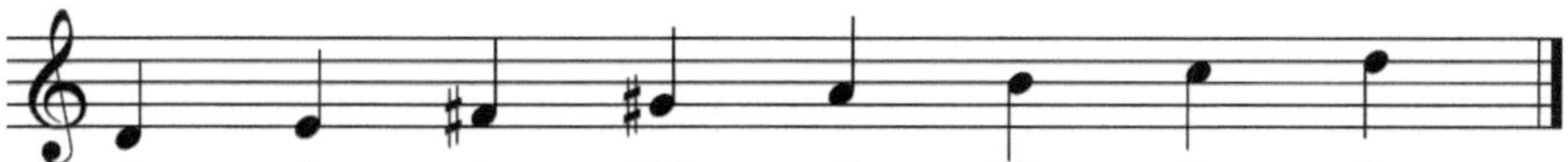

1 9 3 ♯11 5 13 7 8

MM 5 • Mixolydisch ♭13 • V7

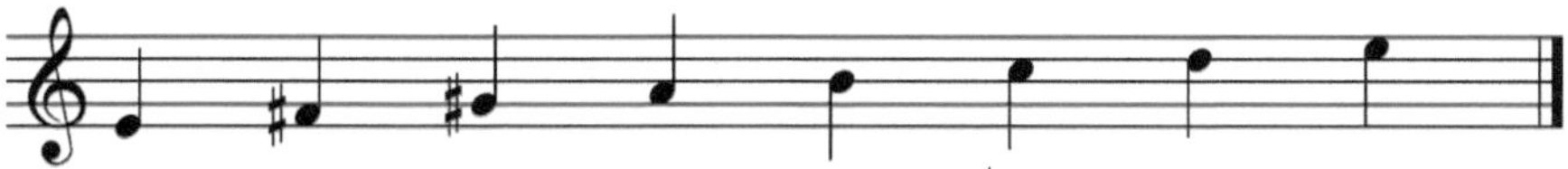

1 9 3 11 5 ♭13 7 8

MM 6 • Superlokrisch 9 • VIø

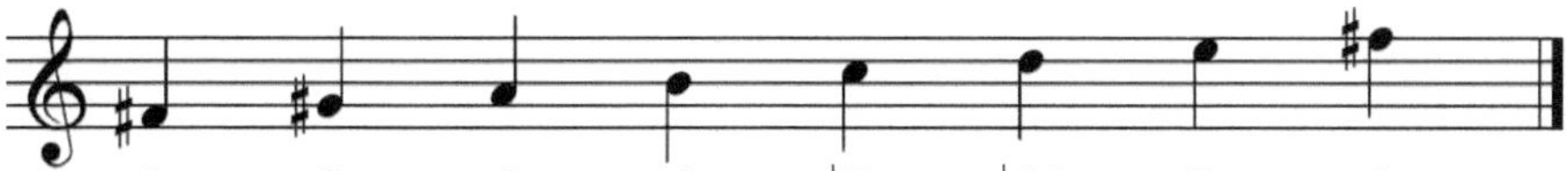

1 9 -3 11 ♭5 ♭13 7 8

MM7 • Alteriert • VIIø

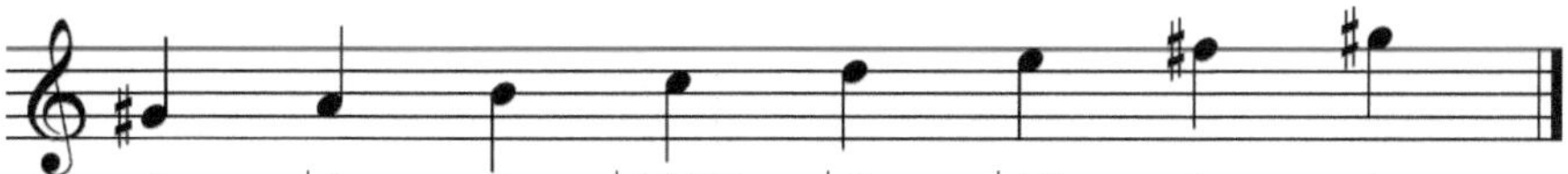

1 ♭9 -3 ♭11 (3) ♭5 ♭13 7 8

Die Akkordskalen der Zwischendominanten

Auf Seite 111 hast du gelernt, wie die Tonleitern der Zwischendominanten gefunden werden. Hier siehst du sie noch einmal alle in einer Übersicht. Wir zeigen dir jeweils die Situation eines C7 in seiner Funktion als Zwischendominante in verschiedenen Tonarten.

VI7 • Mixolydisch ♭13 • V/II • C7 → Fm7

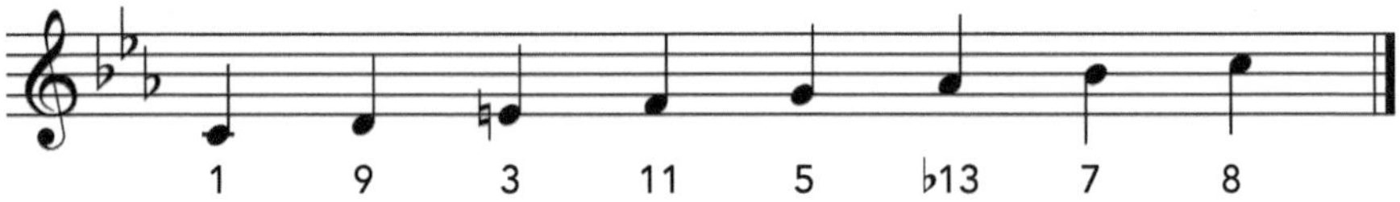

VII7 • Mixolydisch ♭9 ♭13 • V/III • C7 → Fm7

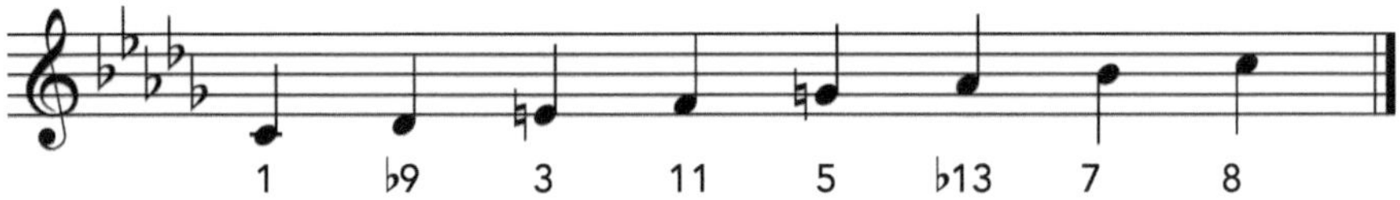

I7 • Mixolydisch • V/IV • C7 → Fmaj7

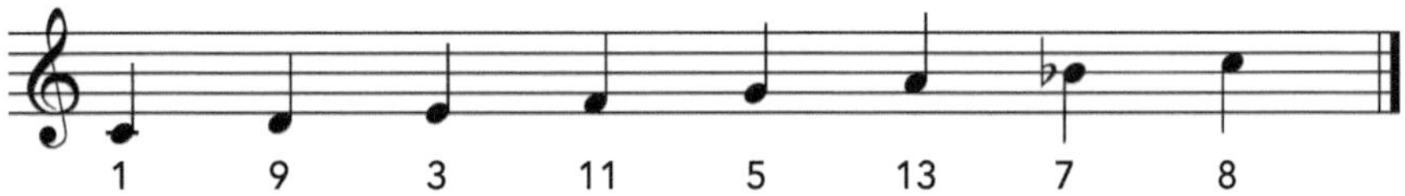

II7 • Mixolydisch • V/V • C7 → F7

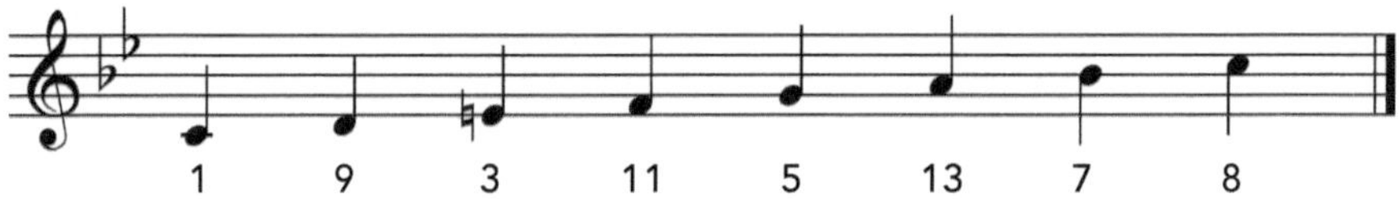

III7 • Mixolydisch ♭13 • V/VI • C7 → Fm7

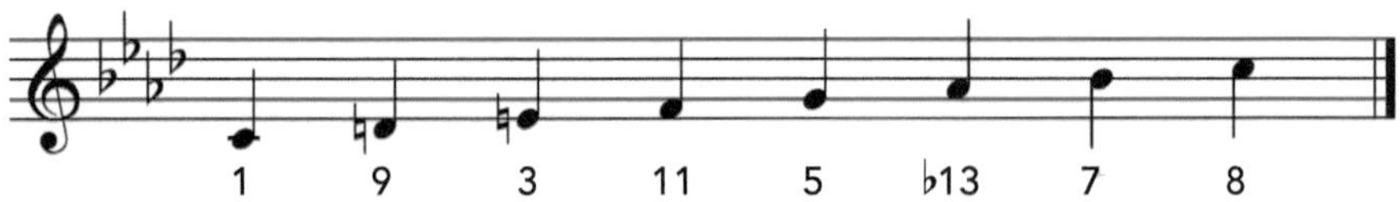

Die Akkordskalen der Substitut Dominanten

Auf Seite 139 haben wir dir die Entstehung einer brauchbaren Dominantskala für Substitut Dominanten gezeigt. Es hat sich herauskristallisiert, dass die Mixo ♯11 Skala die beste Lösung für alle Tritonusvertreter darstellt.

SubV • Mixolydisch ♯11

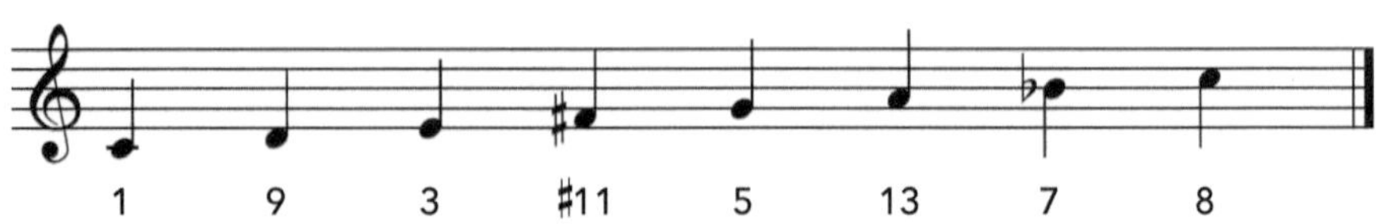

Die Akkordskalen der II. Stufen der Substitut- und Zwischendominanten

In diesem Fall ist die Regel einfach: Alle II. Stufen einer Substitut- oder Zwischendominante bekommen die dorische Skala zugeteilt.

IIm7/SubV • Dorisch

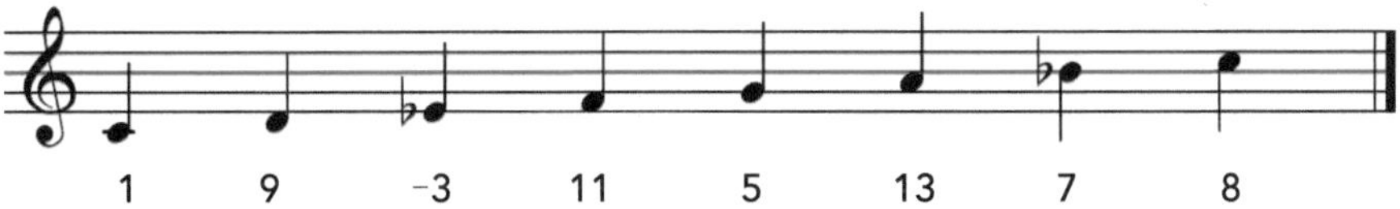

Ist die II Stufe ein m7♭5-Akkord, so ist die Akkordskala „immer" lokrisch.

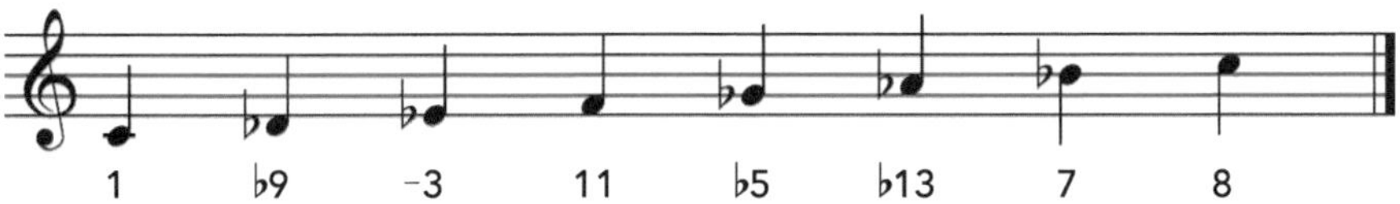

Symmetrische Skalen

Symmetrische Skalen sind eine Besonderheit in der Musik. Sie entstehen nicht aus einer Tonalität heraus, sondern werden gezielt in bestimmten Intervallschritten „konstruiert". Die Töne beziehen sich zwar auch auf einen Grundton, die Intervallabstände zwischen den Tönen werden aber vorher festgelegt. Hier sind ein paar allgemeingültige Richtlinien für alle symmetrischen Skalen:

a. Sie haben ihre eigene Tonalität und ein Tongeschlecht.
b. Sie haben, bedingt durch die Symmetrie keine oder nur wenige Modi.
c. Sie sind auf die unterschiedlichsten Akkorde und Funktionen gut anwendbar.

Wir beginnen mit der Ganzton Skala.

Die Ganzton Skala

Wie es der Name verrät, besteht diese Tonleiter nur aus Ganztonschritten, weshalb durch die fehlenden Halbtonschritte die Auflösungstendenz fehlt. Es ist eine Sechston-Skala, es gibt keine weiteren Modi und nur einen Akkord - den übermäßigen Durakkord.

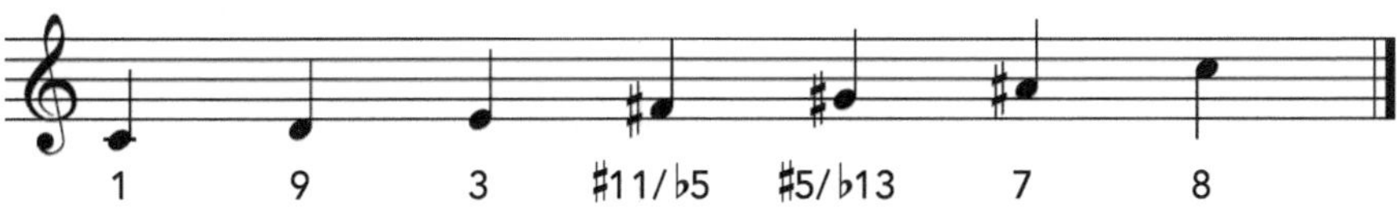

Bei der Ganztonskala ist zwischen dem 1. und 3. Ton eine große Terz, somit ist sie eine Durskala. Sie kann auf folgende Akkorde angewandt werden:

C7♯5 • C+7 • C7♯11/♭13

Die verminderten Skalen

Die sogenannten verminderten Skalen sind symmetrische Skalen, die sich aus jeweils zwei verminderten Septakkorden zusammensetzen.

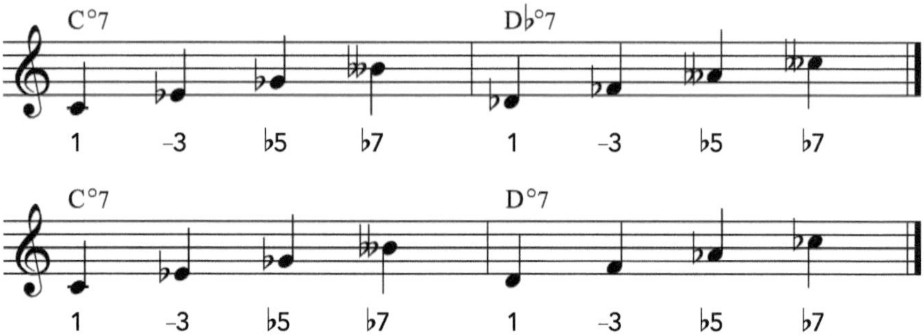

Fügt man diese zusammen, ergeben sich abwechselnd Ganzton- und Halbtonschritte und umgekehrt. Aufgrund dieser Intervallstruktur gibt es bei symmetrischen Skalen keine Modi. Der Grund: Der erste Modus von HTGT wäre eine GTHT-Skala und der zweite Modus wäre wieder eine HTGT-Skala.

[**Fakt** - Im Gegensatz zur Stammtonreihe haben diese Skalen acht Töne. Durch enharmonische Umdeutung einzelner Töne lassen sie sich sehr vielen Akkorden zuordnen.]

Die Halbton-Ganztonskala - HTGT

HTGT ist die vielseitigste symmetrische Skala. Aus zwei verminderten Akkorden konstruiert, wechseln sich Halbton- und Ganztonschritte ab. Schaut man die möglichen Akkordtöne und Tensions an, stellt man fest, dass je nach enharmonischer Deutung einzelner Töne verschiedene Akkordtypen und sogar Tongeschlechter möglich sind.

HTGT • C°7 plus D♭°7

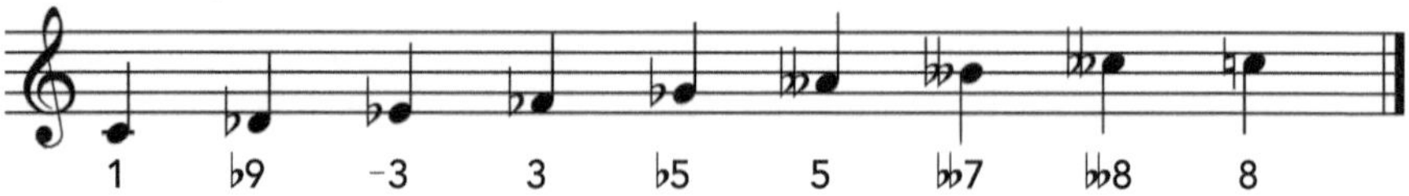

Durch die Doppel-B's ensteht ein seltsames Notenbild und die Intervalle lassen sich nur schwer erkennen. Deshalb hier noch mal eine enharmonisch „bereinigte" Version der HTGT Skala aus C°7 und D♭°7.

HTGT • Enharmonisch verwechselt

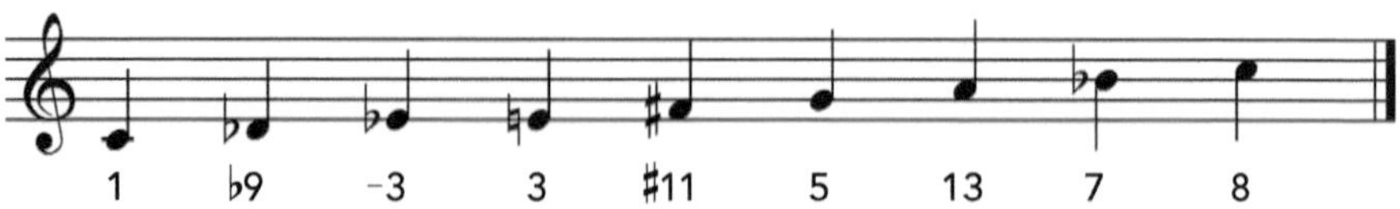

Die HTGT-Skala hat eine kleine und eine große Terz, kann also einem Moll und/ oder einem Durakkord zugeordnet werden. Sie hat eine kleine Septime, eine Quinte und eine ♭5/♯11. Folgende Akkorde können daraus gebildet werden:

Cm7 Cm7♭5 C°7 C7 C7♭9 C7♯9 C7♭5 C7♯11 C6

Stellen wir also fest. HTGT ist:

Mollskala, Durskala, Verminderte Skala, Dominantskala

Die Ganzton-Halbtonskala - GTHT

Genau genommen ist die GTHT Skala der erste und einzige Modus der HTGT Skala.

GTHT • C°7 plus D°7

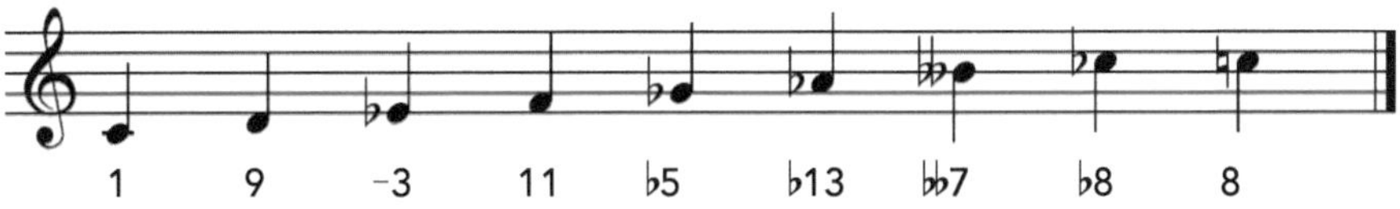

GTHT • Enharmonisch verwechselt

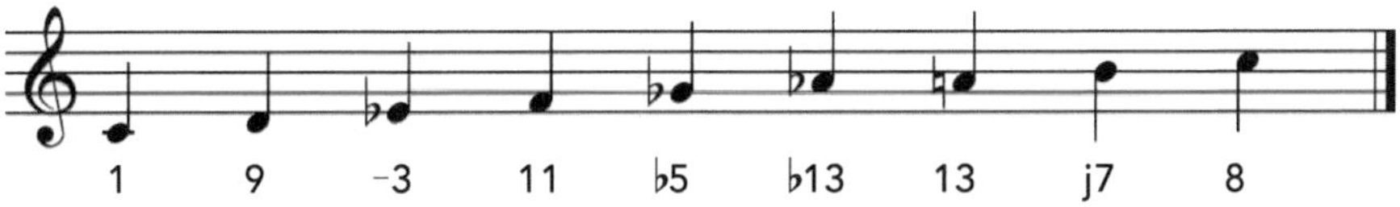

Es handelt sich um eine Mollskala und ebenfalls um eine verminderte Skala. Die Akkordtypen, die man daraus ableiten kann, sind:

Cm♭5 C°

Die Modi der symmetrischen Skalen

Wie schon erwähnt, bieten uns die symmetrischen Tonleitern keine Modi. Die Ganztonleiter bleibt eine Ganztonleiter, egal von welchem Ton aus du spielst und die HTGT wird zur GTHT und dann wieder zur HTGT.

[**Fakt** - Aufgrund der Tatsache, dass symmetrische Skalen keinen tonalen Ursprung haben, also aus keiner Tonart abgeleitet wurden, ist es wichtig zu lernen, wo man sie wirklich verwenden kann. Übe diese Skalen und mach dich mit ihrem „Sound" vertraut. Finde heraus, wo sie für dich klanglich passen könnten.]

Pentatonik & Blues-Skala

Setzt man von C (oder einem anderen Ton) aus die nachfolgenden vier Quinten des Quintenzirkels in eine Skalenreihe, erhält man die Pentatonik-Skala.

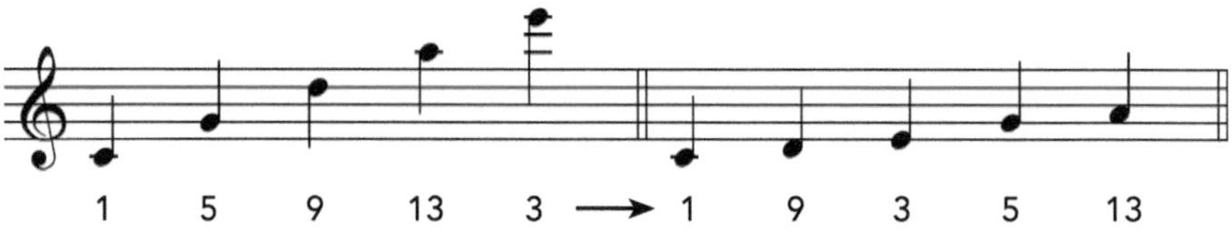

So entsteht die Dur-Pentatonik, wie wir sie kennen. Die Pentatonik ist, wie es der Name sagt, eine Tonleiter mit fünf Tönen (Penta = Griechisch für 5). Viele kennen die Pentatonik als hauptsächliche Improvisationsskala des Blues und der Rock- und Popmusik. Da sie keine Halbtonschritte hat, fehlt ihr der Drang nach Auflösung.

Die parallele Moll-Pentatonik beginnt beim Ton A mit denselben Tönen.

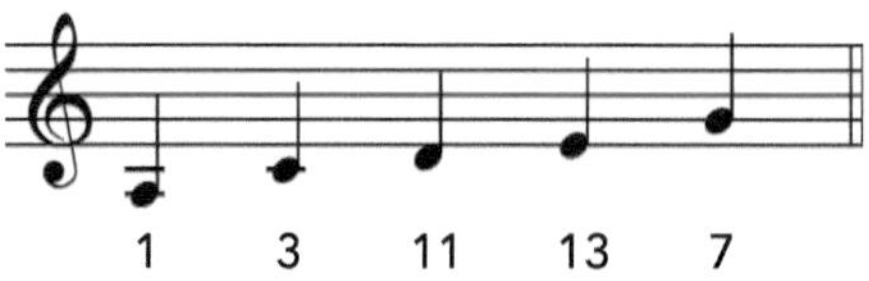

Die Modi der Pentatonik

Modi der Pentatonik sind zwar möglich, durch die fehlenden Halbtonschritte ergeben sich jedoch keine neuen Spannungsverhältnisse.

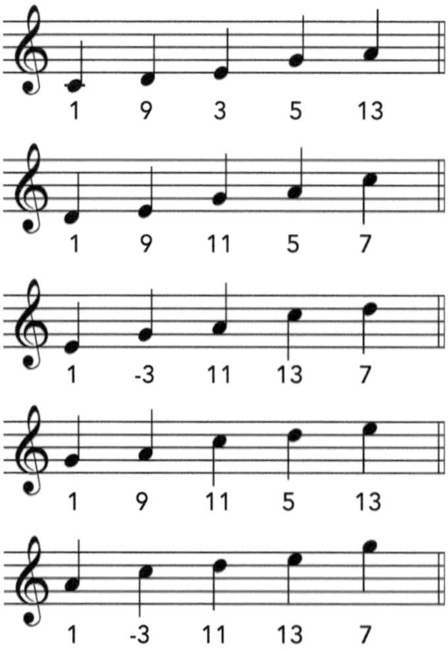

Trotzdem lohnt es sich, diese Pentatonik-Ableger zu kennen und auch zu üben. Sieht man sich die Tensions an, stellt man fest, dass sich durch fehlende Funktionstöne sehr vielseitige Anwendungsmöglichkeiten ergeben.

Nehmen wir zum Beispiel den 4. Modus von G ausgehend. Die fehlende Terz und die fehlende Septime schließen eine Menge an Optionen ein. Diese Skala funktioniert bei

m7-Akkorden
7-Akkorden
maj7-Akkorden

mit Grundton G.

Die Blues-Skala

Die sogenannte Blues-Skala ist eine modifizierte Pentatonik. Es wird ein Halbtonschritt zwischen dem 2. und 3. Ton eingefügt. Dadurch hat die Skala 6 Töne, ist also keine Pentatonik mehr, obwohl sie manchmal Blues-Pentatonik genannt wird.

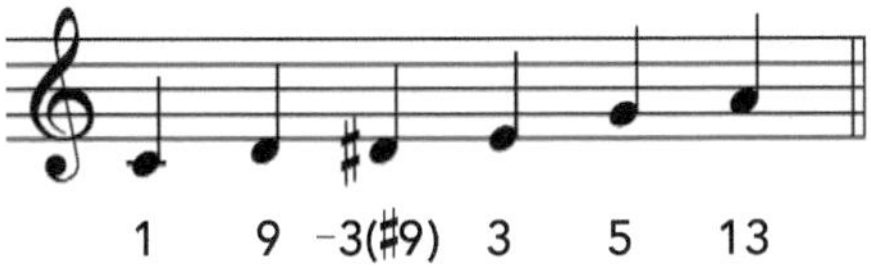

Die Modi der Blues-Skala

Modi der Blues-Skala sind zwar möglich, durch die fehlenden Halbtonschritte ergeben sich jedoch keine neuen Spannungsverhältnisse.

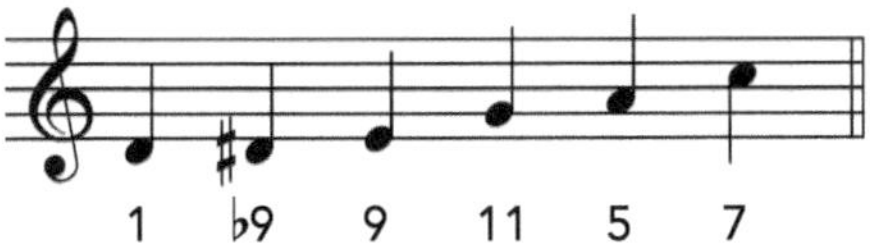

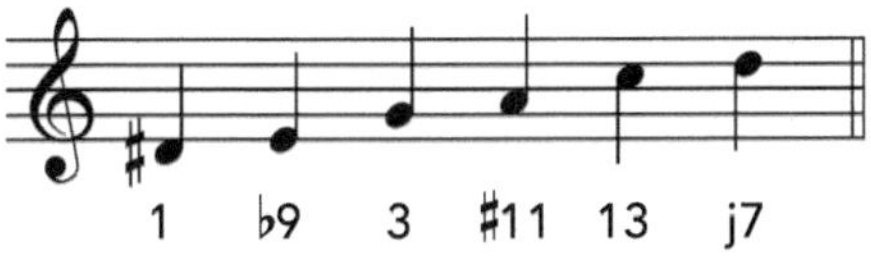

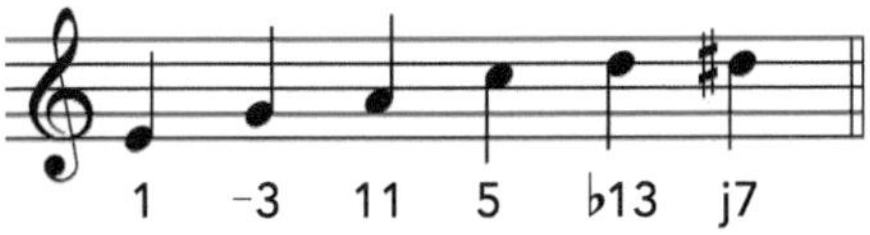

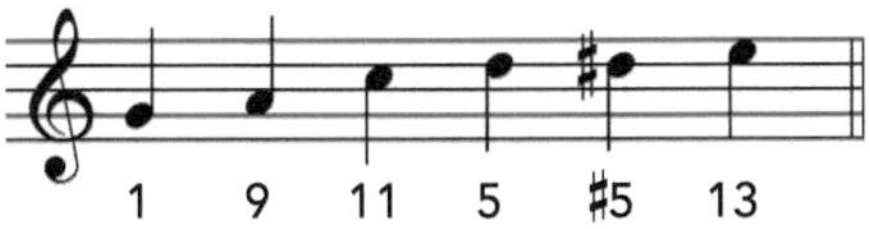

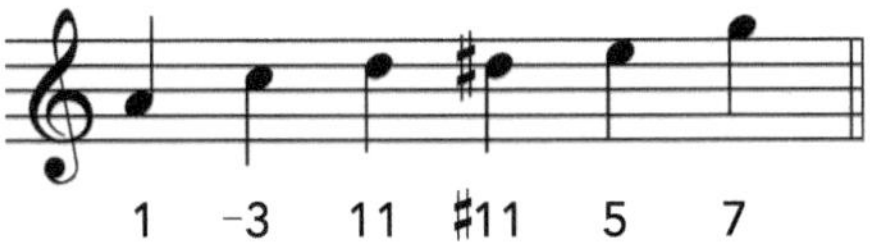

[**Fakt -** Die Blues-Skala kannst du als Bassriff im Song Bad von Michael Jackson hören.]

8 Odds & Ends
Die Resterampe

Die Resterampe
Wir hoffen, dass wir einige Nebelwände lichten konnten, um dir einen verständlichen Einblick und Durchblick in die Welt der Harmonielehre zu verschaffen. Es wird dir helfen, mit deiner Musik und auf deinem Instrument weiterzukommen.

Zum Schluss wollen wir dir ein paar Tabellen und Themen nachlegen, die im Buch selbst keinen Platz fanden und dennoch wichtig und hilfreich sind. Außerdem findest du hier die Lösungen der Aufgaben aus dem Buch.

Random Chord Progressions

Füge zusammen, was nicht zusammen gehört!
Das komponieren ohne harmonische und/oder melodische Zwänge wird von vielen Songwritern und Komponisten gerne praktiziert. Warum? Es gibt dir jede Freiheit, dich so auszudrücken, wie du es für richtig hältst. Neue, bisher nicht gekannte Kombination sind häufig das Ergebnis. Sei also mutig und verlasse dich auf deine Instinkte. Was nützen dir eine „korrekte" Akkordfolge und eine vorbildlich auskomponierte Melodie, wenn sie nichts aussagt, langweilt, vorhersehbar ist.

Du magst jetzt denken, „warum hab ich dann dieses Buch? Weil Regeln in allen Bereichen wichtig sind. Handwerk ist die Qualitätsbasis der Kunst. Alles andere wäre Zufall und darauf solltest du dich nicht verlassen.

Warum funktioniert letztendlich jede Kombination?
Ein Phänomen, dass sich sehr einfach erklären lässt. Du hast jetzt zahlreiche Kadenzen kennengelernt. Diese alle zu kennen und anzuwenden ist eine Monsteraufgabe. Jetzt wollen wir dir zeigen, wie du eigene, eventuell sogar unlogische Kadenzen so verknüpfen kannst, dass sie einen musikalischen Sinn ergeben.

Die Melodie machts!
Das Prinzip ist sehr simpel. Hier eine Akkordfolge, die aufgrund ihrer Funktionen und Grundtonabständen keine Voraussetzung für logische Kadenzen erfüllt.

C - B♭m7 - Amaj7 - Dm^{ø} - C

Gemeinsame Töne finden

Als Erstes suchen wir nach gemeinsamen Tönen. Dazu notieren wir für jeden Akkord die Akkordtöne und suchen eine Akkordskala, die wir nach den Regeln der Sekundär- und Substitut Dominant Akkorde (siehe Seite 111 und 139) finden. Unseren C Dur-Akkord sehen wir dabei als Tonika an. Folglich bekommt er die ionische Skala. Bm7

Gemeinsame Töne sieht man nicht immer auf den ersten Blick. Beachte bei der Suche nach gemeinsamen Tönen die enharmonischen Verwechslungen. Die Tabelle zeigt dir, wie viel Schnittmengen es tatsächlich gibt.

Skalenstufe	**1**	**9**	**3**	**11**	**5**	**13**	**7**
C ionisch	C	D	E	F	G	A	B
B♭m7 dorisch	B♭/A♯	C	D♭/C♯	E♭/D♯	F	G	A♭/G♯
Amaj7 lydisch	A	B	C♯	D♯/E♭	E	F♯/G♭	G♯/A♭
Dmø lokrisch	D	E♭/D♯	F	G	A♭/G♯	B♭/A♯	C

Die Suche nach der Melodie

Ein Punkt, der nicht so einfach auf die Schnelle zu erklären ist. Hierzu ein paar einfache, aber wichtige Melodieregeln, die dir bestimmt helfen.

1. Melodie bewegen sich vorzugsweise in kleinen Tonschritten.
2. Tonsprünge sollten in entgegengesetzter Richtung abgefangen werden.
3. Akkordtöne bilden den Akkordsound am besten nach.
4. Keine unnötigen Tonwiederholungen, außer es ist ein gewolltes Motiv.

Hier sind zwei Beispiele mit unserer „erfundenen" Kadenz und den „gefundenen" gemeinsamen Tönen.

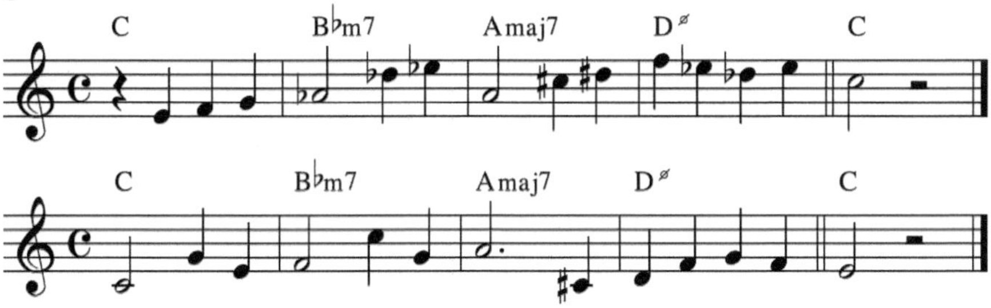

> **Fazit**
> Jede Akkordfolge, auch solche, die nicht den Regeln der Kadenzbildung folgen, können über ihre gemeinsamen Töne durch eine Melodie verbunden werden. Diese Tatsache gibt dir jeden kreativen Freiraum, deine Songs so zu gestalten, wie du sie dir vorstellst. Gleichzeitig ist es eine enorme Herausforderung, wenn es darum geht, eine gutklingende Melodie zu kreieren.

Akkord- und Skalentabelle

Die folgende Tabelle zeigt dir noch einmal in der Übersicht, alle bisher gelernten Akkordskalen, deren Ursprungstonart, ihre Namen und die zugehörigen Akkorde.

<table>
<tr><th>Skala | Stufe</th><th>Akkord</th><th>Töne</th><th>Tonstufen</th><th>Tonalität</th></tr>
<tr><td>Ionisch | I</td><td>Cmaj7</td><td>C D E F G A B C</td><td>1 9 3 11 5 13 j7</td><td>Dur</td></tr>
<tr><td>Dorisch | II</td><td>Dm7</td><td>D E F G A B C D</td><td>1 9 -3 11 5 13 7</td><td>Dur</td></tr>
<tr><td>Phrygisch | III</td><td>Em7</td><td>E F G A B C D E</td><td>1 ♭9 -3 11 5 ♭13 7</td><td>Dur</td></tr>
<tr><td>Lydisch | IV</td><td>Fmaj7</td><td>F G A B C D E F</td><td>1 9 3 ♯11 5 13 j7</td><td>Dur</td></tr>
<tr><td>Mixolydisch | V</td><td>G7</td><td>G A B C D E F G</td><td>1 9 3 11 5 13 7</td><td>Dur</td></tr>
<tr><td>Äolisch | VI</td><td>Am7</td><td>A B C D E F G A</td><td>1 9 -3 11 5 ♭13 7</td><td>Dur</td></tr>
<tr><td>Lokrisch | VII</td><td>Bm7♭5</td><td>B C D E F G A B</td><td>1 ♭9 -3 11♭5 ♭13 7</td><td>Dur</td></tr>
<tr><td>Melodisch Moll | I</td><td>Cm(j7)</td><td>C D E♭ F G A B C</td><td>1 9 -3 11 5 13 j7</td><td>MM</td></tr>
<tr><td>MM Dorisch ♭9 | II</td><td>Dm7</td><td>D E♭ F G A B C D</td><td>1 ♭9 -3 11 5 13 7</td><td>MM</td></tr>
<tr><td>MM Lydisch ♯5 | III</td><td>E♭maj7♯5</td><td>E♭ F G A B C D E♭</td><td>1 9 3 ♯11♯5 13 j7</td><td>MM</td></tr>
<tr><td>MM Lydisch ♭7 (Mixo ♯11) | IV</td><td>F7</td><td>F G A B C D E♭ F</td><td>1 9 3 ♯11 5 13 7</td><td>MM</td></tr>
<tr><td>MM Mixo ♭13 | V</td><td>G7</td><td>G A B C D E♭ F G</td><td>1 9 3 11 5 ♭13 7</td><td>MM</td></tr>
<tr><td>MM Superlokrisch | VI</td><td>Am7♭5</td><td>A B C D E♭ F G A</td><td>1 9 -3 11♭5 ♭13 7</td><td>MM</td></tr>
<tr><td>MM Alteriert | VII Bm7♭5</td><td>B7♭5</td><td>B C D E♭ F G A B</td><td>1 ♭9 ♯9 3 ♯11 ♭13 7</td><td>MM</td></tr>
<tr><td>Harmonisch Moll | I</td><td>Cm(maj7)</td><td>C D E♭ F G A♭ B C</td><td>1 9 -3 11 5 ♭13 j7</td><td>HM</td></tr>
<tr><td>HM Lokrisch 13 | II</td><td>Dm7♭5</td><td>D E♭ F G A♭ B C D</td><td>1 ♭9 -3 11♭5 13 7</td><td>HM</td></tr>
<tr><td>HM Ionisch ♯5 | III</td><td>E♭maj7♯5</td><td>E♭ F G A♭ B C D E♭</td><td>1 9 3 11♯5 13 j7</td><td>HM</td></tr>
<tr><td>HM dorisch ♯11 | IV</td><td>Fm7</td><td>F G A♭ B C D E♭ F</td><td>1 9 -3 ♯11 5 13 7</td><td>HM</td></tr>
<tr><td>HM Mixo ♭9♭13 | V</td><td>G7</td><td>G A♭ B C D E♭ F G</td><td>1 ♭9 3 11 5 ♭13 7</td><td>HM</td></tr>
<tr><td>HM Lydisch ♯9 | VI</td><td>A♭maj7</td><td>A♭ B C D E♭ F G A♭</td><td>1 ♯9 3 ♯11 5 13 j7</td><td>HM</td></tr>
<tr><td>HM Vermindert | VII</td><td>B°7</td><td>B C D E♭ F G A♭ B</td><td>1 ♭9 -3 11♭5 ♭13 ♭7</td><td>HM</td></tr>
<tr><td>Halbton/Ganzton | I</td><td>Diverse</td><td>C D♭ E♭ E F♯ G A B♭</td><td>1 ♭9 -3 3 ♯11 5 13 7</td><td>Mixo, Moll</td></tr>
<tr><td>Ganzton/Halbton | I</td><td>Diverse</td><td>C D E♭ F G♭ A♭ A B</td><td>1 9 -3 ♯11♭5 ♭13 13 j7</td><td>Moll, Dim</td></tr>
<tr><td>Ganzton | I</td><td>C♯5 Dom</td><td>C D E F♯ G♯ A♯ C</td><td>1 9 -3 ♯11♯5 7</td><td>Dur, Aug</td></tr>
<tr><td>Pentatonik | I</td><td>Diverse</td><td>C D E G A C</td><td>1 9 3 5 13</td><td>Dur</td></tr>
<tr><td>Blues-Skala | I</td><td>Diverse</td><td>C D E♭ E G A C</td><td>1 9 -3 3 5 13</td><td>Dur</td></tr>
</table>

Übersicht der englischen Begriffe

Wir haben dir hier so viele Begriffe wie möglich gesammelt und in die englische Sprache übersetzt. Es ist wichtig, dass du diese Begriffe kennst, da sie im musikalischen Sprachgebrauch üblich sind. Sämtliche italienischen, griechischen oder lateinischen Begriffe werden im englischen Sprachraum ebenso verendet

Deutsch	Englisch	Deutsch	Englisch
Häufige Begriffe		Übergangs-Vers	Pre Chorus
		Umkehrung	Inversion
Achtelnote	Eighth Note	Variant-Tonart	Parallel Key
Akkord	Chord, Voicing	Vorzeichen	Accidental
Akkordfunktion	Chord Quality	Viertelnote	Quarter Note
Akkolade	Bracket, Brace	Vermindert	Diminished
Alteration	Altered	Vers, Strophe	Verse
Auflösungszeichen	Natural	Wiederholung	Repeat
Auftakt	Pick Up	Zwischenspiel	Bridge, Interlude
Be (Vorzeichen)	Flat		
Balken	Beamed Notes	**Intervalle**	
Dur	Major		
Dreiklang	Triad	Reines Intervall	Perfect Intervall
Einleitung	Intro(duction)	Prim	Perfect Unison
Ende	Outro, Coda	Kleine Sekunde	Minor Second
Fähnchen	Flag	Große Sekunde	Major Second
Ganze Note	Whole Note	Kleine Terz	Minor Third
Ganztonschritt	Whole Tone(step)	Große Terz	Major Third
Grundton	Root	Reine Quarte	Perfect Fourth
Halbe Note	Half Note	Tritonus	Tritone
Halbtonschritt	Semitone, Half Step	Reine Quinte	Perfect fifth
Haltebogen	Tie	Kleine Sexte	Minor Sixth
Kadenz	Chord Progression	Große Sexte	Major Sixth
Kreuz (Vorzeichen)	Sharp	Kleine Septime	Minor Seventh
Moll	Minor	Große Septime	Major Seventh
Notensystem	Staff	Oktave	Octave
Notenschlüssel	Keysignature		
Notenhals	Stem		
Parallel Tonart	Relative Key		
Punktierte Note	Dotted Note		
Refrain	Chorus, Refrain		
Takt	Bar, Measure		
Taktart	Time Signature		
Tonart	Pitch		
Tonhöhe	Scale		
Tonleiter, Skala	Key		
Übermäßig	Augmented		

Lösungen der Aufgaben

Seite 39

Takt 1 große Terz
Takt 2 kleine Terz
Takt 3 kleine Terz
Takt 4 große Terz
Takt 5 große Terz
Takt 6 kleine Terz
Takt 7 kleine Terz

Seite 41

HT = Halbtonschritt, GT = Ganztonschritt

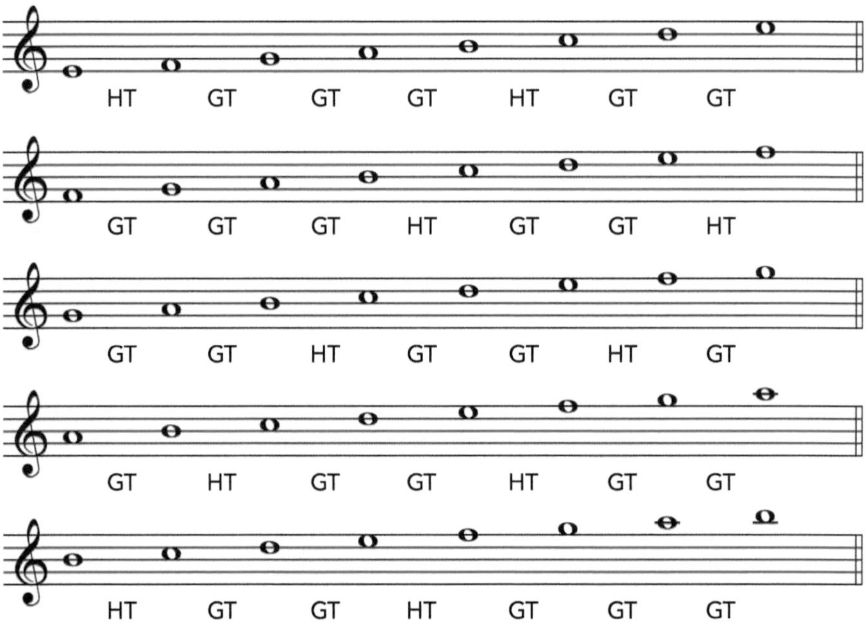

Seite 45

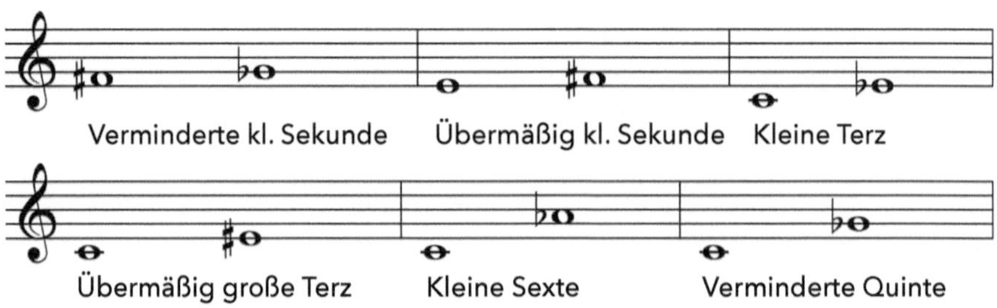

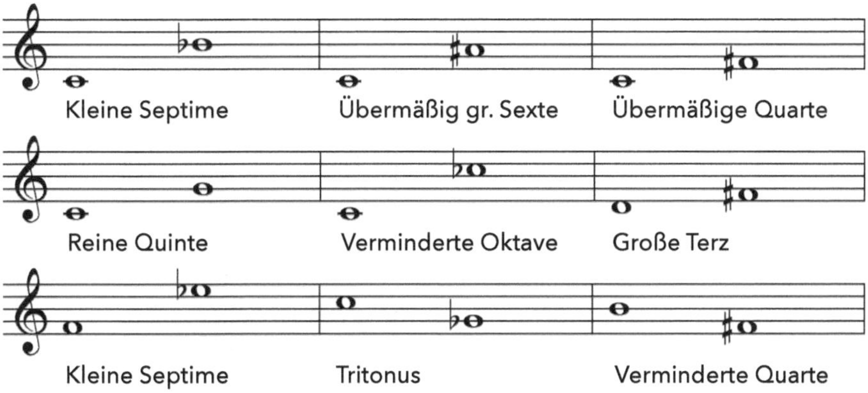

Seite 52 Aufgabe

"Aufgrund der enharmonischen Verwechslungen gibt es natürlich noch mehr Möglichkeiten für Intervalle. Wir wollen nun, dass du selbst herausfindest welche."

Diese Aufgabe war natürlich nicht wirklich ernst gemeint. Bedenkt man die vielen Möglichkeiten, die sich ergeben könnten durch:

rein,
groß und klein,
übermäßig und vermindert,
doppelt übermäßig und doppelt vermindert,
Kreuz,
Be
Doppelkreuz,
Doppel Be,

sieht man sofort, wie viele un- bzw. missverständliche Bezeichnungen herauskommen würden.

Es reicht vollkommen aus, wenn du alle sichtbaren Intervalle aufsteigend und absteigend mit je einem Versetzungszeichen erkennen und benennen kannst.